Wirtschaft und Bildung

Integration älterer Arbeitsloser

Strategien – Konzepte – Erfahrungen

Unterstützt und gefördert durch

Bundesministerium für Arbeit und Soziales

Perspektive 50plus
Beschäftigungspakte in den Regionen

Bibliografische Informationen der Deutschen Nationalbibliothek
Die Deutsche Nationalbibliothek verzeichnet diese Publikation in der Deutschen National-
bibliografie; detaillierte bibliografische Daten sind im Internet über http://dnb.d-nb.de abrufbar.

- Band 48: Integration älterer Arbeitsloser
  Strategien – Konzepte – Erfahrungen
- Autoren: Thomas Freiling, Mario Gottwald, Uwe Elsholz u.a.
- Herausgeber: Herbert Loebe, Eckart Severing
- Verlag: © W. Bertelsmann Verlag GmbH & Co. KG, Bielefeld 2008
- Gesamtherstellung: W. Bertelsmann Verlag, Bielefeld
  Postfach 100633, 33506 Bielefeld
  Telefon: 0521 91101-11, Telefax: 0521 91101-19
  Email:service@wbv.de, Internet:www.wbv.de
- Förderhinweis: Der vorliegende Band ist das Produkt des Projektes „Pakt50 für Nürnberg",
  geleitet von der ARGE Nürnberg und gefördert aus Mitteln des Bundes-
  ministeriums für Arbeit und Soziales im Rahmen des Bundesprogramms
  „Perspektive 50plus – Beschäftigungspakte für Ältere in den Regionen"
  (www.perspektive50plus.de) im Zeitraum 01.10.2005 bis 30.09.2007. Die
  fachliche Betreuung oblag der gsub – Gesellschaft für soziale Unternehmensberatung mbH, Berlin.

Das Werk einschließlich aller seiner Teile ist urheberrechtlich geschützt. Jede Verwertung außerhalb
der engen Grenzen des Urheberrechtsgesetzes ist ohne Zustimmung des Verlages unzulässig und straf-
bar. Insbesondere darf kein Teil des Werkes ohne vorherige schriftliche Genehmigung des Verlages in
irgendeiner Form (unter Verwendung elektronischer Systeme oder als Ausdruck, Fotokopie oder unter
Nutzung eines anderen Vervielfältigungsverfahrens) über den persönlichen Gebrauch hinaus verarbeitet, vervielfältigt oder verbreitet werden.

Die Autoren, der Verlag und der Herausgeber haben sich bemüht, die in dieser Veröffentlichung ent-
haltenen Angaben mit größter Sorgfalt zusammenzustellen. Sie können jedoch nicht ausschließen,
dass die eine oder andere Information auf irrtümlichen Angaben beruht oder bei Drucklegung bereits
Änderungen eingetreten sind. Aus diesem Grund kann keine Gewähr und Haftung für die Richtigkeit und Vollständigkeit der Angaben übernommen werden.

Für alle in diesem Werk verwendeten Warennamen sowie Firmen- und Markenbezeichnungen können Schutzrechte bestehen, auch wenn diese nicht als solche gekennzeichnet sind. Deren Verwendung in diesem Werk berechtigt nicht zu der Annahme, dass diese frei verfügbar seien.

Printed in Germany

Unterstützt und gefördert durch

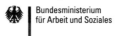
Bundesministerium
für Arbeit und Soziales

Perspektive
50plus
Beschäftigungspakte
in den Regionen

ISBN 978-3-7639-3457-7
Bestell-Nr. 6001746

Inhalt

Die Integration älterer Arbeitsloser 7
Eckart Severing

Einleitung

Innovation bei der Integration – Aufgabe und Anliegen der ARGE Nürnberg
bei der Betreuung und Vermittlung älterer ALG II-Empfänger 13
Thomas Friedrich, Maritta Hein-Kremer, Claus-Dieter Rückel

I. Grundlagen und Voraussetzungen

Beschäftigungspakte als Instrument zur Förderung regionaler Integrationsstrategien für ältere Langzeitarbeitslose – Konzept und theoretischer Ansatz
des „Pakt50 für Nürnberg" 27
Thomas Freiling

Regionale Altersstrukturen in Deutschland –
Herausforderungen an betriebliche Gestaltungsstrategien 45
Andreas Huber, Ernst Kistler, Thomas Staudinger

Ältere am Arbeitsmarkt. 59
Brigitte Geldermann

Ältere Arbeitslose charakterisieren: Der ALG II-Empfänger als ein
unbekanntes Wesen? Identifizierung alterstypischer Beschäftigungsrisiken
und vermittlungshemmender Merkmale bei älteren Langzeitarbeitslosen –
Hinweise zur Gestaltung nachhaltiger Integrationskonzepte 73
Mario Gottwald, Jana Franke

Beschäftigungschancen älterer Arbeitsloser aus Sicht Nürnberger Unternehmen
– Eine Studie zur Weiterentwicklung regionaler Integrationsstrategien 91
Mario Gottwald, Stefan Keck

II. Ältere integrieren – Neue Konzepte entwickeln

Zuweisungsstrategie im „Pakt50 für Nürnberg"–
Konzept und Vorgehensweise der ARGE Nürnberg 115
Bernd Hobauer, Britta Mennicke

Selbstorganisation als Strategie? „AktivFirma" als Instrument
eines beteiligungsorientierten Integrationsansatzes. 121
Reinhard Heinl, Wolfgang Semmelmann, Mario Gottwald

Qualifizierung für den Call-Center-Markt –
Wachstumsbranchen als Chance für ältere Langzeitarbeitslose 131
Reinhard Heinl, Michaela Schuhmann, Thomas Freiling

Ganzheitliches Beratungskonzept im Projekt „50Plus – Erfahrung zählt"... 145
Cäcilia Dahmen-Gregorc

Ingenieure und Techniker im Blickfeld: höher qualifizierte Langzeitarbeitslose an der Georg-Simon-Ohm-Hochschule für angewandte
Wissenschaften – Ein Ansatz zur Realisierung eines modernen, arbeits-
marktnahen sowie individuell begleitenden Qualifizierungsprogramms 157
Ulrike Wirth, Achim Hoffmann

III. Ältere vermitteln – Strategien und Beispiele

Formen der Arbeitsmarkterschließung für ältere Langzeitarbeitslose.
Ein Entwicklungsansatz aus dem „Pakt50 für Nürnberg" 183
Peter Hansel, Dieter Stößel

Sensibilisierungskampagne als Strategie einer offensiven Arbeitsmarkterschließung – Konzept und Produkte der Öffentlichkeitsarbeit 197
Anja Heumann, Claudia Sack

Gute Beispiele aus der Vermittlungspraxis: Tandems berichten 205
Anja Heumann

Kompetenzen bilanzieren: „KomPakt50" als neues Verfahren
einer zielgruppengerechten Kompetenzanalyse 217
Uwe Elsholz, Veronika Hammer

IV. Resümee und Ausblick

Wie wirkt der Pakt? Messung und Bewertung erzielter Wirkungen
zur Integration älterer ALG II-Empfänger 233
Bianka Cimpean, Mario Gottwald, Stefan Keck

Herausforderungen und Lösungsstrategien zur Verbesserung
der Arbeitsmarktchancen älterer Arbeitsloser 247
Uwe Elsholz, Thomas Freiling, Mario Gottwald

Autorenverzeichnis 259

Die Integration älterer Arbeitsloser

Eckart Severing

Der Umbruch der regionalen Wirtschaftsstrukturen stellt für ältere Beschäftigte eine besondere Herausforderung dar. Zu beobachten war in den letzten Jahren, dass industrielle Traditionsunternehmen verlagert, verkleinert oder geschlossen und ganze Belegschaften entlassen wurden. Auf der anderen Seite entstehen – etwa im Bereich von Verkehr und unternehmensnahen Dienstleistungen – ganz neue Beschäftigungsfelder, die Älteren spezifische Arbeitsmarktchancen bieten.

Personalabbau in der Industrie wurde bis vor wenigen Jahren in der Regel über die sogenannte „natürliche" Fluktuation oder mit altersselektiven Entlassungsprogrammen vorgenommen. Menschen, die dadurch auf der Straße stehen, waren oft qualifiziert, leistungsfähig und standen seit Jahren im Berufsleben. Es fällt gerade den Älteren oftmals besonders schwer, in ihren alten Beruf zurückzukehren, selbst wenn die Konjunkturkrise überwunden ist. Das ist nicht nur deswegen so, weil viele Produktionstätigkeiten anstrengend und manchmal auch verschleißträchtig sind und sich daher nicht für jeden über 50 eignen, sondern vor allem auch deswegen, weil die Quote der industriellen Arbeitsplätze sinkt.

Bedarf an qualifizierten Beschäftigten auf vielen Niveaus gibt es aber in anderen Sektoren, z.B. schnell anwachsend im Bereich der Dienstleistungen. Damit Ältere eine Chance haben, in diese Wachstumsbereiche einzumünden, müssen hauptsächlich drei Voraussetzungen gegeben sein.

1. Sie müssen bereit sein, sich – auch weit jenseits der 50 – für neue Aufgaben zu qualifizieren. Dabei geht es nicht immer um fachliche Höchstqualifikationen: Wenn Ältere etwa in Call-Centern arbeiten, um auf der anderen Seite ältere Kunden zu beraten und zu informieren, dann benötigen sie eine Menge neuer Kenntnisse und Kompetenzen, aber in der Regel keine völlig neue Berufsausbildung. Sie müssen motiviert sein, auch jenseits der 50 noch einmal in das Berufsleben einzusteigen und dürfen sich von Schwierigkeiten nicht entmutigen lassen.
2. Zudem gibt es aber auch Voraussetzungen auf Seiten der Betriebe: In der Mehrheit der Unternehmen dominiert nach wie vor die Strategie einer „Verjüngung" der Belegschaft. Viele neuere Unternehmensbefragungen zeigen, dass Personalverantwortliche nicht grundsätzlich Vorbehalte gegen Ältere haben. Vielmehr hat die Personalpolitik vor dem Hintergrund der jahrzehnte-

langen Frühverrentungspraxis ein Karrieremuster fixiert. Dieses Karrieremuster nimmt einen kontinuierlichen Aufstieg bis etwa zum 45. Lebensjahr, dann ein Entwicklungsplateau und den beruflichen Rückzug ab Mitte, wenn nicht schon Anfang 50 an. Insbesondere größere Unternehmen haben die Erfahrung im Umgang mit Menschen über 50 verloren. Die wenigen, die im Betrieb verbleiben, gelten gewissermaßen als übrig gebliebene Jüngere und nicht als Gruppe mit eigenen Stärken und Bedürfnissen. So entsteht ein Kreis von Vorurteilen: Ältere resignieren, weil ihnen der Wiedereinstieg schwerfällt, und Unternehmen treffen auf resignierte Ältere, die sie darin bestärken, zumindest bei Neueinstellungen weiter auf Jüngere zu setzen.
3. Um solche Blockaden zu überwinden, muss eine dritte Voraussetzung gegeben sein: Es braucht eine regionale Öffentlichkeit – versehen mit einem Sensibilisierungsauftrag –, die sich wirksam für bessere Chancen älterer Arbeitsloser einsetzt.

Der von der ARGE Nürnberg geleitete „Pakt50 für Nürnberg" hat vor diesem Hintergrund drei Tätigkeitsschwerpunkte formuliert, um die Integration älterer ALG II-Empfänger in den Ersten Arbeitsmarkt zu unterstützen. Der Pakt50
1. motiviert und qualifiziert ältere Arbeitslose,
2. berät potenzielle Arbeitgeber und
3. sensibilisiert über umfangreiche regionale Kampagnen die Öffentlichkeit und die Wirtschaft.

Im Einzelnen zu diesen drei Ebenen der Arbeit:

1. Motivierung, Aktivierung und Qualifikation als Ausgangspunkt für eine Integration in den Arbeitsmarkt

Ein wesentliches Kennzeichen des Paktes ist die Entwicklung und Erprobung von Konzepten, die auf die Individualität des Einzelnen zielen. Qualifizierungsansätze sind nur vereinzelt zu finden, da sie auf gezielte Bedarfe in Nischenbranchen ausgerichtet sind. Dies ist notwendig, denn ein längeres Arbeitsleben vor der Arbeitslosigkeit hat zu einer Vielzahl von Berufserfahrungen geführt, die zunächst einmal bilanziert werden müssen und auf denen oft aufgebaut werden kann. Ältere sind eine deutlich weniger homogene Gruppe als etwa Schulabgänger.

Die Konzepte sind individueller auf die Klientel zugeschnitten, berücksichtigen eigene Wünsche und vor allem die Erfahrungen der Älteren. Kennzeichen der bisherigen Paktarbeit sind vor allem (Empowerment-)Ansätze, die Eigenaktivität und Eigeninitiative fördern und unterstützen. Es geht bei Älteren nicht mit Qualifikation von der Stange. Das haben zwei Jahre Arbeit in den Pakten gezeigt. Man muss ältere Arbeitslose oft erst motivieren und aktivieren und kann dann mit ihnen gemeinsam eventuelle Qualifikationslücken in Bezug auf konkrete Arbeitsmöglichkeiten schließen.

2. Beratung potenzieller Arbeitgeber

Kleine und mittlere Unternehmen haben traditionsgemäß einen höheren Grad an Erfahrung mit alternden Belegschaften. Belegschaften werden hier seltener nach abstrakten Kriterien durchsortiert. Der Pakt konzentriert seine Arbeit daher stärker auf die mittelständischen Unternehmen. Sie stellen ältere Arbeitslose immer noch eher ein als große Unternehmen. Erfreulicherweise kann festgestellt werden, dass in den Unternehmen der Region die Sensibilität für die Problematik der demografischen Entwicklung langsam zu steigen scheint.

Dies zeigen Ergebnisse unterschiedlicher regionaler Studien: zum einen eine im letzten Jahr durchgeführte Umfrage des Verbandes der bayerischen Metall- und Elektroindustrie (www.m-e-z.de), zum anderen die Ergebnisse der durch das Forschungsinstitut Betriebliche Bildung (f-bb) gGmbH jüngst durchgeführten repräsentativen Befragung von 250 Nürnberger Personalverantwortlichen im Rahmen des Pakt50. Die höhere Sensibilität bei rund einem Viertel der Befragten ist wiederum bei kleinen und mittelständischen Unternehmen vergleichsweise stärker ausgeprägt – und hier vor allem bei solchen Betrieben, die den „Pakt50 für Nürnberg" mit seinen Angeboten kennen und durch den vergleichsweise hohen Anteil an Neueinstellungen Älterer mehr Erfahrung mit älteren Beschäftigten haben.

3. Regionale Kampagnen

Zu den Erfolgen der vergangenen beiden Jahre hat eine kampagnenartige Öffentlichkeitsarbeit beigetragen, mit der das „Image" älterer Arbeitsloser und auch das Image arbeitmarktpolitischer Maßnahmen in der Region verbessert wurde. Voraussetzung dafür war zunächst die Vernetzung der Akteure – dieses Merkmal teilen sie mit vielen anderen Pakten des Bundesprogramms „Perspektive 50plus".

Die relevanten Akteure der regionalen Arbeitsmärkte wie Kammern, Verbände, Medienpartner, Bildungsträger, Unternehmen und Arbeitsverwaltung – schlichtweg alle relevanten Akteure aus Wirtschaft, Politik und Gesellschaft wirkten bei der Konzeptentwicklung, -erprobung und -umsetzung zusammen. Auch zukünftig wird diese Zusammenarbeit in bewährter Form angestrebt.

In Nürnberg sind über unterschiedliche Ansätze Strategien entwickelt worden, die Zusammenarbeit organisatorisch zu strukturieren: z.b. über einen Beirat, der die Akteure bei der Weiterentwicklung der Pakte zur Förderung der Einbeziehung von Unternehmen mit dem Ziel beteiligt, Verbesserungspotenzial zu identifizieren, das in der laufenden Paktarbeit in die Umsetzung mit einfließt. Erst dadurch wurde eine intensive Öffentlichkeitsarbeit auf regionaler Ebene möglich – teilweise mit auffälligen Großflächenplakaten, TV-Beiträgen und Medienpartnerschaften. Pluralität ist kennzeichnend: Angefangen von Unternehmensworkshops zu Themen wie Gesundheit, Personaldienstleistung, Ingenieurqualifizierung, bis hin zu Fachtagungen und -kongressen mit anderen Pakten der Metropolregion Nürnberg.

Die in der Öffentlichkeit präsentierten Konzepte führen die Akteure unter einer gemeinsamen Marke „Pakt50 für Nürnberg" zusammen durch. Hinter dieser Marke versammelt sich die Kompetenz der Beteiligten einschließlich flankierender Netzwerke, die jeweils für sich mit ihren einzelnen Konzepten und Maßnahmen öffentlich kaum erkennbar geworden wären. Ein guter Teil des Schwungs und der hohen Bereitschaft, sich mit dem Thema „ältere Arbeitslose" zu beschäftigen, ist sicher diesen Kampagnen zu verdanken – und deren Unterstützung durch regional bekannte Persönlichkeiten.

Nach zwei Jahren Projektlaufzeit ist erkennbar, dass im Zusammenhang mit der Integration älterer Arbeitsloser zukünftig eine regional verortete und ausgerichtete Arbeitsmarktpolitik an Bedeutung gewinnen wird. In Abhängigkeit der wirtschaftlichen Situation und Entwicklung einer Region können Beschäftigungspotenziale und -nischen nur dann entstehen, wenn durch das Zusammenwirken aller relevanten regionalen Akteure die öffentliche Aufmerksamkeit für Ältere erhöht und der Sensibilisierungsprozess unterstützt werden.

Alle Teilprojektpartner des Pakt50 haben sich an der Erstellung des vorliegenden Bandes beteiligt. Dieser skizziert nicht nur Konzepte, Vorgehensweisen und Ergebnisse, sondern formuliert auch zukünftige Herausforderungen an die Arbeitsmarktpolitik zur Verbesserung der Beschäftigungschancen Älterer. Im Ergebnis ist eine ausführliche Dokumentation des „Pakt50 für Nürnberg" mit weiterführenden Hinweisen für die weitere Projektlaufzeit und zweite Förderphase (2008 bis 2010) entstanden, die einen Beitrag zum notwendigen Transfer der Ergebnisse und Erkenntnisse leisten soll. Wir hoffen, dass diese Veröffentlichung außerdem die konstruktive Diskussion um die Integration älterer ALG II-Empfänger vorantreibt.

Einleitung

Innovation bei der Integration – Aufgabe und Anliegen der ARGE Nürnberg bei der Betreuung und Vermittlung älterer ALG II-Empfänger

Thomas Friedrich, Maritta Hein-Kremer, Claus-Dieter Rückel

1. Maßnahmen der Bundesregierung zur Förderung der Beschäftigung und Integration älterer Menschen

Das Bundesministerium für Arbeit und Soziales (BMAS) hat im Rahmen der im September 2006 vom Bundeskabinett beschlossenen „Initiative 50plus" ein umfangreiches Instrumentarium zur Förderung der Beschäftigung älterer Arbeitnehmer umgesetzt. Zielsetzung dieser Initiative ist es, vor dem Hintergrund des absehbaren Fachkräftebedarfs sowie der Verlängerung der Lebensarbeitszeit
- die Erwerbsbeteiligung älterer Arbeitnehmer weiter zu erhöhen,
- die Teilnahme an beruflicher Weiterbildung zu unterstützen und
- die Wiedereingliederung Älterer insgesamt zu verbessern.

Mithilfe eines umfangreichen Maßnahmenpakets sollen die Lissabon-Ziele der Europäischen Union – bis zum Jahr 2010 die Erwerbsquote der Über-55-Jährigen auf 50 Prozent anzuheben – erreicht werden. Im Jahr 2005 lag die Quote bei 45,4 Prozent (BMBF 2006, S. 2).

Das Maßnahmenpaket setzt sich im Wesentlichen aus den folgenden Instrumenten zusammen (vgl. BMBF 2006, S. 2):
- Kombilohn für ab 50-Jährige, um einen Lohnausgleich im Falle der Annahme einer Tätigkeit mit geringerem Nettoentgelt als vor der Arbeitslosigkeit gewährleisten zu können,
- ein neu gestalteter Eingliederungszuschuss (EGZ) für Arbeitgeber, die ältere Arbeitslose mit Vermittlungshemmnissen einstellen,
- erleichterte Befristungsregelungen für Beschäftigte ab 52,
- Förderung der Weiterbildung älterer Beschäftigter,
- Schaffung von 30.000 Zusatzjobs verstanden als Arbeitsgelegenheiten mit Mehraufwandsentschädigung für Langzeitarbeitslose ab 58,

- Hilfen für die unternehmerische Praxis mit der „Initiative Neue Qualität der Arbeit" (INQA) sowie
- Förderung regionaler Projekte zur beruflichen Wiedereingliederung älterer Langzeitarbeitsloser über 50 Jahren mit dem Ideenwettbewerb „Perspektive 50plus – Beschäftigungspakte für Ältere in den Regionen".

2. „Perspektive 50plus": Der Nürnberger Beschäftigungspakt „Pakt50 für Nürnberg"

Diese Publikation ist im Rahmen der „Perspektive 50plus" entstanden und führt die wesentlichen Ergebnisse des Innovationsprojektes „Pakt50 für Nürnberg" zusammen. Die „Perspektive 50plus" ist in Form eines bundesweiten Ideenwettbewerbs „Beschäftigungspakte für ältere Arbeitnehmerinnen und Arbeitnehmer in den Regionen" im Herbst 2005 gestartet worden. Das damalige Bundesministerium für Wirtschaft und Arbeit (BMWA) hat über eine gänzlich neue Form der Ideengenerierung zur Entwicklung innovativer Ansätze aufgerufen. 276 Arbeitsgemeinschaften und Kommunen haben daraufhin Wettbewerbsbeiträge eingereicht und sich um die zur Verfügung stehende Fördersumme von insgesamt 250 Mio. Euro beworben. Über neue Konzepte, die auf die Beschäftigung Älterer und insbesondere auf die Integration älterer Arbeitsloser abzielen, sollen die verfestigte Arbeitslosigkeit sowie die geringen Reintegrationschancen Älterer deutlich verbessert werden. Hervorgehoben werden muss der gezielt experimentelle Charakter des Ideenwettbewerbs, der es ermöglicht, auf regionaler Ebene neue Wege zu gehen, auf kreative Weise Konzepte zu entwickeln und zu erproben und auch während des Projektverlaufs in Abhängigkeit der Erfahrungen Konzeptmodifikationen vorzunehmen.

In Nürnberg gehört das Projekt „Pakt50 für Nürnberg" der ARGE Nürnberg[1] zu den 54 prämierten herausragenden Wettbewerbsbeiträgen. Das Konzept ist in einem Zeitraum von zwei Jahren mit einem Gesamtetat von rund 5,5 Mio. Euro umgesetzt und erprobt worden. Der „Pakt50 für Nürnberg" will die Gesamtheit der in der Region vorhandenen Kompetenzen nutzen, um neue Wege zur Eingliederung älterer Arbeitsloser in Beschäftigungsverhältnisse zu gehen. Dazu ist ein

---

[1] Die Bezeichnung „ARGE" bedeutet „Arbeitsgemeinschaft zur Arbeitsmarktintegration", getragen von der Stadt Nürnberg und der Agentur für Arbeit, die ihre Arbeitsmarkt- und Beratungserfahrungen miteinander kombinieren.

umfangreiches Maßnahmenpaket geschnürt worden, das durch verschiedene Akteure aus Nürnberg umgesetzt und erprobt worden ist.

Zu den Projektpartnern gehören neben der ARGE Nürnberg, die die Projektleitung innehat, das Forschungsinstitut Betriebliche Bildung (f-bb) gGmbH, die Georg-Simon-Ohm Hochschule, die Noris-Arbeit gGmbH, die Berufliche Fortbildungszentren der Bayerischen Wirtschaft (bfz) gGmbH und die aqua GmbH.[2]

Bundesweite operative Umsetzer der „Perspektive 50plus" über die sogenannten Beschäftigungspakte sind die Träger der Grundsicherung für SGB II-Kunden.

3. Auftrag der ARGEn: Beendigung der Hilfebedürftigkeit durch Eingliederung in Arbeit

Mit Einführung des „Vierten Gesetzes für moderne Dienstleistungen am Arbeitsmarkt" (Hartz IV) zum Jahresbeginn 2005 ist die Betreuung Langzeitarbeitsloser neu organisiert worden. Dazu sind in etwa 344 Kommunen in Deutschland gemeinsame Arbeitsgemeinschaften (ARGEn) von Arbeitsagenturen und Kommunen eingerichtet worden. Die Zielsetzung besteht darin, dass die sogenannten „erwerbsfähigen Hilfebedürftigen (eHb)" nicht mehr zwischen Sozialamt und Arbeitsagentur pendeln müssen, sondern Hilfe aus einer Hand in einer gemeinsamen Anlaufstelle erhalten.

63 Landkreise und sechs Städte betreuen die Empfänger von Arbeitslosengeld II (ALG II) alleinverantwortlich, d.h. ohne Beteiligung der Bundesagentur für Arbeit.[3] Eine vorgesehene Experimentierklausel soll einen zunächst auf sechs Jahre befristeten Wettbewerb zwischen den Kommunen und den ARGEn initiieren, der die Weiterentwicklung der Grundsicherung für Arbeitsuchende unterstützt.

---

[2] Nähere Informationen zu den beteiligten Organisationen siehe bei „Freiling" in diesem Band.
[3] Dabei handelt es sich um die sogenannten optierenden Kommunen.

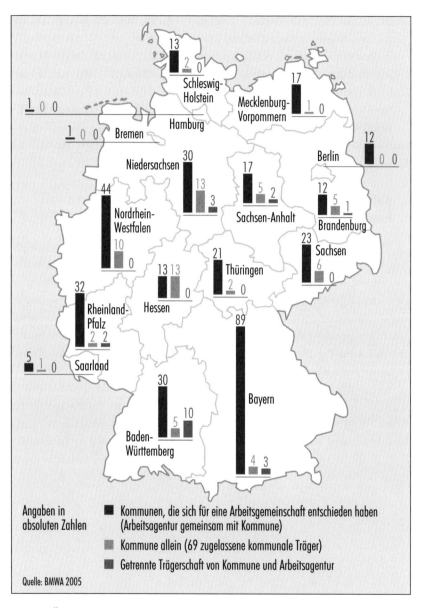

Abb. 1: Übersicht über die Organisation der Betreuung von ALG II-Beziehern nach Bundesland

In den ARGEn teilen sich die kommunalen Träger, also Kreise und kreisfreie Städte, und die Agenturen für Arbeit die Aufgaben bei der Grundsicherung für Arbeitsuchende. Die kommunalen Träger sind z. B. zuständig für folgende Leistungen (vgl. Jantz 2004, S. 48):
- Unterkunft und Heizung,
- Kinderbetreuung,
- Schuldner- und Suchtberatung,
- psychosoziale Betreuung, soweit sie zur Eingliederung in das Erwerbsleben erforderlich ist,
- Erstausstattung mit Bekleidung und Wohnung.

Die Agenturen für Arbeit sind zuständig für alle übrigen Leistungen der Grundsicherung für Arbeitsuchende:
- arbeitsmarktbezogene Eingliederung (Beratung, Vermittlung, Förderung von Maßnahmen zur Integration in Arbeit),
- Sicherung des Lebensunterhaltes (ALG II, Sozialgeld, Mehrbedarf, befristeter Zuschlag nach dem Bezug von ALG I),
- Zahlung von Beiträgen zur gesetzlichen Kranken-, Pflege- und Rentenversicherung.

Ein zentraler Auftrag, den das SGB II den Trägern der Grundsicherung aufgibt, ist die Beendigung der Hilfebedürftigkeit durch die Eingliederung in Arbeit. Diese Säule steht mindestens gleichberechtigt neben den zuvor genannten Aufgaben zur Sicherung des Lebensunterhalts. Zur Beendigung der Hilfebedürftigkeit ist es unumgänglich, erwerbsfähige Hilfebedürftige – soweit erforderlich – mit passgenauen Maßnahmen zu unterstützen. Die Integrationsstrategien und deren Instrumente werden im Arbeitsmarktprogramm festgeschrieben. Der Erfolg einer Integrationspolitik wird nicht allein von der Qualität des Arbeitsmarktprogramms definiert. Vielmehr gibt es noch eine Reihe anderer entscheidender Einflussfaktoren:

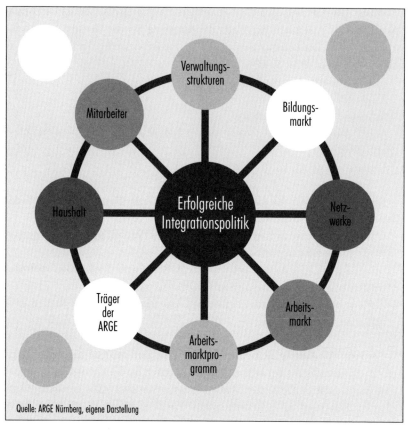

Abb. 2: Einflussfaktoren einer erfolgreichen Integrationspolitik

Das Arbeitsmarktprogramm der ARGE Nürnberg ist wesentliches Instrument zur Umsetzung der Ziele aus dem Bereich Markt und Integration und mittelbar aus dem Bereich der passiven Leistungen.[4] Ausgangspunkt für die Erstellung des Arbeitsmarktprogramms ist die Zielvereinbarung zwischen dem BMAS und der BA. Zu den Zielindikatoren gehören spezifische Zielwerte wie die Summe der passiven Leistungen und die Integrationen in den Bereichen U25 und Ü25. Im Bereich Markt und Integration stehen als besondere Zielgruppen (Arbeitslose und

---

[4] Passive Arbeitsmarktpolitik umfasst ein breites Spektrum von Einkommensersatzleistungen, das bei Arbeitslosigkeit gezahlt wird wie Arbeitslosengeld I.

Arbeitsuchende) neben den unter 25-Jährigen, Alleinerziehenden, Rehabilitanden, Schwerbehinderten, Migranten, die älteren ALG II-Empfänger (50+, 55+, 58+) im Fokus. Die ARGE muss für alle Zielgruppen spezifische Strategien zur Beendigung der Hilfebedürftigkeit entwickeln. Mit dem Pakt50 wird ein neuartiger Ansatz für Ältere ab 50 Jahren verfolgt und evaluiert, der auf ein Netzwerk unterschiedlicher arbeitsmarktnaher Akteure setzt. Im Fokus steht die Integration Älterer in den Ersten Arbeitsmarkt – ein Anliegen, das angesichts der vorliegenden Vermittlungshemmnisse besondere Anforderungen an den konzeptionellen Ansatz stellt.

4. Integrationsansatz und dessen organisatorische Umsetzung in der ARGE Nürnberg

Betrachtet man den Katalog der Förderinstrumente etwas spezifischer, so wird ersichtlich, dass der Gesetzgeber unter der Eingliederung eine umfassende Integration versteht. Dies ist insbesondere ersichtlich aus dem Katalog der Förderleistungen im § 16 SGB II. So viel sei aber vorweggenommen: Die flankierenden Leistungen, die Instrumente des Zweiten Arbeitsmarktes und die Bandbreite der sogenannten „Sonstigen Weiteren Leistungen (SWL)" machen deutlich, dass neben der unmittelbaren beruflichen Integration in den Ersten Arbeitsmarkt auch die soziale Stabilisierung und soziale Integration zum Integrationsbegriff des SGB II zählen. Damit werden der umfassende Integrationsbegriff und das mit ihm zusammenhängende Förderinstrumentarium zu einem wesentlichen Unterscheidungsmerkmal zur Arbeitsagentur und deren Förderinstrumenten. Dies ist im Übrigen auch die Begründung für die im Vergleich zu den Arbeitsagenturen deutlich verbesserten Betreuungsrelationen und die Einrichtung des Fallmanagements, dessen Schwerpunkt – zumindest nach dem von der ARGE Nürnberg vertretenen Verständnis – im Bereich der sozialen Stabilisierung und Betreuung liegt.

Die soziale Stabilisierung und Integration ist kein Selbstzweck. Sie müssen in engem Zusammenhang mit dem Ziel der Integration der SGB II-Kunden in die Erwerbstätigkeit gesehen werden, und zwar nach der derzeitigen Ausrichtung des Eingliederungsbudgets auch zur Integration in den Ersten Arbeitsmarkt.

In der Grafik ist der Weg der Integration in seinem umfassenden Verständnis dargestellt. Die SGB II-Kunden jeglichen Alters haben häufig – bildlich gesprochen – einen langen Weg vor sich, der im Optimalen bei der Eingliederung in den Ersten Arbeitsmarkt endet. Dieser Weg umfasst den Bereich der sozialen Stabilisierung und Integration und führt dann über die berufliche Qualifizierung hin zur

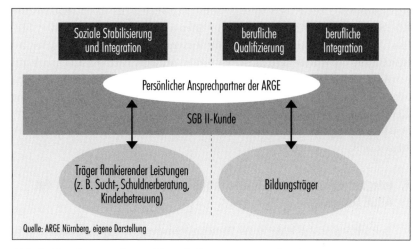

Abb. 3: Weg der sozialen und beruflichen Integration bei der ARGE Nürnberg

beruflichen Integration. Im „Pakt50 für Nürnberg" ist während der Projektlaufzeit immer wieder deutlich geworden, dass die Aufgabe der sozialen Stabilisierung eine der Hauptaufgaben ist, die vor der Vermittlung in den Ersten Arbeitsmarkt steht.

Die Integrationswege verlaufen keineswegs immer geradlinig. Gerade länger arbeitslose Kunden haben häufig schon Maßnahmekarrieren hinter sich und kommen auf dem Weg mühsamer voran.

In Abbildung 3 wird auch versucht darzustellen, welche Mitarbeiter die SGB II-Kunden auf dem Weg der sozialen und beruflichen Integration begleiten. Jeder Bezieher von ALG II hat einen persönlichen Ansprechpartner (pAp). Den Ansprechpartnern stehen gegebenenfalls Fallmanager zur Seite (vgl. Jantz 2004, S. 40 f.).

Die persönlichen Ansprechpartner betreuen die Empfänger von ALG II und vermitteln sie, wenn möglich, in den Arbeitsmarkt. Im Gespräch entscheidet der persönliche Ansprechpartner über die Schritte, die ein Arbeitsuchender auf dem Weg in den Arbeitsmarkt gehen soll. Ausgangspunkt ist die persönliche Situation des Arbeitsuchenden. Die einzelnen Schritte halten der Ansprechpartner und der Arbeitsuchende in einer Eingliederungsvereinbarung fest. Der Fallmanager wiederum wird aktiv, wenn persönliche Probleme die Vermittlungschancen gravierend mindern. Er erstellt im Gespräch mit dem Arbeitsuchenden ein indivi-

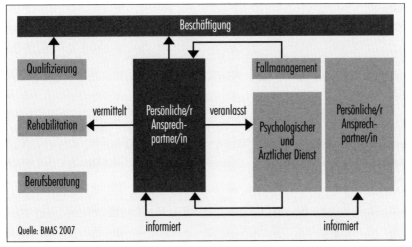

Abb. 4: *Aufgaben des persönlichen Ansprechpartners bei den ARGEn*

duelles Profil. Fallmanager und Arbeitsuchender vereinbaren konkrete Schritte, die eine Arbeitsaufnahme wieder möglich machen sollen.

Der persönliche Ansprechpartner ist nach unserem Verständnis auch für die soziale Stabilisierung und Integration zuständig, jedoch kann die vertiefte Beschäftigung mit den multiplen Problemlagen der Kunden nur vom fachlich entsprechend ausgebildeten Fallmanager geleistet werden. Wichtig ist hierbei der Hinweis, dass sich die Fallmanager und die Vermittler als Lotsen im System des sozialen Netzwerks verstehen. Sie binden die flankierend notwendigen Dienstleister, seien es z. B. für den sozialen Bereich die verschiedenen Beratungsstellen oder für den Bereich der beruflichen Qualifizierung die Bildungsträger. Idealerweise fließen zu ihm – soweit dies der Datenschutz zulässt – die Informationen zurück, und er begleitet ihn bis zur beruflichen Integration. Ergänzend sei darauf verwiesen, dass die ARGE Nürnberg einen Arbeitgeberservice (AVS) mit 17 Direktvermittlern aufgebaut hat. Dieser versucht Kunden, die dem Ersten Arbeitsmarkt relativ nah sind, zu vermitteln, für sie Stellen zu akquirieren, das heißt bewerberorientiert zu integrieren.

Diese Phasen dürfen nicht schematisch verstanden werden, sie sind auch nicht streng zeitlich linear zu betrachten, sondern können sich durchaus überschneiden. Wichtig ist vor allem, dass die Zuordnung auf diesem Integrationsweg möglichst konstant ist. Das bedeutet, dass nach dem sogenannten Übergabemodell gearbeitet wird. Wird ein Kunde aufgrund vielfältiger Vermittlungshemmnisse zum Fallmanager in die Betreuung übergeben, so bleibt dieser Kunde im Idealfall Kunde des Fallmanagers bis zu dessen erklärtem Ziel, das von der Stabilisierung bis zur Integration reicht. Bei der Weiterleitung an den Direktvermittler (Arbeitgeber-Vermittler) besteht die Aufgabe ausschließlich in der Vermittlung in den Ersten Arbeitsmarkt.

Hier wird deutlich, wie wichtig dem Gesetzgeber die enge Verzahnung von sozialer und beruflicher Integration ist. Das eine kann ohne das andere nicht dauerhaft und nachhaltig gelingen. Wenn man so will, wird hier die sehr enge Verzahnung kommunal verankerter Sozialpolitik und Arbeitsmarktpolitik gesetzlich verankert.

Schließlich haben die ARGEn auch die Möglichkeit, neue Förderinstrumente zu entwickeln oder Projekte ins Leben zu rufen, wenn sie der Überzeugung sind, dass sie erfolgreicher sind als die klassischen Instrumente. Hierin besteht eine große Chance, aber auch Verantwortung der Umsetzer des SGB II. In dieser gesetzlichen Regelung liegt ein Schatz begraben, den es nach und nach zu heben gilt. Viele ARGE-Kunden haben bereits ganze Förderkarrieren mittels klassischer Instrumente der Agenturen für Arbeit hinter sich, die zumindest bei ihnen nicht zum Erfolg geführt haben, denn sonst wären sie nicht in die Langzeitarbeitslosigkeit geraten.

Der „Pakt50 für Nürnberg" ist ein solches Projekt, das neue Wege geht. Die ARGE Nürnberg nutzt aktiv ihren Entwicklungs- und Erprobungsspielraum, der durch das BMAS im Rahmen des Ideenwettbewerbs ermöglicht wird. Die einzelnen Konzepte sind während der Erprobungszeit weiterentwickelt worden, und Anregungen aus anderen Paktregionen sind in die Modifikation des Konzepts mit eingeflossen. Das Lernen voneinander und der überregionale Austausch ermöglichten die Entwicklung neuer Ideen und damit das Hervorbringen von Innovationen.

Es zeigt sich auch, dass sich die Erhöhung regionaler Verantwortung und die Nutzung des Handlungsspielraums förderlich auf die Vermittlung und Integration älterer ALG II- Empfänger auswirken (vgl. Freiling in diesem Band), was für eine Stärkung des Prinzips der „Regionalität" im Zusammenhang mit der Ausgestaltung der Arbeitsmarktpolitik spricht.

5. Integrationsansatz und zahlenmäßige Entwicklung

Im Vergleich zu den Vorjahreswerten hat sich im Jahr 2007 der zahlenmäßige Anteil älterer Erwerbsloser leicht erhöht. Der prozentuale Anteil dieser Zielgruppe, bezogen auf die gestiegene Gesamtzahl der ALG II-Empfänger im Nürnberger Stadtgebiet, verändert sich jedoch nur geringfügig. Auch wenn der bundesweite Beschäftigungsanstieg, speziell der aktuelle Wirtschaftsaufschwung, im Arbeitsmarktbezirk Nürnberg zu einer Verringerung der Arbeitslosenzahlen geführt hat, wirkt sich diese positive Entwicklung nur in sehr geringem Umfang auf die über-50-jährigen ALG II-Empfänger aus.

Dauer der Arbeitslosigkeit	Angaben aus dem Jahr 2007 (Stadtgebiet Nürnberg)			
	arbeitslos bis 50 Jahre	Anteil	arbeitslos über 50 Jahre	Anteil
unter 12 Monate arbeitslos	10.712	61%	2.394	46%
über 12 Monate arbeitslos	6.931	39%	2.815	54%
Gesamt	17.643		5.209	

Quelle: ARGE Nürnberg, eigene Erhebung

Tab. 1: Vergleich der Arbeitslosenzahl nach Alter und Dauer der Arbeitslosigkeit

Die Datenanalyse im Hinblick auf die Dauer der Arbeitslosigkeit markiert einen weiteren wichtigen Aspekt im Rahmen der Bestandsstrukturierung. Die Anzahl der ALG II-Empfänger, die im ersten Jahr nach Gründung der ARGE Nürnberg 2005 weniger als zwölf Monate arbeitslos waren, belief sich auf 2.633 Personen (38 Prozent). Bei den Personen, die länger als zwölf Monate arbeitslos gemeldet sind, stieg die Zahl auf insgesamt 4.284 Personen (62 Prozent) an. Die Entwicklung in den folgenden Jahren zeichnet ein deutlich positiveres Bild.

Ein Vergleich der statistischen Entwicklung in den Jahren 2005, 2006 und 2007 zeigt zwar, dass bei den Über-50-Jährigen ein höherer Anteil an langzeitarbeitslosen Kunden zu verzeichnen ist als bei jüngeren Personen. Die schrittweise Verringerung des Anteils der Älteren, die mehr als zwölf Monate arbeitslos gemeldet sind, auf derzeit 54 Prozent verdeutlicht jedoch, dass die arbeitsmarktpolitischen Instrumente der ARGE greifen. Die Gründe hierfür liegen in der besonderen Berücksichtigung der Zielgruppe durch eine Teilnahme am „Pakt50 für Nürnberg" und die vermehrte Inanspruchnahme des erleichterten Bezugs von ALG II nach dem § 64 Abs. II i.V.m. § 428 SGB III. Es wird jedoch deutlich, dass sich der demografische Wandel mittel- und langfristig immer stärker auch auf die altersbezogene Bestandsstruktur der ARGE Stadt Nürnberg auswirken wird.

Die Vermittlungsquote[5] im Pakt50 beträgt ca. 21 Prozent und belegt, dass der Aufbau von Synergien zwischen den Arbeitsmarktakteuren in der Region für die älteren Erwerbslosen durchaus Erfolg versprechend ist. Da die ARGE Nürnberg entschieden hat, diesen Personenkreis weiterhin besonders zu fördern, wurde ein Fortsetzungsantrag für eine zweite Förderphase (2008-2010) beim BMAS gestellt. Der besondere Erfolg dieses Modellprojekts führte zur konzeptionellen Erweiterung dieses Paktes, sodass eine Fortsetzung mit der ARGE Stadt Fürth unter der Federführung der ARGE Nürnberg angestrebt wird.

Literatur

Bundesministerium für Wirtschaft und Arbeit (Hrsg.):
   Informationen aus Wirtschaft und Arbeit. 3. Jg. (Nr. 2), Bonn 2005.

Bundesministerium für Arbeit und Soziales (Hrsg.):
   Initiative 50plus. Eckpunkte zur Erhöhung der Beschäftigungsfähigkeit und der Beschäftigungschancen älterer Menschen in Deutschland. Berlin 2006.

Bundesministerium für Arbeit und Soziales:
   Infografik persönlicher Ansprechpartner, im Internet abgerufen am 19.12.2007 unter: http://www.arbeitsmarktreform.de/AMR/Navigation/ Serviceleistung/ansprechpartner-und-fallmanager.did=153704.render= renderPrint.html

Jantz, B.:
   Zusammenführung von Arbeitslosen- und Sozialhilfe. In: Jann, W./ Schmid, G. (Hrsg.): Eins zu eins? Eine Zwischenbilanz der Hartz-Reformen am Arbeitsmarkt. Berlin 2004, S. 38–50.

---

[5] Aufnahme einer sozialversicherungspflichtigen Beschäftigung

I.

Grundlagen und Voraussetzungen

Beschäftigungspakte als Instrument zur Förderung regionaler Integrationsstrategien für ältere Langzeitarbeitslose – Konzept und theoretischer Ansatz des „Pakt50 für Nürnberg"

Thomas Freiling

1. Arbeitsmarktsituation Älterer als Ausgangspunkt der Beschäftigungspakte in Deutschland

In Deutschland ist die Arbeitsmarktsituation Älterer nach wie vor prekär. Europäische Vergleichszahlen weisen konstant darauf hin, dass sich die Erwerbstätigenquote der 55- bis 64-Jährigen aus einer Langzeitperspektive betrachtet auf nachhaltig niedrigem Niveau bewegt und in Deutschland bei etwa 45 Prozent liegt. In den skandinavischen Ländern und auch in Großbritannien fällt diese Quote deutlich höher aus (bis zu 69 Prozent in Schweden) (vgl. Eichhorst/Sproß 2005, S. 2). Die Integration älterer Personen in den Arbeitsprozess muss vor dem skizzierten Hintergrund für alle Akteure ein besonderes Anliegen sein. Es geht darum, die Älteren zu integrieren statt sie zu selektieren, um dem Arbeitskräftebedarf der kommenden Jahre konstruktive Strategien entgegensetzen zu können. Obwohl innerhalb der letzten 15 Jahre durch fundierte, insbesondere arbeitswissenschaftliche Studien die Voraussetzungen für einen effektiven Einsatz auch älterer Mitarbeiter analysiert und die positiven Wirkungen herausgestellt wurden, lassen sich dennoch in den Unternehmen mehrheitlich Vorbehalte vorfinden, die eine Beschäftigung Älterer und auch ihre Integration in den Arbeitsprozess erschweren. Staatlich subventionierte Frühverrentungsregelungen der Vergangenheit (z. B. Altersteilzeitregelung) haben die Entwicklung noch unterstützt. Die Integration Älterer in den Arbeitsmarkt ist bislang mithilfe der bestehenden Förderungsinstrumente aktiver Arbeitsmarktpolitik kaum gelungen. Neue Wege zur Förderung der Beschäftigung Älterer, insbesondere von ALG II-Empfängern, sind daher mit dem Bundesprogramm „Perspektive 50plus" des Bundesministeriums für Arbeit und Soziales eingeschlagen worden. Im Fokus stehen sogenannte Beschäftigungspakte, die über die Erhöhung regionaler Verantwortung zu einer Effektivierung und Flexibilisierung der Integrationsstrategien beitragen sollen.

2. Regionalität als Grundprinzip der Beschäftigungspakte

2.1 Wirtschaftliche Struktur und Arbeitsmarkt in Nürnberg

Die Region Nürnberg ist geprägt durch einen anhaltenden Wandel: Grundlegendes Kennzeichen der letzten Jahrzehnte sind die kontinuierlichen Verluste von Arbeitsplätzen im produzierenden Gewerbe und Handel bei gleichzeitig wahrzunehmenden Zuwachsraten im Dienstleistungssektor. Für den Wandel zum Dienstleistungszentrum stehen Namen wie die GfK (Gesellschaft für Konsum-, Markt- und Absatzforschung), die Nürnberger Versicherungsgruppe oder die DATEV. Mit etwa 10 000 Beschäftigten ist Nürnberg heute der Call-Center-Standort Nr. 1 in Bayern. Mit SELLBYTEL hat einer der Marktführer Europas seinen Sitz in Nürnberg. Betrachtet man die Entwicklung der letzten Jahre insgesamt, so ist der Dienstleistungssektor die einzige Sparte, in der neue Jobs entstanden sind. Deren Anzahl konnte allerdings den Beschäftigungsrückgang in den anderen Wirtschaftssektoren, insbesondere im produzierenden Gewerbe, nicht kompensieren.

Der Dynamik des Strukturwandels vor allem in der Metall- und Elektroindustrie fallen auch traditionsreiche und ehemals erfolgreiche Firmen zum Opfer, wie die Entwicklungen bei Unternehmen wie Grundig oder AEG belegen. Die Orientierung hin zu modernen und zukunftsorientierten Dienstleistungen sowohl mit unmittelbarem Unternehmensbezug (z. B. Informationswirtschaft, Rechts-, Ingenieurberatung, Marktforschung) als auch im Bereich der öffentlichen und privaten Dienstleistungen führt insbesondere unter dem Gesichtspunkt des Bedarfs nach qualifizierten Arbeitskräften zu strukturellen Anpassungsproblemen.

Neue Chancen für den Standort Nürnberg und die Region ergeben sich auch aus der Osterweiterung der EU und der dadurch zentraleren Lage der Stadt im Wirtschaftsraum Europa. Diese zunehmende Bedeutsamkeit spiegelt sich in der im Jahr 2005 erfolgten Attestierung als europäische Metropolregion wider. Die dadurch induzierte weitere Beschleunigung von Umstrukturierungsprozessen der Wirtschaft bedeutet auch, dass Arbeitskräftebedarfe entstehen. Es gilt, diese altersneutral zu bewerten, um festzustellen, inwieweit erfahrungsbasierte Kompetenzen Älterer wirtschaftliche Vorteile generieren können. Diese Arbeitsplätze für die Zielgruppe der ALG II-Empfänger zu erschließen und für deren Integration zu nutzen, hat sich der „Pakt50 für Nürnberg" zur Aufgabe gemacht.

2.2 Ältere Arbeitslose in Nürnberg

Die Arbeitsmarktdaten verweisen auf eine größere Zahl von Menschen auf dem Arbeitsmarkt, die derzeit nicht in Beschäftigung stehen. Zu Beginn des Projektes war die Zahl deutlich höher als dies nunmehr festgestellt werden kann. Die anziehende Konjunktur wirkt sich nur in geringem Maß auf die über 50-jährigen ALG II-Empfänger in Nürnberg aus (vgl. Friedrich/Hein-Kremer/Rückel in diesem Band). Mitte 2007 weisen die Bestandsdaten für alle Altersgruppen eine Zahl von rund 25.000 Arbeitslosen aus dem Rechtskreis SGB II und III (vgl. Bundesagentur für Arbeit 2007) im Vergleich zu knapp 31.500 im Oktober 2005 aus (vgl. Bundesagentur für Arbeit 2005). In Nürnberg zog im Jahr 2006 erstmals seit 2001 die sozialversicherungspflichtige Beschäftigung wieder an. Bereits im 1. Quartal 2006 lag der Beschäftigungszuwachs in Nürnberg um 1,4 Prozent über dem Vorjahresquartal (vgl. Stadt Nürnberg 2007, S. 3).

Die aktuellen Zahlen verweisen darauf, dass in der Stadt Nürnberg rund ein Viertel aller Arbeitslosen über 50 Jahre alt ist und der Anteil der Langzeitarbeitslosen bei knapp 37 Prozent liegt.

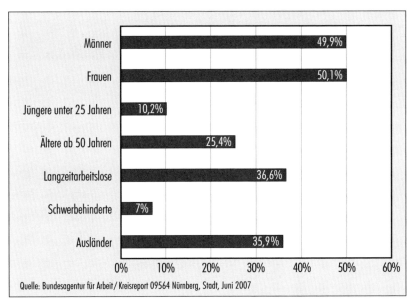

Abb. 1: Arbeitslosigkeit ausgewählter Personengruppen, Anteile an allen Arbeitslosen in Prozent

Dem Arbeitsmarkt ist im Durchschnitt die Gruppe der Bezieher von ALG II über 50 Jahren am meisten entfremdet, weil sie multiple Vermittlungshindernisse aufweist. Bei ihnen sind die Wiedereingliederungschancen deutlich reduziert. Die Ursachen hierfür liegen allerdings nicht allein in der Person selbst begründet (vgl. Gottwald/Franke in diesem Band). Ein sich kontinuierlich veränderndes wirtschaftliches Umfeld ist gleichermaßen Einflussfaktor für Integrationen. Am Beispiel älterer An- und Ungelernter ist erkennbar, dass sich nur schwierig Ansatzpunkte für neue Beschäftigungsmöglichkeiten ergeben (vgl. Dahmen-Gregorc in diesem Band). Veränderte Anforderungen an die Beschäftigten entstehen durch moderne Arbeitsplätze, die zunehmend weniger auf körperlichen Einsatz bauen denn auf überfachliche Kompetenzen wie Einsatzbereitschaft, Verantwortungsübernahme, Flexibilität, Mobilität sowie Serviceorientierung. Dieser Prozess ist eine der Ursachen für die besonders hohe (Langzeit-)Arbeitslosigkeit an- und ungelernter Arbeitskräfte. Bei diesen Tätigkeiten ist der Arbeitsplatz-

Merkmale	insgesamt		davon (Spalte 1)			
			SGB III		SGB II	
	absolut	Anteil	absolut	Anteil	absolut	Anteil
	1	2	3	4	5	6
Bestand						
Insgesamt	25.317	100,0%	7.670	30,3%	17.647	69,7%
Männer	12.639	49,9%	3.379	26,7%	9.260	73,3%
Frauen	12.687	50,1%	4.291	33,8%	8.387	66,2%
Jüngere unter 25 Jahren	2.593	10,2%	879	33,9%	1.714	66,1%
Ältere ab 50 Jahren	6.426	25,4%	2.587	40,3%	3.839	59,7%
Langzeitarbeitslose	9.276	36,6%	1.805	19,5%	7.471	80,5%
Schwerbehinderte	1.767	7,0%	559	31,6%	1.208	68,4%
Ausländer	9.083	35,9%	1.882	20,7%	7.201	79,3%
ohne abgeschlossene Ausbildung	zurzeit nicht auswertbar					

Quelle: Bundesagentur für Arbeit, Stand Juni 2007

Tab. 1: Entwicklung des Arbeitsmarktes Nürnberg, Stadt

abbau in den letzten Jahren noch stärker ausgefallen als in anderen Bereichen. Die Aufgaben werden anspruchsvoller und stärker prozessorientiert. In Bezug auf einfache Arbeiten formulieren Betriebe – in empirischen Untersuchungen zum Anforderungsgehalt früherer Helferberufe – höhere Erfordernisse in Bezug auf Verantwortung, Überblick und Sozialkompetenzen (vgl. Zeller/Richter/Dauser 2004).

In Nürnberg liegt die Quote der Personen aus dem Rechtskreis des SGB II gemessen an allen 25.000 Arbeitslosen bei 70 Prozent des Bestandes. Im Juni 2007 waren davon 3.839 arbeitslose Personen über 50 Jahre alt.[1]

Insgesamt ist die Zahl der ALG II-Empfänger allerdings mit ca. 10.000 deutlich höher, wenn die Gruppe der Ratsuchenden und Arbeitsuchenden („Aufstocker mit ergänzenden Leistungen") hinzugerechnet wird. Besonderes Kennzeichen ist, dass von den arbeitslosen Älteren 75 Prozent keinen Abschluss oder einen Hauptschulabschluss und ca. 80 Prozent keine oder keine in Deutschland anerkannte Ausbildung aufweisen können. Hieraus ergeben sich Herausforderungen an den Beschäftigungspakt und sein Konzept, dessen Auftrag es ist, über die Erprobung neuer Wege zu einer Verbesserung der Lage beizutragen.

3. „Pakt50 für Nürnberg": Hintergrund und Konzept

Der Pakt50 ist ein regionaler Netzwerkverbund, bestehend aus fünf Teilprojektträgern unter Federführung der ARGE Nürnberg.[2] Die Ausrichtung des Beschäftigungspaktes geht über die bisherigen Ansätze hinaus, in erster Linie Strategien der Qualifizierung und Vermittlung vorzusehen. Dem Konzept liegt die Erkenntnis zugrunde, dass der Erfolg der Wiedereingliederung von mehreren, miteinander in Verbindung stehenden Faktoren abhängt, die in ihrer Gesamtheit und Verschränkung dazu beitragen, Vermittlungshemmnisse zu beseitigen. Der mehrdimensionale Ansatz optimiert das Zusammenwirken von Maßnahmen auf den drei Ebenen *„Person"* (Arbeitsuchender/Arbeitnehmer), *„Organisationen"* (Arbeitgeber/aufnehmender Markt) und *„Region"* (regionales Umfeld/allgemeine Öffentlichkeit).

Alle gewählten Strategien und Maßnahmen des Pakt50 beziehen sich auf mindestens eine der drei Ebenen. Der Pakt hat in seiner zweijährigen Laufzeit knapp

---

[1] Der Anteil der Nicht-Deutschen (Migranten, Ausländer) liegt bei ca. 40 Prozent.
[2] Träger der Grundsicherung für Arbeitsuchende (Arbeitsgemeinschaft nach SGB II).

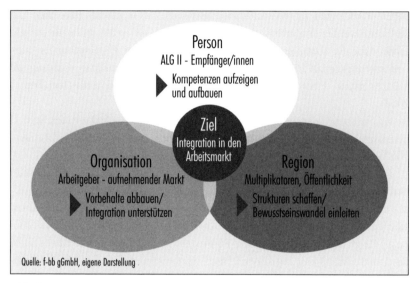

Abb. 2: Integrationsstrategie im Pakt50 auf drei Ebenen

940 Personen aktiviert und eine Vermittlungsquote[3] von 21 Prozent erreichen können. Förderleistungen an Unternehmen sind kaum bis gar nicht gezahlt worden. Dies kann im Hinblick auf die vorliegenden Vermittlungshemmnisse der Zielgruppe sowie im Vergleich zu anderen Instrumenten für ältere Langzeitarbeitslose als erfolgreich bewertet werden.

Ziel und Ansatz des „Pakt50 für Nürnberg" ist es, die Gesamtheit der in der Region vorhandenen Ideen, Kompetenzen und Ressourcen zu nutzen, um neue Wege zur Eingliederung älterer Arbeitsloser in Beschäftigungsverhältnisse zu gehen. Die Möglichkeiten einer Zusammenarbeit regionaler Akteure werden durch § 16 Abs. 2 Satz 1 SGB II – im Falle, dass Regelinstrumente nicht zum Erfolg führen – gestützt.

3.1 Ebene der Person

Im Fokus des „Pakt50 für Nürnberg" stehen ältere Personen über 50 Jahren, die im ALG II-Bezug sind oder in absehbarer Zeit ALG II beziehen werden. Ver-

---

[3] Aufnahme einer sozialversicherungspflichtigen Beschäftigung

mittlungshemmnisse dieser Personengruppe setzen sich aus unterschiedlichen Faktoren zusammen (vgl. Gottwald/Franke in diesem Band).

Vor dem Hintergrund sich ständig verändernder Arbeitsmarktbedingungen, Tätigkeitsanforderungen und Anforderungen an die Handlungs- und Beschäftigungsfähigkeit ist es notwendig, Handlungskompetenzen (Fach-, Methoden-, Sozial- und Selbstkompetenzen) laufend den Bedarfen der Arbeitssituation und des Beschäftigungsmarktes anzupassen. Dies in die Hand zu nehmen und Verantwortung für den Erhalt ihrer Beschäftigungsfähigkeit (Employability) zu übernehmen, wird als Anforderung an die Erwerbstätigen selbst gesehen. Auch die betriebliche Weiterbildung und Personalentwicklung ist insbesondere auf eine Mitwirkung der Mitarbeiter angewiesen, z. B. über die Stärkung der Bereitschaft zum lebenslangen Lernen, Beteiligung an der Finanzierung oder an der aufzuwendenden (Frei-)Zeit (vgl. Bellmann/Dietz/Walwei 2006, S. 81).

Im Berufsverlauf erworbene Kompetenzen müssen sich flexibel auf ein Spektrum unterschiedlicher Tätigkeiten beziehen, für welche die formale Erst- oder Zweit-Qualifikation ursprünglich nicht ausgelegt war. Grundlegende berufliche Weiterbildungen liegen bei Mitarbeitern über 50 oftmals länger zurück; sie nehmen zudem seltener an Weiterbildung teil als Jüngere im Alter von 35–49 Jahren, die die weiterbildungsaktivste Gruppe darstellen (BMBF 2005, S. 25).[4] Zudem besteht Gefahr, dass die geringere Teilnahme an Weiterbildungsmaßnahmen zu einem „Verlernen" des Lernens führt.

Beschäftigungspotenziale für ältere Arbeitslose liegen nicht zuletzt in zukunftsträchtigen Branchen der Region (vgl. Heinl/Schuhmann/Freiling in diesem Band). Durch Analysen wird erkennbar, welche Bedarfe im regionalen Arbeitsmarkt vorhanden und in Entwicklung begriffen sind. Dieser voraussichtliche Bedarf kann auch mit den noch zu ergänzenden Kompetenzprofilen Älterer gedeckt werden. Dazu sind die tatsächlich im Laufe des Arbeitslebens erworbenen Kompetenzen (erstmals) zu dokumentieren und noch zu ergänzende Kompetenzen und Entwicklungswege der Arbeitsuchenden gemeinsam festzulegen (vgl. Elsholz/Hammer in diesem Band). In diesem Zusammenhang ist die Bezeichnung „An- bzw. Ungelernte" nicht ganz zutreffend, wenn es darum geht, Beschäftigungspotenziale dieser Personengruppe zu identifizieren. Durch Vorerfahrungen auch in informellen Bereichen sowie durch ausgeübte Tätigkeiten sind Kompe-

---

[4] Werden die Ergebnisse des Berichtssystems Weiterbildung (BSW) nur auf erwerbstätige Personen bezogen, so zeigt sich, dass Weiterbildung bei den erwerbstätigen Personen ab 50 Jahren keine unwichtige Rolle spielt.

tenzen vorhanden, an die angeknüpft werden kann. Älteren Arbeitslosen ohne eine Berufsausbildung kann der Wiedereinstieg erleichtert werden, indem auf der Grundlage spezifischer Bedarfsanalysen und Beratungsleistungen die bisherigen Qualifikationen und Kompetenzen ermittelt und zum Ausgangspunkt für eine individuelle Integrationsstrategie gemacht werden. Die notwendige Kompetenzanpassung und der mögliche Wiedereinstieg in eine Beschäftigung hängen auch mit der individuellen Lebensplanung und der Entwicklung alternativer Beschäftigungswege zusammen. Die vor der Arbeitslosigkeit ausgeübten Berufe bzw. Tätigkeiten bieten unter Umständen geringe Zukunftschancen. Um- bzw. Neuorientierungen sind notwendig, die die Vorstellungen der Zielgruppe einbinden. Beratung, Qualifizierung und Beschäftigung verstehen sich somit auf der Ebene „Person" als eine Einheit, die inhaltlich durch unterschiedliche Angebote für die Zielgruppe gestaltet wird.

Die Ebene „Person" stellt Beratung einschließlich Coaching und Begleitung, Qualifizierung für vorhandene Arbeitsstellen und Vermittlung in den Mittelpunkt. Zusätzlich wird die Reduktion von Vermittlungshemmnissen angestrebt, die durch Phasen längerer Arbeitslosigkeit (Lernentwöhnung oder psychische und/oder physische Beeinträchtigungen) entstanden sind. Beispielsweise handelt es sich um die folgenden Angebote:

- Angebote an die Zielgruppe zur Klärung und Beseitigung von Vermittlungshemmnissen;
- Angebote zur Begleitung der beruflichen Umorientierung;
- Durchführung konkreter Bedarfsanalysen zum Abgleich von bestehenden mit benötigten Kompetenzen;
- Durchführung unterschiedlicher Qualifizierungsangebote für die unterschiedlichen Zielgruppen mit und ohne formale Ausbildung (An- und Ungelernte, gewerblich-technisch und kaufmännisch Qualifizierte, Hochqualifizierte mit Techniker- oder Ingenieurabschluss).

3.2 Ebene Organisationen (Unternehmen)

Die Ebene „Organisationen" steht für die Bearbeitung über-individueller Handlungsfelder und integrationsförderlicher Rahmenbedingungen wie Schärfung des Bewusstseins des Umfeldes für die Potenziale älterer Mitarbeiter bei gleichzeitiger Reduktion von Vorbehalten, unternehmensbezogene Vermittlungsdienstleistungen sowie Information über den Einsatz älterer Mitarbeiter im Betrieb.

Vorbehalte von potenziellen Arbeitgebern erschweren häufig eine Beschäftigung Älterer (vgl. Geldermann in diesem Band). Die bestehenden Vorbehalte beziehen sich auf generelle Einschränkungen der physiologischen und psychologischen Leistungsfähigkeit sowie auf fehlende Qualifikationen oder unzureichende Lernmotivation (Pack et al. 2000, S. 14 f.; vgl. bei älteren ALG II-Empfängern Freiling/Hammer 2006). In der Unternehmensbefragung im Pakt50 wurde nach Veränderungen dieser Vorbehalte gefragt. Bei immerhin einem Viertel hat sich der Stellenwert dieses Themas in den letzten zwei Jahren durchweg erhöht. Unterstützend wirkte die öffentliche Diskussion über das Thema Fachkräftemangel, Schwierigkeiten bei der Rekrutierung qualifizierter Nachwuchskräfte sowie das öffentlichkeitswirksame Auftreten des „Pakt50 für Nürnberg" (vgl. Gottwald/Keck in diesem Band).

Ein weiteres Argument für eine Verbesserung der Aufnahmebereitschaft sind die Studien über den zu erwartenden Fachkräftebedarf der letzten Jahre (vgl. Institut der Deutschen Wirtschaft 2001; Schneider/Stein 2006). Ein kurz- bis mittelfristiger Fachkräftemangel ist in mehreren Branchen absehbar. Immer weniger fertig ausgebildete Arbeitskräfte aus dem Bildungssystem stehen dem Arbeitsmarkt zur Verfügung.

Die Personalpolitik vorausschauender Unternehmen hat sich bereits darauf eingestellt und früher dominierende Strategien der Vorruhestandsregelung verworfen. Eine Empfänglichkeit für das Thema Bindung vorhandener älterer Mitarbeiter bis hin zur gezielten Neueinstellung ist erkennbar, vor allem bei denjenigen Unternehmen, die am ehesten betroffen sind, z. B. aufgrund eines höheren Altersdurchschnitts der Belegschaft (vgl. Grumbach/Ruf 2007, S. 40). Eine Umfrage der Deutschen Gesellschaft für Personalführung im Jahr 2005 ergab, dass die demografische Entwicklung bisher nur in wenigen Unternehmen auf der personalpolitischen Agenda steht, gezielte innerbetriebliche Maßnahmen erst in einem geringen Umfang umgesetzt sind und knapp die Hälfte der befragten Personaler keine zeitlichen Ressourcen für Umsetzungsmaßnahmen finden, da akute Probleme in den Unternehmen dem Thema Demografie immer vorgezogen werden (vgl. Deutsche Gesellschaft für Personalführung 2005, S. 7; Stößel 2007, S. 123).

Generell wird deutlich, dass das Merkmal Alter nicht mit dem Ausmaß der Leistungsfähigkeit korreliert, sondern dass unterschiedliche Vorteile und gestaltbare Hemmnisse die Chancen der Beschäftigung Älterer beeinflussen. Dies gilt es immer wieder deutlich zu machen. Zentrales Ziel ist daher im Pakt50, Vorurteile zu reduzieren und die Nachhaltigkeit der Beschäftigung Älterer über konkrete Beratungs- und Unterstützungsleistungen zu erhöhen. Zentrale Annahme dabei ist, dass der Erfolg einer längerfristigen Beschäftigung und somit der Erfolg der Eingliederung älterer Arbeitsloser am höchsten ist, wenn sowohl Arbeitgeber- als auch Arbeitnehmervertretungen über Potenziale und Besonderheiten der Beschäftigung Älterer sowie betriebsspezifische Lösungswege informiert sind und bei der Umsetzung von Eingliederungen (nicht ausschließlich monetär) unterstützt werden.

Der „Pakt50 für Nürnberg" konzentriert somit seine Aktivitäten nicht nur auf die Personen „Ältere" z.b. über konkrete Qualifizierungsangebote, sondern bezieht auch die Organisationen mit in das Aktivitätsspektrum ein. Beispielsweise handelt es sich um folgende Maßnahmen:
- Beratung interessierter Unternehmen zu Fragen der Beschäftigung und Integration arbeitsloser Älterer in den Arbeitsprozess über Öffentlichkeitsarbeit, einen Job-Scout und über Workshops und Informationsveranstaltungen
- Angebot weiterer Inhouse-Beratungsdienstleistungen zu Angeboten des Paktes
- Gezielte Vorauswahl potenzieller Mitarbeiter

3.3 Ebene der Region

Auf der Ebene „Region" wird durch Netzwerk- und Öffentlichkeitsarbeit einschließlich einer Marketingkampagne ein Einstellungswandel gegenüber Älteren angestoßen und der sozialen Ausgrenzung von ALG II-Empfängern entgegengewirkt. Hierbei werden zusätzlich Kompetenzen weiterer Unterstützer (Kammern, Verbände, Gewerkschaften) zusammengeführt und in das Gesamtkonzept integriert.

Der „Pakt50 für Nürnberg" intendiert die Einbindung seiner Gesamtaktivitäten in regionale Strukturen. Die Potenziale der Region kommen erst durch die Zusammenarbeit der relevanten Akteure zur Geltung. Sowohl die Sozialpartner als auch städtische Institutionen, Krankenkassen, regional ansässige und wirkende Unternehmen sowie Verbände sind über Veranstaltungen, Beiratssitzungen, Gremien- oder Öffentlichkeitsarbeit in die Aktivitäten mit einbezogen.

Ziel der Aktivitäten im Fokus „Region" ist ein nachhaltiger Impuls für einen Einstellungswandel gegenüber Älteren im Arbeitsmarkt. Durch die anhaltende Vernetzung der beteiligten Partner soll dieses Ziel nachhaltig in der Region verankert werden. Hierfür werden z.B. regelmäßig Informationen über den Pakt und seine Beispiele gelungener Praxis veröffentlicht (vgl. Heumann in diesem Band). Die Unternehmensbefragung hat gezeigt, dass nach einem Jahr Projektlaufzeit

bereits 60 Prozent der Unternehmen über den Pakt50 und sein Anliegen informiert worden sind (vgl. Gottwald/Keck in diesem Band). Der Transfer von Aktivitäten und Ergebnissen in die Region ist damit sichergestellt. Ausgehend von der regionalen Analyse der sozial- und arbeitsmarktpolitischen Gesamtsituation der Zielgruppe werden die einzelnen Maßnahmen auf regionaler Ebene geplant und umgesetzt. Hierzu gehören insbesondere:
- Einrichtung einer fachlichen Ansprechstelle mit koordinierenden Funktionen innerhalb des Beschäftigungspaktes (f-bb Nürnberg);
- Einbindung weiterer ideeller Unterstützer zur Ausweitung der Publicity (z.B. Nürnberger Nachrichten);
- Einrichtung einer Stellenbörse zur Information über verfügbare Arbeitsplätze und Bewerberprofile;
- Durchführung aktiver Öffentlichkeitsarbeit (z.B. Imagekampagne, Informationsveranstaltungen, Tagungen und Unternehmens-Workshops).

Die sich aus den Ebenen „Person", „Organisationen" und „Region" zusammensetzende Leitidee ist richtungweisend für die einzelnen Teilprojekte, in deren Ausgestaltung die Ebenen in unterschiedlicher Ausprägung aufgegriffen werden.

4. Kernpartner und ihre Aufgaben im Überblick

Im „Pakt50 für Nürnberg" wirken die Kernpartner als operative Umsetzer zusammen. Sie werden von vielfältigen Unterstützern begleitet, ohne die eine regionale Verortung der Thematik wenig nachhaltig sein kann.

Zu den operativen Umsetzern gehört zunächst die ARGE Nürnberg. Sie hat die Projektleitung inne und übernimmt Aufgaben der Kundenvorauswahl und Zuweisung (vgl. Hobauer/Mennicke in diesem Band), des Controllings, des Rechnungswesens sowie der Nachbetreuung nach nicht erfolgter Vermittlung.

Das Nürnberger Forschungsinstitut Betriebliche Bildung (f-bb) gGmbH ist als Querschnittspartner in den Pakt integriert und konzentriert sich auf die folgenden Aufgaben:
- Öffentlichkeitsarbeit/Marktsensibilisierung: Neben einer begleitenden Imagekampagne werden Unternehmen konkret flankierende Informations- und Beratungsangebote zur Qualifizierung unterbreitet. Regionale Veranstaltungen (Fachkonferenzen und Unternehmensworkshops) bieten eine Plattform für die regionalen Unterstützer wie Verbände, Kammern, Unternehmen, Gewerkschaften, um sich thematisch in den Pakt mit einzubinden.

Abb. 3: Kooperationspartner im „Pakt50 für Nürnberg" (Kernpartner und Unterstützer)

- *Fachmoderation:* Das Zusammenwirken unterschiedlicher Akteure bedarf einer Plattform, um Austausch zu ermöglichen, Absprachen zu treffen, Abstimmungen zu koordinieren, Aktionen aufeinander zu beziehen und Unterstützer und Netzwerkpartner einzubinden. Insofern ist die Fachmoderation für die Verzahnung zwischen den Projekten, den fachlichen Input zur Unterstützung des Entwicklungs- und Umsetzungsprozesses sowie für die Organi-

sation und Durchführung regionaler Netzwerktreffen mit den operativen Partnern verantwortlich.
- *Evaluation/Qualitätssicherung:* Der Beschäftigungspakt einschließlich seiner Teilprojekte betritt arbeitsmarktpolitisches Neuland. Es sind innovative Elemente eingebunden (vgl. Cimpean/Gottwald/Keck in diesem Band), die miteinander kombiniert und im Laufe von zwei Jahren erprobt worden sind. Die Evaluation versteht sich als Prozessbegleiter (formative Evaluation) für die Akteure und übernimmt die Identifizierung der Wirkungen des Pakts auf regionaler Ebene (formative Evaluation) (vgl. Freiling/Gottwald 2006).

Die **Berufliche Fortbildungszentren der Bayerischen Wirtschaft (bfz) gGmbH** ist als wirtschaftsnaher Bildungsträger in den Pakt eingebunden. Mit drei unterschiedlichen Konzepten („AktivFirma", Kunststoffqualifizierung und Call-Center-Projekt) konzentriert es sich in erster Linie auf die formal Qualifizierten innerhalb des Paktes. Bei der „AktivFirma" handelt es sich um ein Konzept in Anlehnung an die Methode der Arbeitsfabrik zur Stärkung der Selbstorganisation und Motivation der Arbeitslosen, die sich um die Erschließung von Arbeitsmöglichkeiten sowie die Aneignung der dazu notwendigen Kompetenzen vordringlich selbst bemühen (vgl. Heinl/Semmelmann/Gottwald in diesem Band). Der Bereich Kunststoffqualifizierung spielt für die Region Nürnberg eine besondere Rolle, da zunehmend Beschäftigungsmöglichkeiten in diesem Sektor auch für Ältere bestehen und die Chancen für die Zielgruppe genutzt werden sollen. Das Call-Center-Projekt „JOBaktiv50+" ist vom Customer Quality Network Nürnberg und Umgebung e.V. entwickelt und in den Pakt eingebracht worden. Es konzentriert sich auf die Ausbildung von Älteren für die wachsende Call-Center-Branche in dem neuen Ausbildungsberuf „Fachkraft für Dialogmarketing" (vgl. Heinl/Schuhmann/Freiling in diesem Band). Das operative Geschäft des Projekts ist beim bfz angesiedelt.

Als städtischer Bildungsträger ist die **Noris-Arbeit (NOA) gGmbH** eingebunden. Sie ist auf die Betreuung, Qualifizierung und Vermittlung von vornehmlich An- und Ungelernten spezialisiert. Dabei handelt es sich um ein Konzept mit stark individualisiertem und verstetigtem Ansatz, Fokussierung auf Sozialcoaching, modularem Angebotsaufbau mit monatlichen Neuaufnahmen und Praktikumsphasen.

Speziell für die Hochqualifizierten (Techniker, Meister, Ingenieure) hat die **Georg-Simon-Ohm Hochschule Nürnberg** ein eigenes Konzept entwickelt und erprobt (vgl. Wirth/Hoffmann in diesem Band). Die Personen werden in Abteilungen und Fachbereichen (Laboren) der Fachhochschule eingesetzt und bekommen die Möglichkeit, individualisiert Fachkenntnisse aufzufrischen und zu erweitern. Auf die Vermittlung von Sozial- und Methodenkompetenzen wird neben der fachlichen Qualifizierung Wert gelegt.

Ebenfalls als Querschnittspartner fungiert die gewerkschaftsnahe **Gesellschaft für Arbeitsmarktintegration und Qualifizierung (aqua) mbH** mit der Funktion der Arbeitsmarkterschließung (vgl. Hansel/Stößel in diesem Band). Ein Job-Scout informiert telefonisch und persönlich Arbeitgeber der Region über die Angebote des Paktes und akquiriert Arbeitsstellen, die in einer eigenen Stellenbörse für die Teilprojektpartner aufgeführt sind. Die Stellen stehen vordringlich den Teilnehmern des Pakt50 zur Verfügung.

5. Beschäftigungspakte und Innovation

Der Innovationsgehalt des Paktes besteht neben dem dreidimensionalen Ansatz in der Zusammenführung regionaler Akteure/Experten und neuerer Vermittlungsstrategien sowie in der Entwicklung und Erprobung neuer Aktivierungs- und Qualifizierungskonzepte. Innovation bedeutet, sich von bisher gewohnten Konzepten zu lösen und unabhängig davon an spezifischen Einflussfaktoren für die Integration älterer Arbeitsloser anzusetzen. Innovation bedeutet auch, neue Ideen zu erproben und auf ihre Wirksamkeit zu überprüfen. Der Beschäftigungspakt entwickelt Vielfalt, identifiziert und erschließt die Potenziale Älterer, unterstreicht Regionalität und bündelt vorhandene Kompetenzen bei Institutionen, Verbünden und regionalen Initiativen, gewinnt Öffentlichkeit, trägt zum Abbau von Vorurteilen bei, nutzt Arbeitsmarktnischen und erprobt neue Formen der Qualifizierung. Zusammengefasst sind folgende Innovationselemente hervorzuheben:

- *Einleitung eines Bewusstseinswandels:* größtes Vermittlungshemmnis sind die Vorurteile über eine geringere Leistungsfähigkeit Älterer. Der Defizitorientierung wird über einen kompetenzorientierten Zugang begegnet. Die Aufmerksamkeit wird über ein vielfältiges Spektrum an Instrumenten (Werbekampagne, Workshops und Einzelinformationen) auf die Potenziale Älterer fokussiert. Botschaften konzentrieren sich auf die folgende Aussage: Es lohnt sich, ältere Mitarbeiter einzustellen und vorhandene Kompetenzen gewinnbringend im Unternehmen einzusetzen.
- *Überwindung des individuellen Ansatzes:* Der Fokus des Paktes ist nicht nur auf die Zielgruppe selbst gerichtet, sondern auf weitere erfolgsrelevante Einflussgrößen. Die Verzahnung der Ebenen „Person", „Organisation" und

"Region" ist in der Lage, Integrationshemmnissen entgegenzuwirken, die durch das Individuum nicht überwunden werden können: Betriebe und Verwaltung, aber auch die öffentliche Meinung werden mit den Potenzialen älterer ALG II-Bezieher befasst.

- *Keine Bildungsmaßnahmen auf Vorrat:* Qualifiziert wird nur dann, wenn Handlungskompetenzen fehlen, die zur Aufnahme oder Ausübung einer identifizierten Tätigkeit unerlässlich sind.
- *Pluralität von Aktivitäten:* Vielfältige Interessen und Standpunkte setzen sich mit der Thematik der Integration Älterer und der Reintegration sozial Benachteiligter in den Arbeitsmarkt auseinander.
- *Konzentration auf Arbeitsmarkterschließung:* Die Markterschließung gehört zur Grundaufgabe aller Partner. Die aqua GmbH übernimmt zudem die Gestaltung eines regelmäßigen Kontakts zu Arbeitgebern.
- *Regionale Kompetenzen bündeln:* Innovationen werden aus der Neukombination von bewährten Strukturen erschlossen. Der Pakt schafft keine neuen Strukturen, sondern greift auf bestehende zurück und bündelt diese. Je vielfältiger die Einbindung unterschiedlicher Akteure und Unterstützer, desto pluraler sind die Lösungsansätze.
- *Erfolgsfaktoren analysieren und transferieren:* Die Erkenntnisse aus der Erprobung neuer Konzepte sind analysiert und aufbereitet worden (vgl. Cimpean/Gottwald/Keck in diesem Band). Nachhaltigkeit lebt von der Implementierung bewährter und geprüfter Instrumente. Die Begleitforschung hat erfolgreiche Ansätze analysiert und generiert Erfolgsfaktoren zur Sicherung des Transfererfolgs (Good Practice auch zur Nutzung in anderen Regionen).
- *Konzeptvielfalt:* Innovative Ideen lassen sich in den Teilprojekten auf verschiedene Weise wiederfinden. Sämtliche Teilprojekte folgen der Leitidee und richten ihre Aktivitäten daran aus. Dabei werden unterschiedlich formal vorqualifizierte Zielgruppen des regionalen Arbeitsmarktes (von den An- und Ungelernten bis zu Hochschulabsolventen) angesprochen.

Mit Zusammenlegung der Arbeitslosen- und Sozialhilfe zu Beginn des Jahres 2005 sind neue Herausforderungen an die Aufgabe der Integration von Langzeitarbeitslosen erwachsen. Der Pakt50 mit seinem mehrdimensionalen Ansatz bezüglich Konzept und Integrationsstrategie hat sich vorgenommen, die Diskrepanz zwischen den Bedarfen des Marktes hinsichtlich Qualifikationen und Kompetenzen und den Potenzialen der arbeitslosen Älteren kleiner werden zu lassen. Regionale Fachkräftebedarfe z. B. in der Dienstleistungsbranche können als

Motor für diesen Prozess fungieren. Die Konzepte, Strategien und Ergebnisse des „Pakt50 für Nürnberg" sind übersichtlich in den nachfolgenden Kapiteln von den Kernakteuren zur Unterstützung des Transfers zusammengetragen worden.

Literatur

Bellmann, L./Dietz, M./Walwei, U.:
Arbeitsmarktpolitik für Ältere: Handlungsbedarf – Instrumente – Perspektiven. In: Prager, U.; Schleiter, A. (Hrsg.): Länger leben, arbeiten und sich engagieren. Chancen wertebeständiger Beschäftigung bis ins Alter. Gütersloh 2006, S. 69-84.

Bundesagentur für Arbeit:
Arbeitsmarkt in Zahlen. Report für Kreise und kreisfreie Städte. Berichtsmonat Juni. Nürnberg, Stadt 09564. Nürnberg 2007.

Bundesagentur für Arbeit:
Arbeitsmarkt in Zahlen. Report für Kreise und kreisfreie Städte. Berichtsmonat Oktober. Nürnberg, Stadt 09564. Nürnberg 2005.

Bundesministerium für Bildung und Forschung (Hrsg.):
Berichtssystem Weiterbildung IX. Ergebnisse der Repräsentativbefragung zur Weiterbildungssituation in Deutschland. Bonn 2005.

Deutsche Gesellschaft für Personalführung (Hrsg.):
Personalblitzlicht: Aging Workforce. Nr. 6. Düsseldorf 2005.

Eichhorst, W./Sproß, C.:
Arbeitsmarktpolitik für Ältere. In: IAB Kurzbericht Nr. 16 vom 05.10.2005. Nürnberg 2005.

Freiling, Th./Gottwald, M.:
Beschäftigungspakte in den Regionen. Darstellung und Diskussion eines Evaluationskonzeptes. In: Zeitschrift für Evaluation. Nr. 2 (2006). S. 333–346.

Freiling, Th./Hammer, V.:
Qualifizierung älterer Arbeitsloser. Besonderheiten, Strategien, Umsetzungsbeispiele aus dem Pakt50 für Nürnberg (Praxisbericht). In: Bildungsforschung, Jahrgang 3, Ausgabe 2 (2006). Im Internet abgerufen am 30.07.2007 unter: http://www.bildungsforschung.org/Archiv/200602/praxis_pakt50/.

Grumbach, J./Ruf, U.:
Demografischer Wandel in der Arbeitswelt: Handlungsrahmen und Handlungsfelder von Unternehmen, Gewerkschaften und Staat. In: Länge, T./Menke, B. (Hrsg.): Generation 40plus. Demografischer Wandel und Anforderungen an die Arbeitswelt. Bielefeld 2007, S. 33–66.

Lenske, W./Werner, D.:
Fachkräftebedarf, Fachkräftemangel und Lösungsansätze. Die IW-Frühjahrsumfrage zu Ausbildung und Beschäftigung. Köln 2001.

Pack, J./Buch, H./Kistler, E./Mendius, H.-G./Morschhäuser, M./Wolff, H.:
Zukunftsreport demografischer Wandel. Innovationsfähigkeit in einer alternden Gesellschaft. Bonn 2000.

Schneider, H./Stein, D.:
Personalpolitische Strategien deutscher Unternehmen zur Bewältigung demografisch bedingter Rekrutierungsengpässe bei Führungskräften. IZA Research Report No. 6. Bonn 2006.

Stößel, D.:
Was halten Unternehmen von älteren Mitarbeitern? Eine Zusammenfassung empirischer Studien. In: Loebe/Severing (Hrsg.): Demografischer Wandel und Weiterbildung. Strategien einer alterssensiblen Personalpolitik. Bielefeld 2007, S. 117–132.

Stadt Nürnberg (Hrsg.):
Statistik aktuell für Nürnberg und Fürth. Ein Informationsdienst des Amtes für Stadtforschung und Statistik. Ausgabe 14. Februar 2007. Nürnberg 2007.

Zeller, B./Richter, R./Dauser, D.:
Kompetenzen für einfache Arbeit. In: Loebe, H./Severing, E. (Hrsg.): Zukunft der einfachen Arbeit – Von der Hilfstätigkeit zur Prozessdienstleistung. Bielefeld 2004, S. 51–60.

Regionale Altersstrukturen in Deutschland – Herausforderungen an betriebliche Gestaltungsstrategien

Andreas Huber, Ernst Kistler, Thomas Staudinger[1]

Während die regionalen Unterschiede in der Entwicklung der Bevölkerungszahlen inzwischen in der öffentlichen Wahrnehmung und auch auf der politischen Agenda angekommen sind – Stichwort: Regionen –, gilt dies für die mit dem demografischen Wandel einhergehenden regionenspezifischen Alterungsprozesse weit weniger. Allenfalls der Abwanderung der Jungen aus ostdeutschen Krisengebieten und ansatzweise der Ballung von Senioren wird noch Aufmerksamkeit zuteil. Dass es auch bei der Entwicklung der Bevölkerung im Erwerbsalter enorme regionale Unterschiede gibt, wird selbst in der einschlägigen Fachliteratur kaum thematisiert.

Dabei ist dieses Phänomen unter verschiedensten Gesichtspunkten von großer Relevanz: Ob für unternehmerische Standortentscheidungen oder für die Allokation von Maßnahmen z.B. einer Arbeitsmarktpolitik für Ältere – es ist wichtig zu wissen, wie sich die Altersstruktur des Erwerbspersonenpotenzials in einer Region darstellt und entwickelt. Gleichermaßen sind solche Informationen über regionale Altersstrukturen z.B. wichtige Rahmeninformationen für die Evaluierung einschlägiger arbeitsmarktpolitischer Maßnahmen oder konkreter Gestaltungsprojekte vor Ort.

Der vorliegende Beitrag behandelt mit speziellem Blick auf die 55- bis 64-Jährigen anhand der neuesten, 11. koordinierten Bevölkerungsvorausberechnung der Statistischen Ämter die voraussichtlichen regionalen Unterschiede in der Entwicklung der Anzahl der Personen im höheren Erwerbsalter. Anschließend werden die sich daraus ergebenden Herausforderungen für den betrieblichen Umgang mit diesen Phänomenen kurz diskutiert (vgl. Ebert/Kistler/Trischler 2007 und Huber/Kräußlich/Staudinger 2007).

---

[1] Der Beitrag entstammt den Arbeiten der Verfasser am laufenden Vorhaben „BIA 50 plus" im Rahmen des Bundesprogramms „Perspektive 50plus" des BMAS und am Projekt „Smart Region" (Art. 6 ESF; Hans Böckler Stiftung).

Die Alterung von Bevölkerung und Arbeitsangebot ist unabweisbar

Die Statistischen Ämter haben im Spätherbst 2006 die Bundesergebnisse der 11. koordinierten Bevölkerungsvorausberechnung veröffentlicht. Inzwischen liegen auch die Ergebnisse für die einzelnen Bundesländer und erste kleinräumige Berechnungen vor. Unbenommen der Unterschiede in den verwendeten Szenarien ist klar: Die Bugwelle an Babyboomern kommt in einigen Jahren ins höhere Erwerbsalter. Abbildung 1 demonstriert dies in augenfälliger Form für die beiden „mittleren" der zahlreichen Varianten dieser Bevölkerungsvorausberechnung, die sogenannten Szenarien 1-W1 und 1-W2. Diese unterscheiden sich im Wesentlichen durch einen unterstellten jährlichen Nettozuwanderungssaldo von plus 100 Tsd. bzw. 200 Tsd. Personen (vgl. Statistisches Bundesamt 2006).

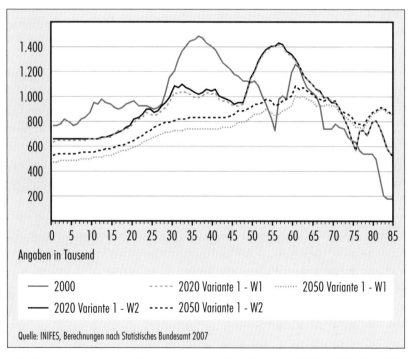

Abb. 1: Entwicklung der Altersstruktur der Bevölkerung 2000, 2020, 2050 (11. koordinierte Bevölkerungsvorausberechnung)

Die Abbildung zeigt, dass die Babyboomer (die um das Jahr 1964 als stärkstbesetztem Jahrgang herum Geborenen) auch im Jahr 2020 noch die Bevölkerung im Erwerbsalter prägen werden. Bis dahin schrumpft die Anzahl der Personen im Erwerbsalter (15 bis 64 Jahre) bundesweit nur unwesentlich – die Bevölkerungszahl entspricht dabei in der Abbildung dem Integral/der Fläche unter den jeweiligen Kurvenabschnitten.

Keine „demografische Wende" am Arbeitsmarkt in Sicht

Unterstellt man nicht nur die mittleren Annahmen[2] zur Bevölkerungsentwicklung, sondern auch mittlere Annahmen zur Entwicklung der Erwerbsquoten, wie sie die Prognos AG bis 2030 verwendet[3], so zeigt sich Folgendes: Erst nach 2020 wird das Erwerbspersonenpotenzial in Deutschland beschleunigt und in relevantem Maß sinken. Das gilt für alle westdeutschen Bundesländer, während im Osten bereits aktuell ein ganz leichter Rückgang beim Arbeitsangebot zu beobachten ist (vgl. Abb. 2). Angesichts der dortigen Arbeitsmarktprobleme wird dieser aber – rein quantitativ gesehen – auch erst später relevant. Ob hier allerdings aktuell eine zusätzliche Ausweitung des Arbeitsangebots sinnvoll ist, ist mehr als fraglich.

Von einer baldigen „demografischen Wende am Arbeitsmarkt", hin zu einem Mangel an Arbeitskräften auf breiter Front, kann jedenfalls keine Rede sein. Dies schließt jedoch eine Zunahme eines qualitativen Mismatch ebenso wenig aus wie regionale Engpässe beim (Fach-) Kräftebedarf. Die arbeitsmarktpolitische Problemlösungsstrategie ist dann aber eine andere als gemeinhin gefordert: Statt einer pauschalen Maßnahme (z. B. Absenkung der Verdienstgrenze bei Zuwanderern oder noch frühere vollständige Arbeitnehmermobilität aus den Beitrittsländern) geht es um genaue Analysen der wirklichen Bedarfe und Stellenbesetzungsprobleme – der Fachkräftebedarf ist und bleibt ein punktuelles Phänomen (vgl. Kistler 2007) – und dann um gezielte Weiterbildung und mehr (Aus-)Bildungsanstrengungen etc.

---

[2] Verwendet man in Abb. 2 die Variante 1-W2 mit geringerer Nettozuwanderung – was zumindest bei Betrachtung des Zuwanderungsdrucks, der bevorstehenden EU-Öffnung und des gestiegenen Arbeitsangebotszwanges durch die Rentenreformen die Untergrenze sein dürfte –, so ändern sich die Ergebnisse zumindest mittelfristig kaum. Unsere Befunde liegen damit in den Größenordnungen sehr ähnlich zu denen der Prognos AG (2006) oder des IAB (vgl. Fuchs/Söhnlein 2005, Fuchs 2006).

[3] Das Handelsblatt hat in seinem Bericht zum Prognos Deutschlandreport 2030 die realistische Zukunftsperspektive auf den Punkt gebracht: „Deutschlands Zukunft fehlen Jobs" (Storbeck 2006) – und nicht Arbeitskräfte!

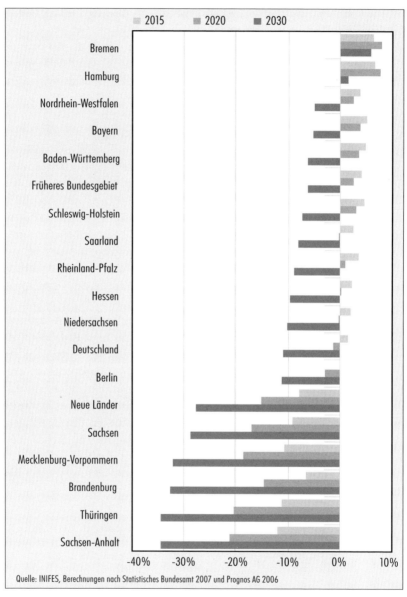

Abb. 2: *Vorausschätzung des Erwerbspersonenpotenzials (mittlere Annahmekombination) nach Bundesländern – Veränderungen im Vergleich zum Jahr 2002*

Die Alterung ist die entscheidende Herausforderung

Wie stark der Anstieg an 55- bis 64-Jährigen auf nationaler Ebene ausfallen wird, verdeutlicht Abbildung 3. Die Zahl der Personen in dieser Altersgruppe wird geradezu dramatisch ansteigen. Die stark besetzten Geburtsjahrgänge bis 1941/42 sind inzwischen im Rentenalter. Nach dem geburtenschwächsten Jahrgang 1945 folgen 19 Jahre lang zunehmend stärker besetzte Jahrgänge. Nach einem Rückgang in der Zahl der Älteren in den letzten zehn Jahren, der u. E. dazu beigetragen hat, dass die Arbeitsmarktprobleme Älterer gegenwärtig in der Politik massiv unterschätzt werden, folgt bis ca. 2025 ein unbestreitbar dramatischer Zuwachs. Und: Dieser Zuwachs ist bis nach 2030 ziemlich unabhängig von den

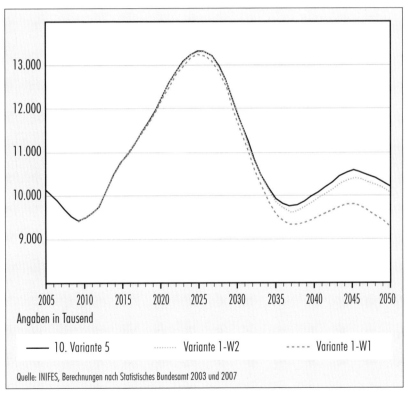

Abb. 3: *Entwicklung der Zahl der 55- bis 64-jährigen Bevölkerung in Deutschland im Vergleich verschiedener Szenarien*

Annahmen der hier verwendeten mittleren Szenarien sowohl aus der 10. und 11. Bevölkerungsvorausberechnung. Die Stabilität dieses Befundes zeigt die Annahmen-Unabhängigkeit, mit der diese Entwicklung eintreten wird, und sie ist insoweit von der ansonsten bei längerfristigen Vorausberechnungszeiträumen immer angebrachten Skepsis unberührt.

Dass ein solcher Zuwachs an 55- bis 64-Jährigen in der Bevölkerung – in Verbindung mit steigenden Erwerbsquoten und einer dann schon ein Stück weit greifenden „Rente mit 67" – eine enorme Herausforderung für die Arbeitsmarktpo-

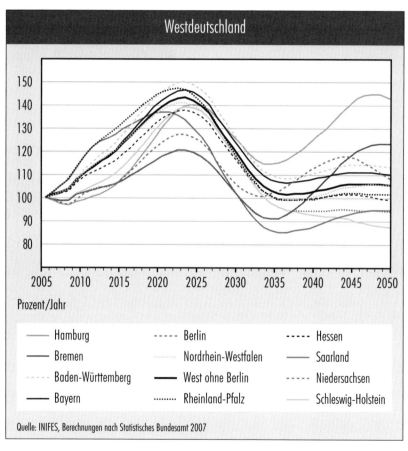

Abb. 4: Entwicklung der 55- bis 64-jährigen Bevölkerung in Westdeutschland, 2006 bis 2050 (2006=100), Variante 1 W1

litik bedeuten wird, ist offensichtlich. Die Sache wird aber noch schwerwiegender, da sich auch die skizzierten demografischen Veränderungen regional sehr unterschiedlich entwickeln werden. Abbildung 4 demonstriert dies zunächst auf der Ebene der Bundesländer. Während – gemessen an den Ausgangswerten – im Jahr 2006 die ostdeutschen Länder einen durchschnittlichen Zuwachs von einem Drittel bis 2020 erleben werden, kommt es etwas später in den alten Bundesländern zu einem Anstieg um rund 45 Prozent. Der höchste Zuwachs ist jedoch für das Land Brandenburg zu erwarten, während z.B. in Sachsen, Bremen und Berlin „nur" Zuwächse um 20 bis 30 Prozent bevorstehen.

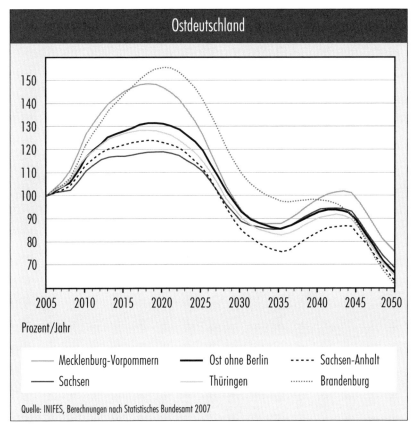

Abb. 5: Entwicklung der 55- bis 64-jährigen Bevölkerung in Ostdeutschland, 2006 bis 2050 (2006=100), Variante 1 W1

Bei kleinräumlicher Vorausschau der demografischen Entwicklung sinkt natürlich die Prognosesicherheit ebenso sehr wie bei einer langfristig angelegten Betrachtung von Szenarien. Dennoch können solche Berechnungen eine zumindest grobe Vorstellung von der Diversität des Problems auch auf Kreisebene liefern.

Abbildung 6 enthält für die mittlere Annahmenkombination des Szenarios 1-W1 die Ergebnisse exemplarisch für die Landkreise im Freistaat Bayern.

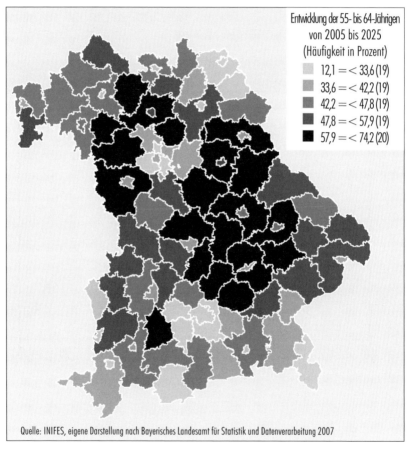

Quelle: INIFES, eigene Darstellung nach Bayerisches Landesamt für Statistik und Datenverarbeitung 2007

Abb. 6: Entwicklung in den Kreisen am Beispiel des Freistaats Bayern

In 20 Jahren wird der Anteil der 55- bis 64-Jährigen im Vergleich zum Jahr 2005 bayernweit um durchschnittlich 40,4 Prozent ansteigen. Abbildung 6 zeigt die Entwicklung dieser Altersgruppe in den bayerischen Kreisen und Städten von 2005 bis 2025, wobei die höchsten Zunahmen in den Landkreisen Erding (+74,2 Prozent) und Neumarkt i.d.OPf. (+71,6 Prozent) zu verzeichnen sind. Die geringsten Zunahmen erwarten die Stadt Hof (+12,1 Prozent) und die Landeshauptstadt München (+12,4 Prozent). Ganz grundsätzlich weisen die Kreise, die bereits heute eine relativ alterszentrierte Struktur besitzen (z.B. auch die Stadt Nürnberg mit +26,5 Prozent und ihre angrenzenden Kreise Fürth und Erlangen mit jeweils +32,9 Prozent) deutlich niedrigere Wachstumsraten auf als beispielsweise große Teile der Oberpfalz.

Zu den Ursachen dieser regionalen Unterschiede

Die Gründe für diese große regionale Streuung sind, wie eben bereits angedeutet, vielfältiger Natur. Zunächst einmal gibt es schon im Ausgangsjahr Länder/Kreise mit unterschiedlich großer Zahl/Anteil an Personen dieser Altersgruppe, sodass die Zuwächse auch verschieden stark ausfallen können. Diese demografischen Entwicklungen verlaufen jedoch nicht nur nicht linear und regional unterschiedlich, sondern auch asynchron. Das ist aber nicht unbedingt ein Hinweis auf kleinere Probleme in solchen Regionen. In Kreisen mit heute geringerer Anzahl bzw. auch geringerem Anteil von Älteren und künftig starken Zuwächsen kann das z.B. auch mit einer gegenwärtig stärkeren Jugendzentriertheit/Altersdiskriminierung in der Personalpolitik der Betriebe bzw. einer bestimmten Wirtschaftsstruktur einhergehen. Dann wird die Anpassungsnotwendigkeit an die demografische Entwicklung sogar besonders groß.

Die Ursachen für kleinräumige Unterschiede können z.B. auch, so zeigen es die Zahlen im Detail, an großen Betriebsansiedlungen in einem Kreis zu einem bestimmten früheren Zeitpunkt liegen. Meist wurden dabei vor allem jüngere Personen eingestellt, die sich dann im Umland niedergelassen haben und in der Folge sozusagen „kollektiv altern".

Ein anderes Beispiel ist etwa die Stadt München, der im Jahr 2020 etwa eine gleich hohe Zahl an 55- bis 64-Jährigen vorhergesagt wird wie im Jahr 2000. Zwischenzeitlich wird es sogar zu einem Rückgang kommen. Das liegt daran, dass in der Tendenz eher Junge nach München zuziehen, während Personen mit 40 oder 50 Jahren – soweit sie es sich leisten können – eher ins Umland abwandern.

Dass es über die demografische Entwicklung und dabei spezifisch die Entwicklung der Altersstruktur hinaus eine Vielzahl regionaler Spezifika gibt, die bei einer regionalen Arbeitsmarktpolitik ebenso stärker als bisher berücksichtigt werden müssen wie bei der betrieblichen Personalpolitik, versteht sich von selbst. Hinweise auf solche regionalen Spezifika bietet etwa das regionale (Früh-)Verrentungsgeschehen oder die enorme Varianz in den Anteilen der Arbeitslosen mit Vermittlungshemmnissen an allen Arbeitslosen (vgl. Ebert/Kistler/Trischler 2007, Ebert/Kistler 2007) oder auch regionale Projekt- und Evaluationsergebnisse (vgl. Huber/Staudinger 2007).

So wichtig überregionale Evaluationen von Projekten wie „Perspektive 50plus" sind – den Transfer in den teilnehmenden Regionen und eventuellen Nachahmerregionen können sie angesichts des Vorgesagten gar nicht leisten. Die Rückmeldungen in die „Zentralen" in Berlin (oder in anderen Fällen auch in Nürnberg) können nur summativ und für die regionalen Akteure zu abstrakt bleiben. Ein „Lernen" der Akteure vor Ort, in den Regionen ist daneben also unverzichtbar. Als Akteure haben dabei alle Beteiligten/Betroffenen zu gelten: die Arbeitsmarktpolitik der Länder, die Kommunen, ARGEn und Agenturen für Arbeit ebenso wie natürlich die (Nicht-!)Erwerbspersonen selbst und – nicht zuletzt – die Betriebe.

Die Betriebe sind noch längst nicht „demografiefest"

Dass gerade bei Letzteren noch große Aufklärungsarbeit und massive Veränderungen nötig sind, sei hier zum Abschluss betont (vgl. Kistler/Ebert u. a. 2006). Die Rückgänge in der Zahl betrieblicher Ausbildungsplatzangebote in den letzten Jahren sind ein Beispiel hierfür. Ein anderes Beispiel ist der Befund aus dem IAB-Betriebspanel, dass zwar der Anteil der Betriebe, die Weiterbildungsmaßnahmen für ihre MitarbeiterInnen fördern, in den letzten Jahren gestiegen ist, der Anteil der Personen, die eine solche Förderung erfahren, an der jeweiligen Belegschaft aber ist seit 2003 gesunken.

Dass rund ein Viertel der Personalverantwortlichen in Deutschland sich in den Interviews zum IAB-Betriebspanel 2002 offen zu altersdiskriminierendem Verhalten bekannten, gehört hierher.[4] Ebenso, dass laut Panel 2006 gerade einmal

---

[4] Rund 15 Prozent meinten, bei einer eventuellen Stellenbesetzung keinesfalls Bewerber mit über 50 Jahren einzustellen, 9 weitere Prozent sagten „nur dann, wenn keine Jüngeren verfügbar sind". Unbenommen davon, aber auch nicht unabhängig davon, ist darauf hinzuweisen, dass viele Betriebe davon berichten, dass ihnen bei Stellenbesetzungen gar keine Bewerbungen Älterer vorgelegen hätten. Auch Befragungsergebnisse aus dem BIA50 plus-Projekt zeigen, dass 66 Prozent der im Projekt profilten älteren Langzeitarbeitslosen sich nicht mehr aktiv auf den ersten Arbeitsmarkt bewerben (Huber/Staudinger 2007).

10 Prozent (West: 8 Prozent; Ost: 18 Prozent) aller Personaleinstellungen des ersten Halbjahres 2006 Über-50-Jährige betrafen.

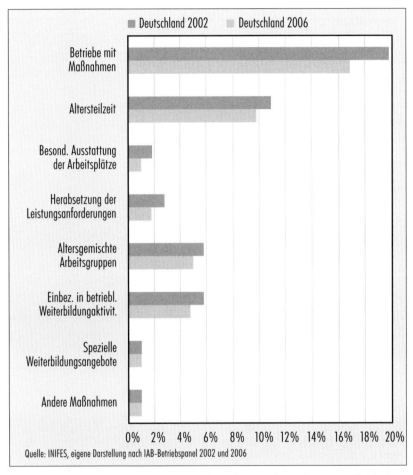

Abb. 7: *Verbreitung von Maßnahmen für ältere Arbeitnehmer in denjenigen Betrieben, die überhaupt Personen mit 50 oder mehr Jahren beschäftigen (Mehrfachnennungen möglich)*

Noch bedenklicher ist aber u. E. der folgende Befund (vgl. Abbildung 7): Der Anteil an Betrieben, die Maßnahmen für Ältere praktizieren, an allen Betrieben, die Über-50-Jährige beschäftigen, hat im Vergleich der Jahre 2002 und 2006 in

Deutschland von 20 auf 17 Prozent abgenommen. Zwar ist dies primär auf einen Rückgang bei der Antwortkategorie „Altersteilzeit" zurückzuführen, die ja eigentlich keine Maßnahme zur Förderung der Beschäftigung Älterer ist. Dabei ist die Verbreitung von Altersteilzeitvereinbarungen in kleinen und auch mittleren Betrieben deutlich zurückgegangen, in den Großbetrieben hat sie im Betrachtungszeitraum dagegen sogar noch zugenommen. Bei den anderen auf die Integration und den Erhalt der Arbeits- und Beschäftigungsfähigkeit Älterer zielenden Maßnahmen ist das Ergebnis aber mehr als enttäuschend. Mit der Propagierung von Best-Practice-Beispielen und den allfälligen „Tools" allein ist es offensichtlich nicht getan!

Literatur

Huber, A./Kräußlich, B./Staudinger, Th. (Hrsg.):
    Erwerbschancen für Ältere? – Probleme, Handlungsmöglichkeiten, Perspektiven. Augsburg 2007.
Ebert, A./Kistler, E./Trischler, F.:
    Ausrangiert – Arbeitsmarktprobleme Älterer in den Regionen. Düsseldorf 2007.
Statistisches Bundesamt (Hrsg.):
    11. Koordinierte Bevölkerungsvorausberechnung. Annahmen und Ergebnisse. Wiesbaden 2007.
Statistisches Bundesamt (Hrsg.):
    Bevölkerung Deutschlands bis 2050 – 10. Koordinierte Bevölkerungsvorausberechnung. Wiesbaden 2003.
Fuchs, J./Söhnlein, D.:
    Langfristprojektion bis 2050: Dramatischer Rückgang der Bevölkerung im Osten. IAB-Kurzbericht Nr. 19, Nürnberg 2005.
Fuchs, J.:
    Rente mit 67. Neue Herausforderungen für die Beschäftigungspolitik. IAB-Kurzbericht Nr. 16, Nürnberg 2006.
Storbeck, O.:
    Deutschlands Zukunft fehlen Jobs. In: Handelsblatt vom 03.04.2006.
Prognos AG:
    Deutschland Report 2030. Basel 2006.

Kistler, E.:
> Fachkräftebedarf in Bayern – ein punktuelles aber wichtiges Problem. Vortrag bei der Expertenanhörung im StMAS. München 06. Juli 2007. Im Internet abgerufen am 23.7.2007 unter: www.stmas.bayern.de/arbeit/ex07_kistler.pdf.

Ebert, A./Kistler, E.:
> Demographischer Wandel und Arbeitsmarkt in den Kreisen Landsberg am Lech, Weilheim-Schongau und Garmisch-Partenkirchen. Ergebnisse aus dem Projekt Smart Region. Stadtbergen 2007.

Huber, A./Staudinger, Th.:
> Zählen, Motivieren, Vermitteln – Was bringt ein Projekt für 50 plus? In: Huber, A./Kräußlich, B./Staudinger, Th. (Hrsg.): Erwerbschancen für Ältere? Augsburg 2007, S. 237–251.

Ältere am Arbeitsmarkt

Brigitte Geldermann

Arbeitslosigkeit als Endphase des Berufslebens

Ein großer Teil der Beschäftigten beendet sein Berufsleben mit einer Phase der Arbeitslosigkeit. Der Übergang im Alter von 65 aus sozialversicherungspflichtiger Beschäftigung in die Altersrente ist die Ausnahme. Im Jahr 2004 waren das 4 Prozent aller Rentenneuzugänge in West- bzw. 2 Prozent in Ostdeutschland (Ebert/Kistler/Trischler 2007, S. 95). Nach der Statistik der Bundesagentur für Arbeit gab es im August 2006 1,12 Mio. registrierte 50- bis 64-jährige Arbeitslose. Dazu kommt eine erhebliche Zahl verdeckter Arbeitslosigkeit, hauptsächlich durch Leistungsbezieher nach § 428 SGB III. Das sind Arbeitslose ab 58 Jahren, die sich von der Pflicht zur Verfügbarkeit und zur Arbeitssuche befreien lassen können und dafür den frühestmöglichen Bezug einer abschlagsfreien Altersrente wahrnehmen müssen. Nimmt man diese Personen hinzu, so beträgt die Zahl der über 50-jährigen Arbeitslosen bereits 1,4 Mio. Dazu kommen Teilnehmer an Qualifizierungsmaßnahmen und Empfänger von Grundsicherungsleistungen nach SGB II, die Arbeitsgelegenheiten („1-Euro-Jobs") ausüben. Letztere gelten als „Erwerbstätige in Rechtsverhältnissen eigener Art".

Der „erleichterte Leistungsbezug" nach § 428 SGB III, der in den letzten Jahren besonders hohe Zugänge im Osten nach dem Auslaufen des Altersübergangsgeldes hatte (Engstler/Brussig 2006, S. 2), ist für ältere Arbeitslose eine Option, weil sie sich dadurch frustrierende Suchaktivitäten ersparen können, liegt aber auch im Interesse der Vermittler, die damit ihre problematische Klientel verringern.

Die Wahrnehmung dieses faktischen Vorruhestands ist nicht Resultat einer Vorruhestandsorientierung, sondern für viele die vergleichsweise beste Lösung in einer schwierigen Lage. Diese Regelung soll Ende 2007 auslaufen. Damit bliebe vielen nur der Ausweg, eine vorzeitige, teilweise mit hohen Abschlägen versehene Rente zu beantragen.

Im Vergleich zu Jüngeren sind ältere Arbeitskräfte nach wie vor überdurchschnittlich oft und lange arbeitslos. Die finanziellen Auswirkungen einer längeren

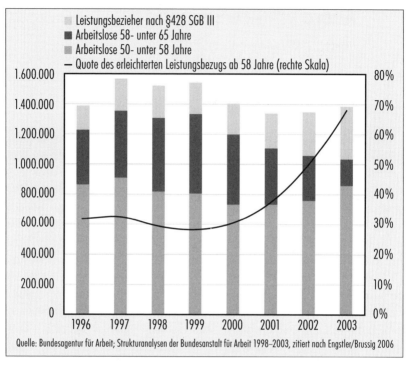

Abb. 1: Bestand an älteren Arbeitslosen in Deutschland, registrierte und nicht registrierte Leistungsempfänger

Phase der Arbeitslosigkeit am Ende des Erwerbslebens verschlechtern auch die wirtschaftliche Lage nach dem Renteneintritt.

Über die Diskriminierung Älterer am Arbeitsmarkt gibt auch ihre hohe Teilzeit- und Minijobquote Auskunft. Besonders ältere Frauen und Geringqualifizierte arbeiten häufig in Teilzeit, auch weil sie keinen Vollzeitarbeitsplatz finden (Ebert/Kistler/Trischer 2007, S. 58).

Der Anstieg der Erwerbstätigenquote bei den Über-55-Jährigen in Deutschland auf knapp 46 Prozent im Jahr 2005, der ein Erreichen des Lissabonziels von 50 Prozent im Jahr 2010 nicht mehr als unrealistisch erscheinen lässt, verdeckt Formen der Unterbeschäftigung wie unfreiwillige Teilzeitarbeit, Minijobs und Arbeitsgelegenheiten. Auch die Zahl der Selbstständigen („Ich-AG"), die nur geringe Einkommen beziehen, ist gestiegen.

Beschäftigungssituation Älterer

Die Altersstruktur der sozialversicherungspflichtig Beschäftigten zeigt deutlich die Spuren der beruflichen Biografie. Die Berufsgruppe mit dem höchsten Anteil sowohl Über-50-Jähriger als auch Über-55-Jähriger ist das Dienst- und Wachpersonal. In diese Tätigkeiten dürften viele Leistungsgewandelte eingemün-

Berufe	55- bis 64-Jährige in % der Beschäftigten in der Berufsgruppe
Dienst-/Wachberufe	21,3
Seelsorger	20,0
Abgeordnete	17,7
Mithelfende Familienangehörige	17,0
Lehrer	16,6
Reinigungsberufe	15,7
Verwalter, Berater	15,7
Textilverarbeiter	15,2
Wasser- und Luftverkehr	14,6
Hauswirtschaftliche Berufe	14,3
Hilfsarbeiter	6,9
Übrige Gesundheitsdienstberufe	6,1
Metallfeinbauer, verw. Berufe	5,7
Körperpfleger	5,5
Rechtswahrer, -berater	5,3
Back-/Konditorenwarenhersteller	5,2
Zimmerer, Dachdecker, Gerüstbauer	4,5
Bergleute	1,1

Quelle: INIFES, Ebert/Kistler/Trischler, 2006

Tab. 1: Die jeweils zehn Berufsgruppen mit den höchsten und niedrigsten Anteilen von 55- bis 64-Jährigen unter den sozialversicherungspflichtig Beschäftigten in Deutschland 2004

det sein. Auch bei den Reinigungsberufen zeigt sich ein hoher Anteil Älterer als Resultat von Dequalifizierungsprozessen. Ansonsten dominieren akademische oder Verwaltungsberufe wie Seelsorger, Lehrer, Verwalter, die mit geringerer körperlicher Belastung und höherer Selbstbestimmung verbunden sind (vgl. Daten der Bundesagentur für Arbeit nach Ebert/Kistler/Trischler 2007, S. 129 ff.)

Die geringsten Anteile Älterer finden sich im Bergbau und den Bauberufen. Hier ist ein vorzeitiger Ausstieg üblich. Aber nicht nur Tätigkeiten, denen eine hohe körperliche Belastung zugeschrieben wird, werden nicht während eines ganzen Berufslebens ausgeübt, sondern auch Berufe wie Gästebetreuer und Körperpfleger (Friseur), die durch hohen Frauenanteil und niedrigen Verdienst gekennzeichnet sind.

Ansonsten kann eine „Überalterung" in einer Berufsgruppe auch Folgen des Strukturwandels widerspiegeln, wie z.B. im Textilbereich. In den neuen Bundesländern sind die Ingenieur- und naturwissenschaftlichen Berufe durch die Abwanderung Jüngerer mit höheren Altersgruppen besetzt.

Generell verweisen die Daten darauf, dass ein Verbleib im Beruf bis zur Rente schwierig ist. Das kann an belastenden Arbeitsbedingungen liegen, aber auch an einem Mangel an Beschäftigungssicherheit und Perspektiven wie im Gastgewerbe und Friseurhandwerk.

Großer Bedarf besteht an geeigneter Beschäftigung für Ältere unterhalb der akademischen Berufe, das betrifft sowohl die Arbeitsbedingungen in den Bauberufen, aber auch im verarbeitenden Gewerbe, vor allem bei den An- und Ungelernten, die bei körperlichen Einschränkungen die wenigsten Alternativoptionen haben.

Großer Bedarf besteht aber auch an Möglichkeiten, die Tätigkeit oder den Beruf zu wechseln, ohne dabei größere Einbußen beim Einkommen hinnehmen zu müssen. Während einer Dauer von 40 Jahren Erwerbstätigkeit können sich die Rahmenbedingungen und damit die eigene Situation auf dem Arbeitsmarkt gravierend ändern. Wechsel des Arbeitgebers, Wechsel der Tätigkeit, Wechsel der Beschäftigungsform müssten durch eine qualifizierende Infrastruktur, bessere Information und Befähigung der Menschen zum kompetenten Agieren auf dem Arbeitsmarkt unterstützt werden.

Politische Rahmenbedingungen: Blick ins Ausland

Länder wie Schweden, die Schweiz oder Dänemark haben ohnehin eine hohe Beschäftigungsquote nicht nur bei den Älteren. In diesen Ländern gab es weit weniger Anreize für die Externalisierung, die somit jetzt auch nicht abgebaut werden müssen. Dennoch werden dort auch Programme für die längere Beschäftigung der Älteren aufgelegt.

Andere Länder wie Finnland, die Niederlande oder Neuseeland haben ausgehend von einer ähnlich schwierigen wie der deutschen Situation deutliche Erfolge erzielen können.

Alle Strategien beinhalten eine Reform der sozialen Sicherungssysteme. In der Altersvorsorge werden Mehr-Säulen-Modelle mit staatlichen, betrieblichen und privaten Elementen eingeführt. Der Übergang in die Rente wird flexibilisiert, und es werden Anreize gesetzt, über das bisherige Rentenalter hinaus zu arbeiten. Austrittspfade über Arbeitslosigkeit oder Erwerbsunfähigkeit werden weitgehend versperrt.

EU-15	44,1%
Deutschland	45,5%
Niederlande	46,1%
Finnland	52,7%
Großbritannien	56,9%
Dänemark	59,5%
Schweden	69,4%

Quelle: OECD Factbook 2007

Tab. 2: Beschäftigungsquoten 55- bis 64-Jähriger im Jahr 2005

Darüber hinaus können drei wesentliche Ansätze identifiziert werden (vgl. Heimer/Pfeiffer 2006).

1. Der angelsächsische Ansatz

Für angelsächsische Länder ist charakteristisch, dass es hier weniger um die Steigerung der Erwerbstätigkeit Älterer als um die Bekämpfung von Altersdiskriminierung und Ermöglichung der Partizipation am gesellschaftlichen und wirtschaftlichen Leben geht. Sensibilisierung und Imagekampagnen nehmen einen breiten Raum ein. In Australien und Neuseeland wurde die Position eines „Minister of Ageing" geschaffen, der als Querschnittsaufgabe die Interessen Älterer in politischen Gremien vertritt. Mit Leitbildern und Empfehlungen wird ein Rahmen vorgegeben, den die Akteure – Kommunen, Unternehmen – selbstständig ausfüllen sollen. Gesetze gegen Altersdiskriminierung sind im angelsächsischen Raum weit verbreitet.

Die Folgen dieser weitgehend auf die Kräfte des Marktes setzenden Politik werden jedenfalls für Großbritannien auch kritisch beurteilt. Die hohe Beschäftigungsquote der Älteren wird auch durch einen großen Anteil von Teilzeit- und unsicheren Beschäftigungsverhältnissen erreicht und mit spürbarer Altersarmut erkauft.

2. Der skandinavische Ansatz

Auch in Schweden und Finnland spielen Öffentlichkeitskampagnen und Leitbildprozesse eine große Rolle. Entsprechend der interventionistischen Staatstradition sind sie jedoch eingebettet in eine umsetzungsorientierte Gesamtstrategie. Dabei wird im ersten Schritt ein politisches Koordinationsgremium gebildet, das alle relevanten Ressorts und gesellschaftliche Stakeholder einbezieht und präzise Reformziele definiert. So wurden in Finnland die Steigerung der Beschäftigungsquote der Älteren auf das Niveau der Unter-55-Jährigen, die Anhebung des Renteneintritts um zwei bis drei Jahre und die Verbesserung der Weiterbildungsbeteiligung der Älteren als Ziele und Erfolgsindikatoren des Programms FINPAW (Finnish National Programme for Ageing Workers) festgesetzt. Die nachfolgenden Programme haben eine stärker lebenszyklusorientierte Ausrichtung und sollen das Arbeitsleben generell attraktiver machen.

Typisch für die skandinavischen Programme ist weiterhin ihre Ergänzung durch Forschungsaktivitäten (Stichwort „Workability") und aufwendige Evaluationen.

3. Der Flexicurity-Ansatz

In Dänemark oder auch den Niederlanden liegt der Fokus auf der Arbeitsmarktpolitik, die vor allem die individuelle Verantwortung fördert. Kündigungsschutz und Entlassungskosten werden extrem verringert, dafür die Wiederbeschäftigung durch aktivierende Maßnahmen und Qualifizierung gefördert. Unternehmen soll die Einstellung Älterer durch geringe Kosten und Verpflichtungen erleichtert werden. Die Menschen erhalten ein hohes Arbeitslosengeld, das an verpflichtende Eingliederungsmaßnahmen gekoppelt ist.

In den Niederlanden wird mit dem „Life Course Saving Scheme" die Überbrückung von Zeiten der Nichtbeschäftigung gefördert. Damit können eine Familienphase oder andere berufliche Auszeiten oder auch ein vorzeitiger Ruhestand finanziert werden.

Das Flexicurity-Modell (nicht nur mit dem Blick auf Ältere) erfreut sich derzeit europaweiter Prominenz, wenn auch die Kombination mit der restriktiven dänischen Immigrationspolitik das „dänische Wunder" etwas in Verruf gebracht hat (vgl. Europäische Kommission 2007). Die Europäische Kommission hat eine Expertengruppe zum Thema Flexicurity in den Mitgliedstaaten eingesetzt.

Was können wir in Deutschland aus diesen verschiedenen Ansätzen lernen? Vielleicht dies, dass Maßnahmen zur Erhöhung des Arbeitsangebots durch Reduktion von Frühverrentung und Erhöhung des Drucks auf die Arbeitslosen, die hier gegenwärtig im Zentrum stehen, allein nicht greifen können, sondern flankiert werden müssen durch Sensibilisierung, durch Erschließung von Beschäftigungsmöglichkeiten und durch Qualifizierung der Älteren und noch nicht Älteren.

Betriebliche Rahmenbedingungen

Auch in Deutschland sind öffentlichkeitswirksame Kampagnen für die Beschäftigung Älterer, wie sie im Rahmen von „Perspektive 50plus", dem Programm des Bundesministeriums für Arbeit und Soziales jetzt auch gefördert werden, angebracht und nützlich. Die Benachteiligung Älterer auf dem Arbeitsmarkt hat viel zu tun mit dem betrieblichen Umgang mit dieser Personengruppe. Dabei ist in der Regel gar nicht böser Wille bei den Führungskräften und Personalern am Werk. Wie viele Befragungen zeigen, schätzen sie ihre älteren Mitarbeiter (vgl. Stößel 2007). Sie praktizieren allerdings eine Personaleinsatz- und Personalentwicklungspolitik, die auf Dauer zu Dequalifizierung, Demotivierung und Leistungsminderung bei vielen Beschäftigten führt. Konsequent sehen sie die Opfer einer solchen Praxis dann auch nicht als die idealen Kandidaten bei Stellenbesetzungen an.

Diese Personalpolitik ist mehrheitlich auf die Attraktion aktueller Qualifikationen aus dem Bildungssystem und ihrer produktiven Nutzung, aber nicht Erhaltung ausgerichtet, von punktuellen Weiterbildungsmaßnahmen und einer Basisausstattung an Arbeits- und Gesundheitsschutz einmal abgesehen. Die Möglichkeit, Personal, das nicht mehr die Anforderungen erfüllt, in einen vorzeitigen Ruhestand zu schicken, machte diese Praxis in der Vergangenheit plausibel. Eine Differenzierung der Personalarbeit, die den Bedürfnissen und Stärken verschiedener Gruppen im Unternehmen Rechnung trägt, war nicht nötig. Viele Unternehmen werden nun zwangsläufig durch die demografische Entwicklung auf ein im Schnitt älteres – und häufig durch Fehler der Vergangenheit weniger leistungsfähiges – Arbeitskräfteangebot verwiesen sein.

Immer wieder werden von Unternehmensseite die höheren Kosten der Beschäftigung Älterer angeführt (vgl. Bellmann/Leber/Gewiese 2006, S. 80). Dies ist nur bedingt richtig. Gerade bei der Einstellung anfallende Kosten können bei Älteren als geringer angesetzt werden, da sie eine differenziertere Erwerbshistorie vorzuweisen haben und zugänglicher für Matchingprozesse sind (vgl. Bellmann/Leber/Gewiese, 2006, S. 9). Allerdings müssen höhere Kosten bei der Beschäftigung durch das höhere Krankheitsrisiko eingeplant werden. Was die Entlohnung betrifft, so ist die Datenlage schwierig: Einerseits werden tarifliche Löhne und Gehälter als Anreiz für Ältere, möglichst lange produktiv zu bleiben, gezahlt (vgl. Beckmann 2004, S. 24), andererseits erhalten Ältere kaum übertarifliche Entlohnungsformen. Bei notwendigen Tätigkeitswechseln sind Ältere fast immer mit einer geringeren Entlohnung konfrontiert, nach Arbeitslosigkeit ohnehin (vgl. Dietz/Gartner/Koch/Walwei 2006). Offenbar wird von Unternehmen auch bereits reichlich von der Möglichkeit Gebrauch gemacht, Ältere, vor allem Frauen, mit Teilzeit- und geringfügigen Verträgen zu beschäftigen.

Bellmann/Leber/Gewiese (2006) haben aus Daten des IAB-Betriebspanels eine Typologie von Betrieben hinsichtlich ihres Umgangs mit Älteren entworfen. Zunächst stellen sie fest, dass sich die Personalstrategien in Ost- und Westdeutschland grundsätzlich unterscheiden: In westdeutschen Betrieben werden Ältere häufiger unbefristet beschäftigt, bis sie in Ruhestand gehen. Dabei sind sie allerdings der Dequalifizierung ausgesetzt. Der technologische Wandel geht weitgehend an ihnen vorbei, und ihre Tätigkeiten werden vermehrt von externen Arbeitskräften übernommen. Sie leisten kaum Überstunden und Wochenendarbeit.

In den neuen Bundesländern hingegen werden Ältere häufig befristet beschäftigt, sodass sie wenig Chancen für einen direkten Übergang aus der Beschäftigung in den Ruhestand haben. Außerdem sind sie dadurch weniger in betriebliche Veränderungsprozesse eingebunden und können weniger spezifisches Know-how in Beratungsfunktionen einbringen.

Fünf Typen werden hinsichtlich des Umgangs mit Älteren unterschieden:
- Beim „Dequalifizierungstyp" handelt es sich um Unternehmen, die Ältere nicht qualifizieren und nicht am technologischen Wandel teilhaben lassen. Beinahe jeder vierte westdeutsche Betrieb wird diesem Typ zugeordnet. Jeder zweite westdeutsche Arbeitnehmer ist in einem solchen Betrieb tätig.

- Der „Schutztyp" beschäftigt Ältere unbefristet und in Vollzeit, beteiligt sie jedoch nicht am technologischen Wandel. Dieser Typ ist aufgrund der wirtschaftlichen Lage in den neuen Bundesländern weniger ausgeprägt. Insgesamt ist jeder vierte Arbeitnehmer in einem solchen Betrieb beschäftigt, der eher einen geringen Frauenanteil aufweist. Es handelt sich um mittelgroße bis größere Unternehmen.
- Der „Requalifizierungstyp" ist der am wenigsten vertretene Typ. Nur jeder zehnte Beschäftigte profitiert davon. Er bildet die Mitarbeiter weiter, entlässt Ältere nicht in den vorzeitigen Ruhestand, sondern setzt sie auch an neuen Technologien ein.
- Der „Verdrängungstyp" ist zahlenmäßig am häufigsten zu finden. Da es sich aber überwiegend um kleinere Unternehmen handelt, sind nicht gleichermaßen viele Beschäftigte betroffen. Viele Ältere sind in der Vergangenheit durch Kündigung (eigene oder betriebliche) oder aufgrund von Erwerbsunfähigkeit ausgeschieden. Die derzeitigen Beschäftigungsverhältnisse sind oft prekär, die Tarifbindung ist unterdurchschnittlich.
- Der „Indifferenztyp", der ausschließlich im Osten auftritt, kann es sich nicht leisten, Ältere, im positiven wie negativen Sinn anders zu behandeln als Jüngere. Personalmaßnahmen werden altersunabhängig eingesetzt, Flexibilitätsanforderungen treffen alle Altersgruppen gleichermaßen, auch bei Befristungen wird nicht nach Alter unterschieden, sodass für viele Ältere der direkte Übergang in den Ruhestand nicht möglich ist.

Mit welchen Maßnahmen eine betriebliche Personalpolitik die Beschäftigungsfähigkeit bis zur Rente fördern könnte, ist in den letzten Jahren mehrfach dargestellt worden (z.B. Morschhäuser 2004, Schwab-Seemann 2004, Frerichs 2005, Kistler 2005, Geldermann 2007, Rump/Eilers 2007). Das Projekt „Mit Erfahrung Zukunft meistern", das das Forschungsinstitut Betriebliche Bildung (f-bb) gGmbH gemeinsam mit dem Verband der Bayerischen Metall- und Elektroindustrie seit 2005 durchführt, hat die Erforschung und Erprobung einer „demografiefesten" Personalpolitik explizit zum Thema (www.m-e-z.de). Deshalb soll darauf an dieser Stelle nicht weiter eingegangen werden.

Alter und Beschäftigungsfähigkeit

Dass die mangelhafte Integration Älterer ins Arbeitsleben nicht das Resultat einer natürlicherweise nachlassenden Leistungsfähigkeit ist, sollte nach den bisherigen Ausführungen schon deutlich geworden sein (vgl. auch Schöpf 2007). Dennoch soll hier noch der Zusammenhang von Alter und Beschäftigungsfähigkeit explizit thematisiert werden.

Altern ist sowohl ein biologischer Prozess als auch eine soziale Konstruktion, die die Unhintergehbarkeit des Natürlichen suggeriert. Wenn heute schon 45-Jährige mit der Auskunft „Sie sind zu alt" bei der Stellensuche abgelehnt werden, so wird klar, dass es nicht die beginnenden grauen Schläfen sind, die die Arbeitsaufnahme verhindern. Vielmehr wird mit dieser Zuschreibung der Verdacht eines Missverhältnisses von Produktivität und Kosten beim Bewerber geäußert. Je nach Branche und Tätigkeit variiert sie deshalb auch ganz erheblich mit den Lebensjahren. Professoren und Regierungschefs wird auch deutlich über 60 noch die volle Leistungsfähigkeit zugetraut.

Gängig ist das Verständnis vom Alter als „Lebensphase" (Kade 2007, S. 15), die auf die Jugend und eine mittlere Lebensphase folgt, die durch Arbeit und Familie gekennzeichnet ist.

Seit einigen Jahren wird sowohl im öffentlichen als auch im wissenschaftlichen Diskurs das „Bild des Alters" rehabilitiert: Das Gespenst eines „Defizitmodell des Alterns" wird immer wieder auf den Plan gerufen und durch immer neue Intelligenztests oder Reaktionsfähigkeitstests widerlegt, deren Aussagekraft für berufliche Leistungsfähigkeit dann wiederum infrage gestellt wird (vgl. Bergmann 2007, S. 61 f.).

Altersbilder sind Inszenierungen. Die Warnung vor negativen Altersbildern dient heute dazu, die aktive, engagierte Haltung zu propagieren (vgl. Kade 2007, S. 17f.), die der zunehmend von der Politik eingeforderten Eigenverantwortung entspricht. „Aktives Altern" macht Beschäftigung oder Nichtbeschäftigung zu einer Frage des Lebensstils, der heutigen 50-Jährigen angemessener sei, als ihren Vorfahren.

Dass dazu auch die nötigen Voraussetzungen gegeben sein müssen, wird mit dem Begriff der Beschäftigungsfähigkeit ausgedrückt, der in seinem modernen Verständnis durch die beschäftigungspolitischen Leitlinien der Europäischen Kommission populär geworden ist.[1] Damit wird die Zielvorstellung einer Anpassung von Qualifikation und Leistungsfähigkeit beim Arbeitnehmer über wirtschaftliche Entwicklungen und individuelle Voraussetzungen hinweg formuliert. Die Förderung der Beschäftigungsfähigkeit bis zum offiziellen Rentenalter wird

---

[1] Zur Begriffsgeschichte der „Employability" siehe Gazier 2006.

verstärkt als Aufgabe des Individuums angesehen, wobei aber Unternehmen sowie Politik geeignete Rahmenbedingungen bieten müssen.

Wenn wir resümierend festhalten, dass ältere Arbeitnehmer durch ungünstige Arbeitsbedingungen, mangelnde Weiterbildungsmöglichkeiten und andere Ausgrenzungsmechanismen gefährdet sind[2], dann stellt sich die Frage, was für Möglichkeiten sie überhaupt haben, selbst für ihre Beschäftigungsfähigkeit (die ja auch noch keine Beschäftigung garantiert) zu sorgen?

Verschiedene Untersuchungen (z.B. Morschhäuser 2006, Müller 2006) zeigen ein erhebliches Maß an Hilflosigkeit bei den Arbeitnehmern selbst – je niedriger qualifiziert, desto mehr –, bei der Einschätzung ihrer beruflichen Zukunft und der Möglichkeiten, ihre Erwerbsbiografie selbst zu gestalten. Es dominiert eine „Vogel-Strauß-Politik" und die Hoffnung, man werde schon seinen Arbeitsplatz behalten können. Von einer Kompetenz der „Marketability" (Dostal 2004) ist die Mehrheit auch angesichts einer offenkundigen Arbeitsplatzunsicherheit weit entfernt. Man orientiert sich nach wie vor an dem längst nicht mehr realistischen Leitbild der lebenslangen Beschäftigung bei einem Arbeitgeber, setzt auf den Bestand des gegenwärtigen Tätigkeitsfelds und macht sich dadurch extrem abhängig von technologischen Entwicklungen. Aus Befragungen, die das Forschungsinstitut Betriebliche Bildung (f-bb) gGmbH im Rahmen des Projekts „Pakt50 für Nürnberg" durchgeführt hat, geht hervor, dass selbst ältere Langzeitarbeitslose noch an der Fiktion festhalten, sie könnten ihre berufliche Biografie dort fortsetzen, wo sie unterbrochen wurde. Sie nehmen zum Teil extreme Einschränkungen unter dem Regime von „Hartz IV" auf sich, um einen irreal gewordenen beruflichen Status aufrechtzuerhalten.

Es mag eine traurige Notwendigkeit sein, aber die Entwicklung einer Kompetenz, sich am Arbeitsmarkt vorausschauend bewegen und die eigene Marktgängigkeit abschätzen und pflegen zu können, ist gerade unter der Maßgabe der „Rente mit 67" unumgänglich. Diese Kompetenz zu fördern, möglichst bevor es zur Arbeitslosigkeit kommt, muss heute als eine wichtige Aufgabe für Bildungsinstitutionen und die Arbeitsmarktpolitik angesehen werden. Dafür ist eine Infrastruktur der Information und Bildungsberatung und erwachsenengerechter Lernangebote zu schaffen.

---

[2] Zu alternskritischen Erwerbsverlaufsmustern siehe Morschhäuser 2007, S. 25 ff.

Literatur

Beckmann, M.:
  Age-Based Technological and Organizational Change. Firm-Level Evidence and Management Implications. Im Internet abgerufen am 19.5.2007 unter: http://www.zew.de/de/publikationen/dfgflex/paperBeckmann2.pdf.

Bellmann, L./Leber, U./Gewiese, T.:
  Ältere Arbeitnehmer/innen im Betrieb, Abschlussbericht Nürnberg, September 2006. In: Forschungsinformationsdienst 3/2006.

Bergmann, B.:
  Alter und Leistung in der Erwerbsarbeit. In: Loebe, H./Severing, E.: Demografischer Wandel und Weiterbildung. Bielefeld 2007, S. 59–70.

Dostal, W.:
  Kompetenzförderliche arbeitsmarktpolitische Maßnahmen. In: Arbeitsgemeinschaft Betriebliche Weiterbildungsforschung e.V. (Hrsg.): Kompetenzentwicklung 2004. Lernförderliche Strukturbedingungen. Münster/New York/München/Berlin 2004, S. 301-370.

Ebert, A./Kistler, E./Trischler, F.:
  Ausrangiert – Arbeitsmarktprobleme Älterer in den Regionen. Düsseldorf 2007.

Eichhorst, W.:
  Beschäftigung Älterer in Deutschland – der unvollständige Paradigmenwechsel. In: Forschungsinstitut zur Zukunft der Arbeit (Hrsg): IZA Discussion Paper No 1985. Bonn Feb. 2006.

Engstler, H./Brussig, M.:
  Arbeitslosigkeit am Ende des Erwerbslebens. In: Deutsches Zentrum für Altersfragen (Hrsg.): Informationsdienst Altersfragen. Nov/Dez. 2006.

Europäische Kommission 2007:
  EBS-News. Im Internet abgerufen am 17.12.2007 unter http://ec.europa.eu/employment_social/employment_strategy/news_de.htm

Frerichs, F.:
  Das Arbeitspotenzial älterer Mitarbeiterinnen und Mitarbeiter im Betrieb. In: Loebe, H./Severing, E.: Wettbewerbsfähig mit alternden Belegschaften. Bielefeld 2005, S. 49-58.

Frerichs, F./Taylor, Ph.:
  The greying of the labour market. What can Britain and Germany learn from each other? Anglo-German Foundation for the Study of Industrial

Society 2005. Im Internet abgerufen am 17.4.2007 unter http://www.agf.org.uk/pubs/pdfs/1425web.pdf.

Gazier, B.:
Promoting employability in the context of globalisation in the EU and Japan, Background Paper. Brüssel 2006.

Geldermann, B.:
Nicht alle gleich behandeln! Personalentwicklung für ältere Mitarbeiterinnen und Mitarbeiter, in: Loebe, H./Severing, E.: Demografischer Wandel und Weiterbildung. Bielefeld 2007, S. 27–38.

Götz, R.:
Active Aging. Recherchestudie zu good practice im Auftrag des AMS Österreich, Wien 2005.

Heimer, A./Pfeiffer, I.:
Ältere sollen länger arbeiten. In: Prognos Trendletter 2/2006, S. 4–5.

Dietz, M./Gartner, H./Koch, S./Walwei, U.:
Kombilohn für ältere Arbeitslose. Maßgeschneidert ist besser als von der Stange. IAB-Kurzbericht, Nr. 18/2006.

Kade, S.:
Altern und Bildung. Bielefeld 2007.

Kistler, E.:
Ein pfleglicherer Umgang mit den Humanressourcen tut Not! In: Loebe, H./Severing, E.: Wettbewerbsfähig mit alternden Belegschaften. Bielefeld 2005.

Morschhäuser, M.:
Gesund in Rente? Ansatzpunkte und Beispiele alternsgerechter Arbeits- und Personalpolitik. In: Busch, R. (Hrsg.): Altersmanagement im Betrieb. München/Mehring 2004, S. 73–88.

Morschhäuser, M.:
Reife Leistung. Berlin 2006.

Morschhäuser, M.:
Berufsbegleitende Weiterbildung für Ältere. Zukunftsaufgabe für Betriebe, Beschäftigte und Gesellschaft. In: Soziale Sicherheit, 56. Jg. (2007) Nr. 4, S. 141–148.

Müller, K. S.:
   Der spezifische Weiterbildungsbedarf älterer Erwerbstätiger. Magisterarbeit Dresden 2006.

OECD Factbook 2007:
   Economic, Environmental and Social Statistics. OECD 2007.

Rump, J./Eilers, S.:
   Employability Management – lebenslange Beschäftigungsfähigkeit als Antwort auf den demografischen Wandel. In: Loebe, H./Severing, E.: Demografischer Wandel und Weiterbildung. Bielefeld 2007, S. 39–58.

Schwab, H./Seemann, S.:
   Ansatzpunkte einer alternsgerechten Personal- und Organisationsentwicklung mit Praxisbeispielen. In: Busch, R. (Hrsg.): Alternsmanagement im Betrieb. München/Mehring 2004, S. 135–148.

Stößel, D.:
   Was halten Unternehmen von älteren Mitarbeitern? Eine Zusammenfassung empirischer Studien. In: Loebe, H./Severing, E.: Demografischer Wandel und Weiterbildung. Bielefeld 2007, S. 117–129.

Ältere Arbeitslose charakterisieren: Der ALG II-Empfänger als ein unbekanntes Wesen? Identifizierung alterstypischer Beschäftigungsrisiken und vermittlungshemmender Merkmale bei älteren Langzeitarbeitslosen – Hinweise zur Gestaltung nachhaltiger Integrationskonzepte

Mario Gottwald, Jana Franke

1. State-of-the-art/Problembeschreibung

Die Zusammenlegung von Arbeitslosen- und Sozialhilfe für erwerbsfähige Hilfsbedürftige (Hartz IV) hat bei allen Beteiligten wie Arbeitsverwaltungen, Städten, Landkreisen, politischen Entscheidungsträgern und nicht zuletzt bei den Betroffenen selbst große Unsicherheiten ausgelöst. Die Zusammenlegung brachte einen nicht unerheblichen Wandel der Arbeitsmarktpolitik mit sich. Ehemalige Sozialhilfe- sowie Arbeitslosenhilfeempfänger haben erstmals eine gemeinsame Anlaufstelle erhalten, die sich mit Vermittlungsaufgaben beschäftigt. Der notwendige organisatorische Umbau im Zuge des Aufbaus von Arbeitsgemeinschaften oder optierenden Kommunen ist längst noch nicht abgeschlossen. Nach zwei Jahren hauptsächlich organisatorischer Aufbauarbeit wurde schwerpunktmäßig begonnen, sich mit der eigentlichen Zielgruppe – den ALG II-Empfängern – zu beschäftigen.

Hierbei zeigt sich, dass die Zielgruppe höchst heterogen z.B. hinsichtlich Alter, Vorerfahrungen, Qualifikationsmerkmalen, Dauer der Langzeitarbeitslosigkeit und gesundheitlichen Beeinträchtigungen ist und sehr unterschiedliche Potenziale mit sich bringt. Kundengerechte Integrationskonzepte müssen deshalb das Ziel haben, stark individuell auf die Kompetenzen der Einzelnen abzuzielen, um nachhaltige Integrationserfolge überhaupt erzielen zu können – dies zeigen Ergebnisse der Evaluation im „Pakt50 für Nürnberg" auf.

Speziell über die Zielgruppe der älteren Langzeitarbeitslosen liegen hinsichtlich der genannten Merkmale noch zu wenige Erkenntnisse vor. Zudem haben die ARGEn erst jetzt begonnen, ein System zur Kundensegmentierung für alle SGB II-Kunden aufzubauen (Betreuungsstufen). Vorhandene Studien verweisen z.B. auf die Arbeitsmarktrisiken Älterer. Während vor allem Bröker/Schönig (2005) auf die Analyse der Vermittlungshemmnisse bei Langzeitarbeitslosen generell sowie den Zusammenhang von Vermittlungshemmnissen und beruflichen Reintegrationsmöglichkeiten abheben, beleuchtet Mehlich (2005) sowohl strukturelle Ursachen von Langzeitarbeitslosigkeit als auch subjektive Ursachen, die nach individuellen Verarbeitungsformen und Konsequenzen bei den Betroffenen selbst fragen. Hier wird allerdings auf die Zielgruppe der 25- bis 45-Jährigen fokussiert. Studien, die sich mit verlaufsbiografischer Ursachenforschung hinsichtlich der Ursachen der Verfestigung von Arbeitslosigkeit sowie individueller Bewältigungsstrategien bei der Gruppe der älteren ALG II-Kunden beschäftigen, sind zu wenig vorhanden, um direkte Erkenntnisse für die Bildungsträger, Arbeitsagenturen, ARGEn und optierenden Kommunen abzuleiten und nutzbar zu machen.

Ziel ist es daher, sich auf einer Mikroebene mit der Zielgruppe der älteren ALG II-Empfänger zu beschäftigen. Die Beschäftigungspakte, die im Rahmen der „Perspektive 50plus" seit Herbst 2005 vom Bundesministerium für Arbeit und Soziales (BMAS) gefördert werden, bieten hierfür erstmals ein profundes empirisches Material zur Beschreibung der Zielgruppe älterer ALG II-Kunden. Im Rahmen der Evaluation des „Pakt50 für Nürnberg" wird die These vertreten, dass nur durch die dezidierte Kenntnis persönlicher Kompetenzen, Fähigkeiten und Persönlichkeitsmerkmale der Zielgruppe wirksame[1] Integrationskonzepte von Bildungsträgern und der Arbeitsverwaltung entwickelt werden können.

Daher liegt ein Fokus der Paktevaluation in Nürnberg auch auf einer mikroanalytischen Betrachtungsebene, in welcher neben einer erweiterten personen- und prozessbezogenen Stammdatenabfrage[2] auch qualitative erwerbsbiografische Interviews[3] erhoben und ausgewertet wurden. Auf der Grundlage dieser Daten-

---

[1] Wirksamkeit meint an dieser Stelle den nachhaltigen Integrationserfolg unter Ausschöpfung des individuellen Potenzials einer Person.

[2] Basierend auf der Zwischenauswertung der Stammdatenerhebung im Pakt50 zum Stichtag 01.08.2007 (804 Fälle).

[3] Im Rahmen der Evaluation wurden mit zwölf Pakt50-Teilnehmern qualitative erwerbsbiografische Interviews durchgeführt. Die Realisierung dieser Studie erfolgte im Rahmen einer am f-bb durchgeführten Diplomarbeit „Arbeitslosigkeit von älteren Langzeitarbeitslosen (über 50 Jahre)" von Jana Franke, deren Ergebnisse im vorliegenden Aufsatz eingebunden werden.

basis können erste Hinweise zur Entwicklung zielgruppenspezifischer Qualitätskriterien für die Praxis abgeleitet werden. Die Erkenntnisse beziehen sich zum einen auf die Erwerbsbiografie selbst (Ursachen für Erwerbsbrüche bei den Älteren, Zugangswege in die Arbeitslosigkeit und Faktoren zur Verfestigung von Arbeitslosigkeit, Hinweise auf individuelle Bewältigungsstrategien) sowie auf die vermittlungshemmenden Einflussfaktoren hinsichtlich des arbeitsmarktpolitischen Verbleibs (vgl. Gottwald/Keck in diesem Band).

Ziel ist es, alterstypische Beschäftigungsrisiken und -chancen bei älteren Arbeitslosen zu identifizieren und deren Relevanz für die Gestaltung nachhaltiger Integrationsstrategien zu analysieren. Die gewonnenen Erkenntnisse werden vor dem Hintergrund des aktuellen Forschungsstandes reflektiert und bewertet.

Forschungsleitende Fragestellungen sind in diesem Zusammenhang:
- Was sind alterstypische Risiken für Arbeitslosigkeit (Zugangswege in Arbeitslosigkeit)?
- Worin liegen die Gründe für die Verfestigung von Langzeitarbeitslosigkeit bei Älteren (Gründe für ein erhöhtes Verweilrisiko – vermittlungshemmende Merkmale)?
- Welche individuellen Bewältigungsstrategien zur Überwindung der Arbeitslosigkeit lassen sich bei Älteren konstatieren (Chancen und Defizite)?

2. Wege in die Arbeitslosigkeit – Beschäftigungsrisiken Älterer

Bei der Analyse der erwerbsbiografischen Interviews haben sich verschiedene Gründe für die Wege in die Arbeitslosigkeit im Verlauf der unterschiedlichen Erwerbsbiografien aufgetan. Da es sich im vorliegenden Befragungssample zum Teil um eine sehr heterogene Gruppe von Interviewten handelt, lassen sich zusammenfassende Vergleiche nur in begrenztem Maße durchführen, weshalb die Einordnung der Ergebnisse unter Einbezug des aktuellen Forschungsstandes erfolgen muss.

Ausgehend von der aktuellen wissenschaftlichen Diskussion lassen sich drei Risikobereiche ableiten, die vor allem zur Beschreibung der Zugangswege Älterer in die Arbeitslosigkeit relevant sind:
- das höhere Krankheitsrisiko,
- das alterstypische Qualifikationsrisiko und
- das alterstypische Motivationsrisiko.

Die aufgeführten alterstypischen Beschäftigungsrisiken lassen sich in den Ergebnissen der Untersuchung ausgewählter Teilnehmer ebenfalls wiederfinden. Bei der Betrachtung der Wege in die Arbeitslosigkeit haben sich verschiedene typologische Muster gezeigt, die durch unterschiedliche Aspekte beeinflusst wurden. Es konnten unterschiedliche Zusammenhänge und Strukturen für die Gründe von Arbeitslosigkeit festgestellt werden, die auch zum Teil Einfluss auf den gesamten Verlauf der Erwerbsbiografie hatten.

Das Wissen um die Zugangswege ist relevant, weil sich daraus die vermittlungshemmenden Merkmale ableiten lassen, die es in Bezug auf die Reintegration individuell abzubauen gilt.

2.1 Das erhöhte Krankheitsrisiko

Eine Studie des IAB hat gezeigt, dass jeder dritte Arbeitslose gesundheitliche Einschränkungen aufweist, welche ein großes Hemmnis bei der Stellensuche darstellen. Dieser Anteil steigt mit zunehmendem Lebensalter und Dauer der Arbeitslosigkeit stetig an (Hollederer 2003).

Auch im Rahmen der Interviews mit Langzeitarbeitslosen im „Pakt50 für Nürnberg" hat sich gezeigt, dass gerade psychische und physische Belastungen am Arbeitsplatz häufig auslösende Faktoren für den Zugang in die Arbeitslosigkeit darstellen und sich mit zunehmendem Alter als vermittlungshemmende Barrieren verfestigen. Diese reichen von körperlichen Verschleißerkrankungen aufgrund physisch stark belastender Arbeitsbedingungen bis hin zu psychischen Erkrankungssymptomen aufgrund belastender Situationen, wie z.B. Mobbing und Altersdiskriminierung am Arbeitsplatz.

Verschiedene Untersuchungen im Gesundheitswesen verweisen darauf, dass für Ältere ein erhöhtes Krankheitsrisiko vor allem darin besteht, dass sie zwar seltener krank sind als Jüngere, dafür aber oftmals langwierigere Erkrankungen aufweisen. Des Weiteren sind Ältere in erster Linie von Mehrfacherkrankungen betroffen. Hierbei nehmen vor allem chronische Leiden und Herz-/Kreislauferkrankungen sowie Muskel- und Skeletterkrankungen im Alter zu. Der Barmer Gesundheitsreport 2006 hat z.B. aufgezeigt, dass über die Hälfte der Fehlzeiten in Unternehmen auf Muskel-/ Skeletterkrankungen (22,7 Prozent), Erkrankungen des Atmungssystems (17,9 Prozent) sowie auf psychische Erkrankungen und Verhaltensstörungen (13,8 Prozent) zurückzuführen sind (vgl. Barmer 2006).

Das erhöhte Krankheitsrisiko stellt für eine Vielzahl der Pakt50-Kunden das zentrale Vermittlungshemmnis dar. Als besonders prekär stellt sich dabei die Situation für die Gruppe der An- und Ungelernten dar, welche im gewerblich-technischen Bereich über lange Jahre hinweg körperlich belastenden Tätigkeiten nachgegangen sind, denen sie nun mit fortschreitendem Alter physisch wie psychisch nicht mehr gewachsen sind. Typisch für diese Personen ist, dass sie aufgrund unzureichender Qualifikationen bereits mehrere Jahre in prekären Beschäftigungsverhältnissen tätig waren („Zeitarbeitskarrieren") und nicht selten mehrere Arbeitslosigkeitsphasen bereits hinter sich haben.

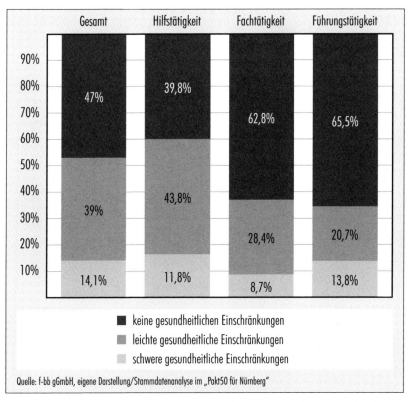

Abb. 1: Gesundheitliche Einschränkungen differenziert nach Niveau der letzten Erwerbstätigkeit der Pakt50-Teilnehmer

Aufgrund zunehmender Erkrankungen und damit einhergehender eingeschränkter Arbeitsfähigkeit konnten im Verlauf dieser Erwerbsbiografien folglich bestimmte Tätigkeiten, gerade im Bereich der Hilfsarbeit, nicht mehr ausgeführt werden, was vielfach zu Entlassungen geführt hat. Eine erneute Anstellung im Bereich von Helfertätigkeiten ist daher undenkbar. Infolgedessen scheint eine dauerhafte Arbeitslosigkeit für diese Gruppe vorprogrammiert.

Bei Betrachtung der gesundheitlichen Einschränkungen in Abhängigkeit vom Bildungsniveau der Teilnehmer lässt sich folgender Zusammenhang festhalten: Je höher das Qualifikationsniveau der Befragten, desto weniger Einschränkungen treten aufgrund schwerer oder leichterer gesundheitlicher Probleme auf. Allerdings sind bei dieser Personengruppe verstärkt psychosomatische Erkrankungen zu beobachten.

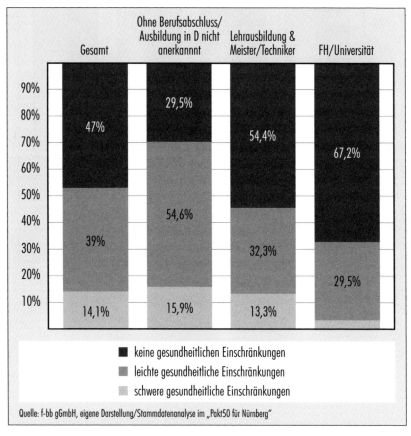

Abb. 2: Gesundheitliche Einschränkungen differenziert nach Berufsabschluss der Pakt50-Teilnehmer

Das höhere Krankheitsrisiko Älterer darf aber keineswegs als „alterstypischer Automatismus" interpretiert werden. Vielmehr handelt es sich um ein „Berufsrisiko", da vor allem gering Qualifizierte mit hohen Anteilen an schweren körperlichen Tätigkeiten und wenig individuellen Handlungsspielräumen betroffen sind (vgl. Naegele 2005).

Die Ergebnisse der Befragungen im Rahmen des Pakt50 bestätigen diesen Sachverhalt. Ein hoher Anteil der Langzeitarbeitslosen, vor allem im Bereich der An- und Ungelernten, war gezwungen, aufgrund gesundheitlicher Einschränkungen im Laufe der Erwerbsbiografie aus dem Erwerbsleben auszuscheiden bzw. das Berufsfeld zu wechseln. Das erhöhte Krankheitsrisiko ist demzufolge ein zentrales Kriterium für den Zugang in Arbeitslosigkeit und deren Verfestigung.

2.2 Das alterstypische Qualifikationsrisiko

Das erhöhte Qualifikationsrisiko bei Älteren muss im Vergleich zum Krankheitsrisiko multidimensional betrachtet werden, da es durch mehrere Faktoren beeinflusst wird:

„Qualifikationsrisiken älterer Arbeitnehmer entstehen aus einer Diskrepanz zwischen einem veränderten, veralteten, entwerteten und reduzierten Leistungsvermögen und den Qualifikationsanforderungen von Seiten der Betriebe" (Clemens/Künemund/Parey 2003, S. 58).

Zum einen ergeben sich Qualifikationsrisiken durch den mit dem Alterungsprozess verbundenen Leistungswandel und zum anderen durch die Tendenz einer sich weiter ausbreitenden Qualifikationsdiskrepanz zwischen Jung und Alt. In diesem Zusammenhang wird von einem zunehmenden Dequalifikationsrisiko, welches durch zunehmende Rationalisierungsprozesse bzw. den Einsatz neuer Technologien geprägt wird, sowie von einem Qualifikationsrisiko durch dauerhafte berufliche Unterforderung oder durch Folgen betriebsspezifischer Qualifizierungsprozesse gesprochen (vgl. Naegele 1992).

Bei einer Vielzahl der Pakt50-Teilnehmer kann die prekäre Beschäftigung als indirekter Weg in die Arbeitslosigkeit gesehen werden, da dieser Aspekt sich zumeist aus einer fehlenden abgeschlossenen Berufsausbildung und mangelnden Qualifikationen ergibt.

Typisch für diese Personengruppe sind vielfach gebrochene Erwerbsbiografien mit mehreren Phasen der Arbeitslosigkeit. Die Befragten haben größtenteils einfache Tätigkeiten im Bereich Versand, Lager, Produktion oder im Kassenbereich übernommen. Durch fehlende Berufsabschlüsse und mangelnde Qualifi-

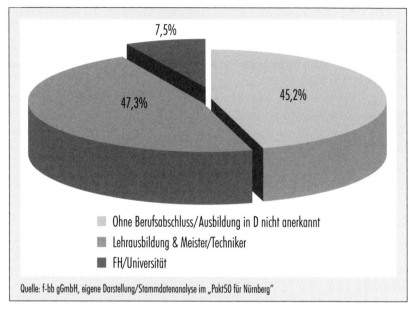

Abb. 3: Niveau des Bildungsabschlusses der Pakt50-Teilnehmer

kationen waren berufliche Aufstiege zumeist nicht möglich. Diese Erwerbsbiografien sind durch häufige Arbeitsplatzwechsel gekennzeichnet. Prekäre Beschäftigungsverhältnisse und Zeitarbeitskarrieren sind mit zunehmendem Alter der Betroffenen häufig zu beobachten.

Bei genauerer Betrachtung des formalen Qualifikationsniveaus der Pakt50-Teilnehmer zeigt sich, dass nur die Hälfte der Fachhochschul- und Universitätsabsolventen sowie der Personen mit abgeschlossener Berufsausbildung bzw. Meister und Techniker zuletzt an einem Arbeitsplatz entsprechend ihrer ursprünglichen formalen Qualifikation beschäftigt waren. 73 Prozent der Pakt50-Teilnehmer waren als Hilfsarbeiter bzw. im Berufsfeld für An- und Ungelernte tätig, obwohl nur 45 Prozent der Teilnehmer keine Ausbildung vorweisen konnten bzw. deren Ausbildung in Deutschland nicht anerkannt wurde (vgl. Abbildung 3 und 4).

Somit kann festgehalten werden, dass weit über die Hälfte der Pakt50-Teilnehmer im Laufe ihrer Erwerbsbiografie an Arbeitsplätzen tätig war, die unter ihrer formalen Qualifikation anzusiedeln sind.

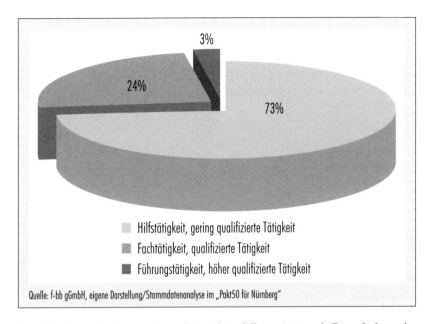

Abb. 4: Niveau der letzten Erwerbstätigkeit differenziert nach Erwerbsform der Pakt50-Teilnehmer

Bei Personen mit Migrationshintergrund fällt auf, dass diese meist keine abgeschlossene Berufsausbildung vorweisen können bzw. deren Ausbildung nicht in Deutschland anerkannt wurde. Zudem besitzen sie nur unzureichende Kenntnisse der deutschen Sprache, was vielfach als unüberbrückbares Vermittlungshemmnis bewertet wird. Solange dieses Hemmnis nicht beseitigt werden kann, ergeben sich für diese Zielgruppe von Anfang an nur Beschäftigungschancen im Bereich der einfachen Helfertätigkeiten in Form prekärer Beschäftigungsverhältnisse – ein beruflicher Aufstieg bleibt damit den meisten von Anfang an verwehrt.

Geschlechtsspezifisch zeigt sich, dass Frauen von Dequalifizierungsprozessen verstärkt betroffen sind. Dies trifft vor allem dann zu, wenn diese z.B. durch Elternzeit oder Pflege von Familienangehörigen ihre Erwerbsphase für längere Zeit unterbrechen müssen. Der Wiedereinstieg erfolgt zumeist nicht mehr im angestammten Beruf, wodurch die Entwertung von Qualifikationen weiter voranschreitet und der Weg in prekäre Beschäftigungsverhältnisse ein typisches Verlaufsbild darstellt.

2.3 Das alterstypische Motivationsrisiko

Überlagert wird das höhere Krankheits- und Qualifikationsrisiko Älterer durch eine dritte alterstypische Komponente, die bedingt durch Reputationsverlust und Entmutigung zusammenfassend als alterstypisches Motivationsrisiko bezeichnet wird.

Die individuelle Einschätzung der eigenen Arbeitsmarktchancen beeinflusst maßgeblich die Motivation älterer Arbeitnehmer und führt verstärkt zu einem Rückzug aus dem Arbeitsmarkt. Infolgedessen ziehen ältere Arbeitslose oftmals den freiwilligen Übergang in die Frühverrentung einem Arbeitsplatzwechsel vor. Im Zusammenhang mit den geführten Interviews stellte sich heraus, dass die Motivation als Folge zunehmender Absagen auf Stellenbewerbungen gesunken ist und als erklärungsrelevant für diesen Rückzug gelten kann.

Die motivationale Verfasstheit der Betroffenen ist als entscheidend für die individuellen Bewältigungsstrategien und Handlungsoptionen anzusehen, welche darüber entscheiden, ob der Weg aus der Arbeitslosigkeit erfolgreich beschritten werden kann. Hierbei kann zwischen zwei grundlegend verschiedenen Motivationstypen unterschieden werden (vgl. Althammer 2007):

Der „Geschäftsmann" oder „Aktive"

Dieser Typ besitzt ein mittleres Humankapital und verfügt über hohes soziales Kapital, das sich beispielsweise durch das Vorhandensein personaler Netzwerke bemerkbar macht.

Kennzeichnend sind zudem ein ausgeprägter Einfallsreichtum bei der Stellensuche und eine hohe Bereitschaft, bei potenziellen Arbeitgebern hinsichtlich des Berufsbilds große Zugeständnisse zu machen (z.B. hinsichtlich Lohnvorstellungen). Die Arbeitssuche wird zielgerichtet und mit großem Ehrgeiz bewältigt.

Der „Orientierungslose" oder „Passive"

Dieser Typus lässt sich vor allem durch ein niedriges Humankapital charakterisieren und betrachtet das eigene Alter als zentrales Argument für sein Scheitern bei der Arbeitssuche. Der psychosoziale Nutzen von Arbeit nimmt einen hohen Stellenwert ein. Kennzeichnend für diesen Typus sind zudem ausgeprägte Zukunftsängste und Machtlosigkeit gegenüber der eigenen Situation. Die Arbeitssuchstrategien sind von Skepsis, Orientierungslosigkeit und Ziellosigkeit geprägt.

Auch bei den Teilnehmern des Pakt50 konnten diese beiden Motivationstypen beobachtet werden. Es hat sich gezeigt, dass der Typ des „Geschäftsmanns" hoch motiviert ist und sich aktiv beispielsweise nach verschiedenen Weiterbildungsangeboten erkundigt oder die Institutionen um Unterstützung bittet. Kennzeichnend für diesen Typus im Befragungssample der Pakt50-Teilnehmer sind ein vergleichsweise hohes Bildungskapital und eine hohe Stellung im Berufsleben vor der Arbeitslosigkeit.

Das Verhalten des „Orientierungslosen" hingegen ist von Passivität und Resignation geprägt. Bezogen auf die interviewten Personen kann ein Verharrungszustand in der Arbeitslosigkeit konstatiert werden. Wenig bis keine Eigeninitiative und unzureichende Handlungsmöglichkeiten aufgrund eines vergleichsweise geringen Humankapitals sind prägend für diesen Verharrungszustand mit einer voranschreitenden sozialen Ausgrenzung aufgrund der Zunahme sozioökonomischer Belastungsfaktoren, bedingt durch die Auswirkungen der Langzeitarbeitslosigkeit. Für diese Personengruppe scheint es zudem typisch zu sein, dass sich die Lebenswelt vornehmlich auf ein abgeschottetes Milieu „Gleichgesinnter" bezieht. Dadurch bedingt verfügen die Betroffenen nur unzureichend über soziale und personale Netzwerke, die Ausstiegsmöglichkeiten aus der Arbeitslosigkeit offerieren könnten.

3. Gründe für das erhöhte Verweilrisiko Älterer in Arbeitslosigkeit/ vermittlungshemmende Merkmale

Ein weiterer Schwerpunkt bei der Erhebung personenbezogener Daten lag auf der Erfassung der Gründe für die Verfestigung der Arbeitslosigkeit der Betroffenen. Die Analyse sollte aufzeigen, inwieweit sich anhand der Ergebnisse verallgemeinerbare Aussagen über vermittlungshemmende Merkmale ableiten lassen, damit diese bei der Gestaltung nachhaltiger Integrationskonzepte entsprechend Berücksichtigung finden können.

Bei den Teilnehmern des „Pakt50 für Nürnberg" hat sich gezeigt, dass die Gründe für die erhöhte Verweildauer in Arbeitslosigkeit nicht isoliert voneinander auftreten bzw. betrachtet werden können, vielmehr ist hierzu eine mehrdimensionale Analyse der Ergebnisse nötig.

Über 80 Prozent der Teilnehmer weisen multiple Vermittlungshemmnisse auf. Durchschnittlich ist jeder Teilnehmer von 4,5 Vermittlungshemmnissen betroffen. Als größte Risikofaktoren für eine erhöhte Verweildauer haben sich im Rahmen der Stammdatenanalyse *eine länger andauernde, verstetigte Arbeitslosigkeitsphase, eine bzw. mehrere vorangegangene Tätigkeiten in prekärer Beschäftigung/ Hilfsarbeit sowie gesundheitliche Einschränkungen* herauskristallisiert (vgl. Abbildung 5).

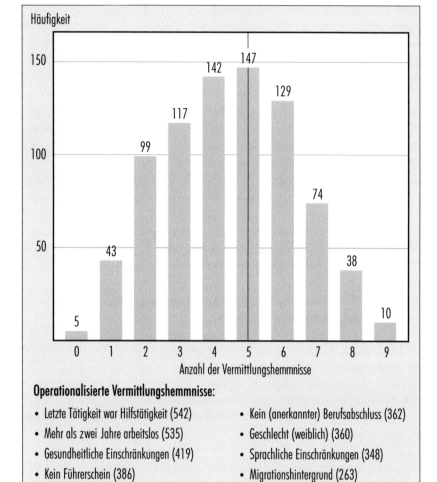

Abb. 5: Vermittlungshemmnisse der Pakt50-Teilnehmer

Die Ergebnisse der Stammdatenanalyse von Pakt50-Teilnehmern, welche sich auch in der Betrachtung der alterstypischen Beschäftigungsrisiken aus personenbezogener Sicht bestätigen lassen (siehe Ausführungen Kapitel 2), machen deutlich, dass vor der Auswahl einer entsprechenden Integrationsstrategie vertiefende Analysen der jeweils vorliegenden vermittlungshemmenden Merkmale sinnvoll erscheinen.

Wie eingangs erwähnt, ist die Zielgruppe der älteren ALG II-Empfänger höchst heterogen und bringt unterschiedliche Potenziale mit sich. Kundengerechte Integrationskonzepte müssen deshalb das Ziel haben, stark individuell auf die Kompetenzen der Einzelnen abzuzielen, um nachhaltige Integrationserfolge überhaupt erzielen zu können. Unterschiedliche Integrationsstrategien und Maßnahmenbausteine können je nach Typus und Personengruppe unterschiedlich wirken.

4. Individuelle Bewältigungsstrategien der Betroffenen – Defizite und Ansatzpunkte

Die meisten Untersuchungen, die sich mit den individuellen Bewältigungsformen in der Arbeitslosigkeit beschäftigen, zeigen, dass selbst für Langzeitarbeitslose die Erwerbsarbeit und der mögliche Zugang zu einer solchen zentral in der Lebensplanung und Alltagsgestaltung bleiben (vgl. Mehlich 2005).

Im Rahmen der erwerbsbiografischen Interviews wurde den individuellen Bewältigungsstrategien der Teilnehmer eine wesentliche Bedeutung zugemessen. Der Hauptaspekt wurde hier auf den Umgang mit der Arbeitslosigkeit an sich und der damit verbundenen Folgen für die Betroffenen gelegt. Es zeichneten sich verschiedene Bereiche ab, die für die Befragten zur Bewältigung der Arbeitslosigkeit von Bedeutung sind.

4.1 Soziale und personale Netzwerke

Die Ergebnisse der qualitativen Studie zeigen auf, dass die emotionale Unterstützung durch das persönliche Umfeld von immenser Bedeutung ist. Gerade Familie und Freunde haben den Betroffenen bei ihrem Umgang mit der Arbeitslosigkeit und ihren Folgen geholfen. Dies umfasst sowohl die Unterstützung bei der individuellen Alltagsbewältigung und Arbeitsplatzsuche als auch den Austausch über die Sorgen und Nöte mit zunehmender Dauer der Erwerbslosigkeit.

Den Kontakt zu Gleichgesinnten, die ebenfalls arbeitslos sind, betonen die Befragten ebenso als hilfreiche Unterstützung im Umgang mit der Arbeitslosigkeit. Der gegenseitigen Motivation und dem Austausch von Erfahrungen bei der Arbeitsplatzsuche wird dabei ein besonderer Stellenwert zugewiesen.

Aufgrund der zunehmenden sozialen Ausgrenzung und Abschottung in Milieus von „Gleichgesinnten" (Langzeitarbeitslosen) haben allerdings Kontakte zu personalen Netzwerken zunehmend abgenommen. Dabei sehen die Befragten den Verlust dieses Umfeldes, welches den Wiedereinstieg ins Berufsleben begünstigen könnte, nicht bewusst als kritisch an. Durch die abnehmenden bzw. fehlenden Kontakte zu Personen in der Arbeitswelt sinken jedoch die Möglichkeiten, den Wiedereinstieg in das Berufsleben erfolgreich gestalten zu können.

4.2 Motivation und Selbstwertgefühl

Fehlende Motivation und mangelndes Selbstwertgefühl sind wesentliche Einflussfaktoren auf die Bewältigungsstrategien der Befragten. Sie hemmen das Engagement und die Hoffnung der Betroffenen, wieder eine neue Anstellung zu finden. Als zentralen Grund für eine resignative Grundstimmung und geringe Motivation benennen die Befragten die vielen Absagen bei Bewerbungen, vor allem aufgrund des Alters. Jeder der Befragten ist schon einmal damit konfrontiert worden, aber nicht jeder konnte dies gleich gut verarbeiten, eher im Gegenteil, viele haben Probleme, sich wieder neu zu motivieren.

Die subjektive Einschätzung zur allgemeinen Arbeitsmarktsituation ist für die Motivation der Betroffenen ebenfalls maßgeblich beeinflussend. Nach Ansicht der Befragten gibt es insgesamt zu wenig Arbeitsplatzangebote: „Firmen gehen ins Ausland, die Löhne sinken, während die Preise für alles ansteigen". Auch die negativen Erfahrungen wie die schlechte Zahlungsmoral oder die ständig wechselnden kurzfristigen Tätigkeiten bei verschiedenen Zeitarbeitsfirmen demotivieren die Befragten für ein neues Engagement in diesem Segment. Auch die Aussichten auf eine längerfristige Anstellung über eine Zeitarbeitsfirma sind größtenteils nicht gegeben und mindern den positiven Blick in die berufliche Zukunft bei den Befragten.

4.3 Strategien der Arbeitsplatzsuche

Einen weiteren zentralen Aspekt stellen die verschiedenen Strategien der Arbeitsplatzsuche dar. Die Befragten nutzen unterschiedlichste Medien wie Zeitungen und Internet zur Arbeitsplatzsuche. Die Bedeutung des Mediums Internet nimmt zu und wird daher von einigen Befragten für die Stellensuche genutzt. Dabei muss allerdings festgehalten werden, dass die individuelle Bewertung der

Wichtigkeit dieses Mediums und die faktische Nutzung noch weit auseinanderklaffen und vielfach Berührungsängste bestehen.

Rückblickend betrachtet hat vor allem der direkte Kontakt zu den Firmen den Befragten in der Vergangenheit geholfen einen Arbeitsplatz zu finden. Heute gestaltet sich die Situation schwieriger, was sich die Teilnehmer in erster Linie durch die allgemein schlechte Lage am Arbeitsmarkt erklären.

Die meisten Befragten haben sich im Verlauf ihrer Erwerbsbiografie auf Arbeitsplätze in den verschiedensten Branchen, auch außerhalb ihres eigentlichen Berufsfelds, beworben und waren zum Teil auch in diesen tätig. Das Vorurteil, Ältere seien wenig flexibel hinsichtlich einer beruflichen Umorientierung und bestehender Gehaltsvorstellungen, lässt sich in dem vorliegenden Befragungssample nicht bestätigen. Ganz im Gegenteil scheint mit zunehmender Dauer der Arbeitslosigkeit die Bereitschaft zu einer Öffnung in diese Richtung zuzunehmen. Schwierigkeiten liegen hierbei eher in fehlenden Qualifikationen oder Kenntnissen, die eine Suche außerhalb des angestammten Berufsfeldes einschränken. Einigen Befragten fehlen schlichtweg auch grundlegende Ideen, in welche Richtung sie sich beruflich weiterentwickeln bzw. umorientieren könnten.

5. Ableitung von Mindeststandards für wirksame Integrationskonzepte

Zusammenfassend kann festgehalten werden, dass individuelle Verlaufsformen von Langzeitarbeitslosigkeit individuelle Zugangswege zur Arbeit verlangen. Nur auf diese Weise ist eine nachhaltige und langfristige Integration erreichbar. Der Rückzug, die Rechtfertigungsmuster, das Einrichten in bestimmten Lebenslagen und insbesondere die multiplen Vermittlungshemmnisse verlangen differenzierte Herangehensweisen.

Insgesamt hat sich bei der näheren Betrachtung der Pakt50-Teilnehmer gezeigt, dass der Gruppe der älteren Langzeitarbeitslosen deutlich mehr Unterstützung zukommen muss als bisher. Diese spezielle Personengruppe braucht mehr individuelle Hilfe im Umgang mit Arbeitslosigkeit und mehr Integrationsunterstützung, um besser in den Ersten Arbeitsmarkt vermittelt werden zu können. Aber auch hinsichtlich der Qualifikation muss in Zukunft mehr für die älteren Arbeitslosen getan werden. Den Prozessen der Dequalifizierung kann aber umfassend nur durch eine stärkere Förderung des Weiterbildungsbereiches insgesamt entgegengewirkt werden, indem sowohl auf betrieblicher wie auch individuumsbezogener Perspektive ein Wertewandel hinsichtlich Bildungsbeteiligung und Bildungsmotivation erfolgen muss.

Standardanforderungen an Integrationskonzepte für ältere Langzeitarbeitslose im Überblick:

- Die Menschen sind durch ihr Alter bereits stigmatisiert. Eine Qualifizierung sollte dieses Stigma durch die Dauer der Maßnahmen nicht noch verstärken.
- Wirksame Konzepte zur Reintegration älterer Langzeitarbeitsloser in den Arbeitsmarkt müssen sich mit der Frage beschäftigen, ob und in welcher Form die Betroffenen den Anforderungen des Arbeitsmarktes noch gerecht werden können. Hierfür sind eine vorgeschaltete kritische Überprüfung des Gesundheitszustandes und die Ableitung entsprechender Präventions- und Fördermaßnahmen erforderlich.
- Berücksichtigung der mentalen und physischen Folgen der Arbeitslosigkeit auf der individuellen Ebene: Individuelle Beratungs- oder Coachingansätze bieten die Möglichkeit, die Einzelnen in der individuellen Lebenslage zu unterstützen und neue Handlungsspielräume zu eröffnen bzw. den Weg dorthin zu ebnen.
- Der Ausbau sozialer und personaler Kontakte und Netzwerke muss stärker durch Projekte gefördert werden, um den Verharrungszustand in den abgeschotteten Milieus der Langzeitarbeitslosen zu durchbrechen und den Wiedereinstieg in die Arbeitswelt zu erleichtern.
- Die Durchführung von Kurzzeitmaßnahmen als allgemeine Formen des Bewerbungstrainings ohne Berücksichtigung der Zusammensetzung der Teilnehmer ist wenig Erfolg versprechend und verstärkt die Ausgrenzungsmomente.
- Ältere lernen vorrangig informell – deshalb gilt es, Lernarrangements mit einer hohen Handlungsorientierung und direktem praktischem Verwertungsbezug zu gestalten.
- Weiterbildungsmaßnahmen nehmen nach wir vor einen nicht zu unterschätzenden Stellenwert zur Erhöhung der Vermittlungschancen ein und sollten daher auf konkreten Bedarf ausgerichtet und ausgebaut werden.
- Durch den Fokus auf die Verbesserung der Marketability soll dem negativen Altersstereotyp, welches Leistungsdefizite bei der Zielgruppe älterer Langzeitarbeitsloser unterstellt, entgegengewirkt werden. Dadurch wird es Personalverantwortlichen besser möglich, die Leistungspotenziale der Bewerber einzuschätzen.
- Die Wirksamkeit zielgruppenspezifischer Qualifizierungsmaßnahmen zur Minderung der Arbeitslosigkeit Älterer kann künftig nur dann erfolgreich sein, wenn es parallel gelingt, durch umfassende Sensibilisierungs- und Beratungsangebote einen Bewusstseinswandel bei Unternehmen zu initiieren und zusätzliche Stellen zu schaffen.

Literatur

Axhausen, S./Christ, M./Röhrig, R./Zemlin, P.:
Ältere Arbeitnehmer – eine Herausforderung für die berufliche Weiterbildung. Wissenschaftliche Grundlagen und Ziele. Schriftenreihe des Bundesinstitut für Berufsbildung 112. Bielefeld 2002.

Althammer, V.:
Motivierende Faktoren und Hemmnisse für ältere Langzeitarbeitslose. In: Huber, A./Kräußlich, B./Staudinger, T.: Erwerbschancen für Ältere – Probleme, Handlungsmöglichkeiten, Perspektiven. Augsburg 2007, S. 119–128.

Barmer Ersatzkasse (Hrsg.):
Gesundheitsreport. Wuppertal 2006.

Bröker, A./Schönig, W.:
Marktzugänge von Langzeitarbeitslosen trotz vermittlungshemmender Merkmale. Frankfurt a. M. 2005.

Clemens, W./Kunemund, H./Parey, M.:
Erwerbsbeteiligung und Arbeitsmarkt. In: Herfurth, M./Kohli, M./Zimmermann, K. F. (Hrsg.): Arbeit in einer alternden Gesellschaft. Problembereiche und Entwicklungstendenzen der Erwerbsbeteiligung Älterer. Opladen 2003, S. 43–64.

Hollederer, A.:
Arbeitslosenuntersuchungen. Arbeitslos – Gesundheit los – chancenlos? IAB-Kurzbericht Nr. 4. Nürnberg 2003. Im Internet abgerufen am 1.8.2007 unter http://doku.iab.de/kurzber/2003/kb0403.pdf.

Mehlich, M.:
Langzeitarbeitslosigkeit – Individuelle Bewältigung im gesellschaftlichen Kontext. Baden-Baden 2005.

Müller, M./Kräußlich, B./Staudinger, T.:
Unternehmen und Ältere – Fakten und Sichtweisen. In: Huber, A./Kräußlich, B./Staudinger, T.: Erwerbschancen für Ältere? Probleme, Handlungsmöglichkeiten, Perspektiven. Augsburg 2007, S. 66-82.

Naegele, G.:
Zwischen Arbeit und Rente. Gesellschaftliche Chancen und Risiken älterer Arbeitnehmer. Beiträge zur Sozialpolitik-Forschung. Band 9. Augsburg 1992.

Naegele, G.:
    Nachhaltige Arbeits- und Erwerbsfähigkeit für ältere Arbeitnehmer. In: WSI Mitteilungen. Monatszeitschrift des Wirtschafts- und Sozialwissenschaftlichen Instituts in der Hans-Böckler-Stiftung. Ausgabe 04/2005. Schwerpunktheft: Gute Arbeit – schlechte Arbeit: Für eine neue Diskussion zur Qualität der Arbeit. S. 214–219.

Beschäftigungschancen älterer Arbeitsloser aus Sicht Nürnberger Unternehmen – Eine Studie zur Weiterentwicklung regionaler Integrationsstrategien

Mario Gottwald, Stefan Keck

1. Zielsetzung der regionalen Unternehmensbefragung im „Pakt50 für Nürnberg"

Das zentrale Interesse der Evaluation des „Pakt50 für Nürnberg" war darauf ausgerichtet, die Wirkung seiner Aktivitäten für Unternehmen in Bezug auf die Zielsetzungen Bewusstseinswandel, Arbeitsmarktsensibilisierung und -erschließung zu beschreiben. Um einen Beitrag zur nachhaltigen Weiterentwicklung der regionalen und überregionalen Arbeitsmarkt- und Beschäftigungspolitik leisten zu können, gilt es im Bezug auf unterschiedliche Zugänge und Maßnahmenbündel für Unternehmen generalisierbare Aussagen hinsichtlich Wirksamkeit und Übertragbarkeit abzuleiten (vgl. Freiling/Gottwald 2006).

Zu diesem Zweck wurde im Rahmen der Evaluation des „Pakt50 für Nürnberg" eine repräsentative Telefonumfrage unter Personalverantwortlichen Nürnberger Unternehmen durch das Forschungsinstitut Betriebliche Bildung (f-bb) gGmbH in Zusammenarbeit mit dem ForschungsWerk Nürnberg im Juni 2007 durchgeführt. Die regionale Studie sollte Aufschluss über eine im Querschnitt erreichte Wirkung bezüglich eines Einstellungswandels und konkreter Erfolgs- und Misserfolgsfaktoren bei der Integration älterer Arbeitsloser geben. Als Ergebnis sollen generalisierbare Aussagen zu den einzelnen Strategien und noch bestehende Handlungsnotwendigkeiten für die Weiterentwicklung der regionalen und überregionalen Arbeitsmarkt- und Beschäftigungspolitik abgeleitet werden.

2. Methodisches Setting und Befragungssample

Im Vergleich zu thematisch entsprechenden Unternehmensbefragungen (vgl. Lehner 2005, Stobbe/Hiege 2006) hat sich besonders die Methode der telefonischen Befragung bewährt. Nach einer aufwendigen Recherche aller relevanten Unternehmen und ihrer Personalverantwortlichen konnte die geplante Stichprobe von 250 Betrieben vollständig erhoben und die Repräsentativität hinsichtlich der regionalen Branchenstruktur gesichert werden.

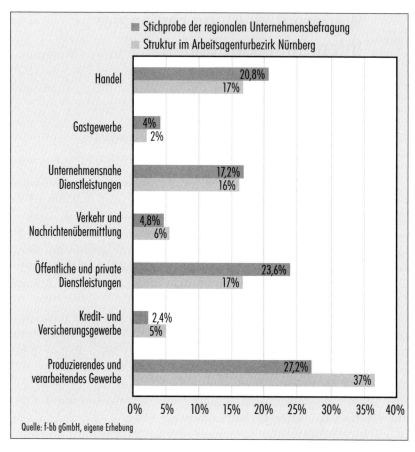

Abb. 1: Repräsentativität der Branchenstruktur

Dagegen fallen etwa bei einer schriftlichen Ansprache aller Unternehmen des Handelsregisters die Rücklaufquoten meist geringer aus und es bleibt letztlich unklar, wer den Fragebogen mit welchem Erfahrungshintergrund beantwortet hat. Als Befragungsteilnehmer der vorliegenden Studie konnten personalverantwortliche Führungskräfte bzw. fachlich direkt zuständige Mitarbeiter im Personalwesen gewonnen werden. Die Befragten verfügen mit einer durchschnittlichen Betriebszugehörigkeit von 14 Jahren zudem über einen fundierten Erfahrungshintergrund zu den interessierenden Befragungsinhalten.

Durch die vergleichsweise große Stichprobe, die erreichte Repräsentativität hinsichtlich der regionalen Branchenstruktur und die Absicherung der Befragungsergebnisse durch zusätzliche qualitative Interviews, die zum selben Themenbereich mit zehn Nürnberger Unternehmen im Herbst 2006 vertiefend geführt wurden, können sowohl auf regionaler als auch auf übergreifender Ebene Erkenntnisse für die Gestaltung regionaler Arbeitsmarkt- und Beschäftigungsstrategien zur Integration älterer Langzeitarbeitsloser abgeleitet werden.

Die folgenden Ausführungen zu den Einschätzungen der regionalen Wirtschaft in Bezug auf die Beschäftigung älterer Arbeitsloser orientieren sich an den zentralen Zielen des „Pakt50 für Nürnberg". Die gezielte Sensibilisierung von Unternehmen für die Potenziale älterer Langzeitarbeitsloser ist neben der Vermittlung Älterer in den Ersten Arbeitsmarkt das Hauptanliegen des Pakt50.

Zunächst soll untersucht werden, ob bei den Personalverantwortlichen bereits ein Bewusstsein für die Probleme dieser Beschäftigtengruppe vorhanden und wie groß deren Relevanz für die betriebliche Praxis ist. Weiterhin soll aufgezeigt werden, welche konkreten Einstellungen die Betriebe gegenüber Älteren in ihren Arbeits- und Leistungsanforderungen haben und nach welchen Kriterien sie diese in einem Bewerbungsverfahren beurteilen. Schließlich wird der Umfang der faktischen Unterstützungsleistungen evaluiert, die für Einstellung und Beschäftigung Älterer genutzt bzw. angeboten werden.

Die Ergebnisse werden abschließend noch einmal zusammengefasst und daraus mögliche Handlungsmaßnahmen sowohl zur Unterstützung der Nachfrager- (einstellende und potenziell einstellende Betriebe) als auch der Anbieterseite (ältere Arbeitsuchende) abgeleitet.

3. Demografischer Wandel und Beschäftigung Älterer: Problembewusstsein und faktische Relevanz bei Nürnberger Unternehmen

Insgesamt ist bei den Nürnberger Unternehmen das Bewusstsein für die Kompetenzen Älterer infolge der öffentlichen Diskussion und der öffentlichkeitswirksamen Präsenz des „Pakt50 für Nürnberg" relativ hoch.

Die Ergebnisse der Studie zeigen, dass das Bewusstsein besonders bei Unternehmen mit mehr als 50 Beschäftigten, die zudem den „Pakt50 für Nürnberg" bzw. seine Angebote kennen und durch vergleichsweise viele Neueinstellungen Älterer über umfangreiche Erfahrung mit dieser Beschäftigtengruppe verfügen, besonders stark ausgeprägt ist.

In Bezug auf die Frage, ob sich bei den Unternehmen der Region in den letzten zwei Jahren ein Bewusstseinswandel hinsichtlich der Beschäftigung Älterer vollzogen hat, zeigt sich immerhin bei einem Viertel der Befragten, dass sich der Stellenwert dieses Themas im Vergleich zu vorher durchweg erhöht hat. Der spezielle Auslöser für diesen Bewusstseinswandel lässt sich grundsätzlich zwei verschiedenen Quellen zuordnen: Zum einen ist es die öffentliche Diskussion über den aktuellen oder künftigen Fachkräftemangel. Dieses Thema bestimmt derzeit stark die öffentliche und politische Wahrnehmung und wird in der Region durch das öffentlichkeitswirksame Auftreten des „Pakt50 für Nürnberg" flankierend unterstützt.

Zum anderen speist sich der Bewusstseinswandel aber auch aus persönlichen Erfahrungen im konkreten Betriebsumfeld: Qualifizierte Nachwuchskräfte sind derzeit schwer zu rekrutieren, da ältere Arbeitnehmer und mit ihnen wertvolles Fachwissen die Unternehmen im Zuge der Frühverrentungswelle häufig verlassen haben. Jüngere Mitarbeiter erreichen hingegen nicht immer die Arbeitsqualität ihrer Vorgänger und sind weniger loyal bzw. zuverlässig.

Bei diesen aus Sicht des „Pakt50 für Nürnberg" sehr erfreulichen Ergebnissen stellt sich jedoch die Frage, wie relevant die Bewerbungen Älterer für die Unternehmen überhaupt sind. Ihr Anteil am Gesamtaufkommen der Bewerbungen hält sich insgesamt in Grenzen: Fast die Hälfte der befragten Unternehmen erhält weniger als 10 Prozent bzw. gar keine Bewerbungen von Älteren (vgl. Abbildung 2).[1] Ähnlich verhält es sich beim Anteil der Einstellungen Älterer in den letzten zwei Jahren (vgl. Abbildung 2): Bei mehr als zwei Drittel der Nürnberger Unternehmen betrug dieser weniger als 10 Prozent.

Für den Zusammenhang dieser beiden Variablen lassen sich verschiedene Erklärungen anführen: Zum einen können natürlich Betriebe, die nur wenige oder gar keine Bewerbungen Älterer erhalten, diese Bewerber auch nicht bei der Stellenbesetzung berücksichtigen.

Zum anderen beurteilen Ältere die Chancen einer Beschäftigung insgesamt schlechter. Deshalb nehmen sie von Bewerbungen mit zunehmenden Miss-

---

[1] Bei der entsprechenden Frage des IAB-Betriebspanels (Bellmann 2005, S. 1) erhielten im Jahr 2004 sogar knapp drei Viertel der Unternehmen in Ost- wie Westdeutschland keine Bewerbungen Älterer. Vergleichbare Ergebnisse berichten auch Böhme, Conrads, Ebert, Heinecker & Kistler (2005, S. 81) für Bayern im Jahr 2002 sowie aktuell Müller, Kräußlich & Staudinger (2007, S. 75) für Augsburg.

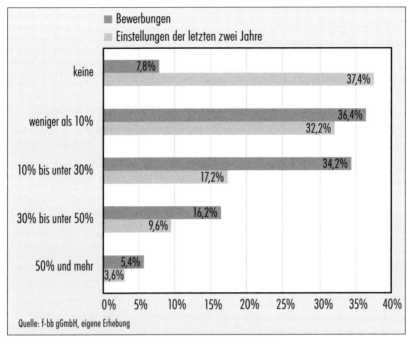

Abb. 2: *Anteil der Bewerbungen und Einstellungen Älterer*

erfolgserlebnissen eher Abstand und ziehen sich vom Arbeitsmarkt zurück (vgl. Müller/Kräußlich/Staudinger 2007, S. 76).

Weiterhin scheint es aus Sicht älterer Bewerber eine Fokussierung auf einzelne Erfolgsbetriebe zu geben: Diese stellen vergleichsweise viele Ältere ein und erscheinen dadurch als attraktive Arbeitgeber, bei denen die Erfolgsaussichten einer Bewerbung relativ hoch eingeschätzt werden. Allerdings wird damit in Nürnberg fast die Hälfte möglicher Arbeitgeber außer Acht gelassen. Einen möglichen Erklärungsansatz für dieses Dilemma liefern Bellmann/Brussig 2007: Unternehmen, die durchaus Ältere einstellen würden, kommunizieren dies häufig nicht deutlich an die Öffentlichkeit bzw. äußern ihr überwiegendes Interesse an jüngeren Bewerbern eher subtil. Sie möchten sich auch in Zukunft deren Aufmerksamkeit für ihr Unternehmen erhalten und bei ihren Personalrekrutierungen nicht zu stark auf die Beschäftigtengruppe der Älteren angewiesen sein. Allerdings machen auch Unternehmen, die keine Älteren einstellen, dies nicht öffentlich bekannt, um nicht mit dem Allgemeinen Gleichbehandlungsgesetz (AGG) in Konflikt zu geraten oder möglicherweise ein negatives Image zu erhalten.

Der hier aufgezeigte ernüchternde Widerspruch zwischen einem durchaus großen Problembewusstsein für die Belange älterer Arbeitsloser und der faktischen Relevanz für die Unternehmenstätigkeit ist keineswegs nur auf die Nürnberger Betriebe beschränkt.

So kam beispielsweise eine europaweite Untersuchung bei 500 Unternehmen im Auftrag des Adecco Institute (vgl. Völpel 2007) zu dem Ergebnis, dass deutschen Unternehmen die Problematik des demografischen Wandels zwar theoretisch durchaus bewusst ist. Für ihre eigene Personalpolitik ziehen sie aber nur selten praktische Konsequenzen, was sich letztlich auch in den vergleichsweise niedrigen Beschäftigungsquoten Älterer in Deutschland niederschlägt.

Für die Unternehmen stehen nach wie vor rein betriebswirtschaftliche Entscheidungsfelder wie Produktion oder Vertrieb stärker im Vordergrund. „Die Veränderungen (im Zuge des demografischen Wandels) kommen so schleichend, dass sie niemanden zum Handeln zwingen" (Cap Gemini 2005, S. 34). Die damit einhergehenden Probleme werden dadurch in den Unternehmen so lange wie möglich verdrängt, vermutlich auch aus Angst vor einer Überforderung mit dieser überaus komplexen Thematik (vgl. Geldermann in diesem Band).

Unabhängig von dem Bewusstsein für ihre besondere Problemlage sind Ältere als externe Stellenbewerber für Unternehmen auch aus betriebswirtschaftlicher Sicht eher uninteressant:

Sie würden vergleichsweise hohe Kosten für ihre Einarbeitung verursachen, die sich in der relativ kurzen Zeit bis zum Renteneintritt auch nur schwer amortisieren ließen (vgl. Lehner 2005).

Insgesamt bestätigen die Nürnberger Befragungsergebnisse den aktuellen Diskurs zum Optimierungsbedarf im praktischen Umgang mit Älteren bei den Unternehmen. Eine systematische Diagnose der unternehmensspezifischen Risiken des demografischen Wandels und eine passende Strategie für die erkannten Probleme z.B. in Form eines Age-Management-Ansatzes sind bisher noch die Ausnahme (vgl. Vogel/Rack/Bach 2007). Vor dem Hintergrund des steigenden Wettbewerbsdrucks, der Folgen des demografischen Wandels und der daraus resultierenden Fachkräfteproblematik muss jedoch auf praktischer Betriebsebene das bestehende Problembewusstsein in praktisches Handeln überführt werden, wenn künftig Innovationsfähigkeit und Produktivität auf hohem Niveau erhalten bleiben sollen. Die Beschäftigung Älterer wird somit künftig mehr und mehr zu einem Wettbewerbsvorteil avancieren.

4. Ältere Arbeitslose aus Sicht der Nürnberger Unternehmen

Um die Unternehmen mit passgenauen Leistungen für eine verbesserte Integration älterer Arbeitsloser unterstützen zu können, bedarf es genauer Informationen zu den Fragen:
- Wie beurteilen Personalverantwortliche ältere Arbeitslose im Hinblick auf ihre Arbeits- und Leistungsanforderungen? Wo sehen sie deren Chancen und Defizite?
- Welche Kriterien sind den Personalverantwortlichen für die Beurteilung der Bewerbungen Älterer besonders wichtig?

4.1 Arbeits- und Leistungsanforderungen

Bei der Beurteilung ausgewählter Persönlichkeitseigenschaften im Hinblick auf ihre Wichtigkeit für die Besetzung von Arbeitsplätzen fällt vor allem auf, dass alle genannten Eigenschaften für wichtig bzw. sogar für sehr wichtig gehalten werden (vgl. Abbildung 3). Unabhängig ob alt oder jung, genießen Arbeitsmoral

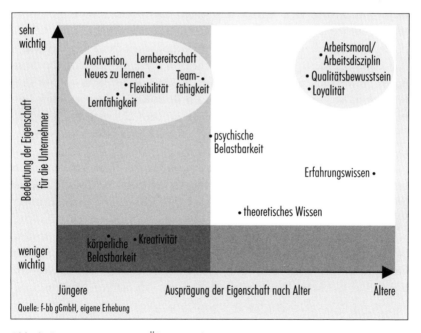

Abb. 3: Leistungsvermögen Älterer und Jüngerer im Vergleich aus Sicht Nürnberger Unternehmen

und Arbeitsdisziplin, Lernbereitschaft, Qualitätsbewusstsein, die Motivation und Fähigkeit Neues zu lernen, Teamfähigkeit sowie Flexibilität einen besonders hohen Stellenwert. Direkt personenbezogene Eigenschaften, wie z.B. psychische und körperliche Belastbarkeit, theoretisches und fachliches Erfahrungswissen sind den Unternehmen etwas weniger wichtig.[2]

Welche dieser Eigenschaften schreiben die Personalverantwortlichen nun eher Jüngeren oder eher Älteren zu? Die beiden Altersgruppen lassen sich klar anhand ihrer spezifischen Eigenschaften unterscheiden:

Ältere Arbeitnehmer (rechte Ellipse) zeichnen sich nach Meinung der Personalverantwortlichen vor allem durch klassische Arbeitstugenden wie Arbeitsmoral- bzw. -disziplin, Qualitätsbewusstsein und Loyalität aus. Ihr großes theoretisches und erfahrungsbasiertes Wissen ist den Personalverantwortlichen zwar immer noch wichtig, wird aber überraschenderweise weniger wertgeschätzt als die zuvor genannten Eigenschaften.

Jüngere Arbeitnehmer (linke Ellipse) entsprechen dagegen eher den Anforderungen der modernen Arbeitswelt, wie der Bereitschaft und der Fähigkeit immer wieder Neues zu lernen und flexibel und motiviert im Team an die Lösung neuer Probleme heranzugehen. Dabei spielt interessanterweise weniger die ausgeprägte Kreativität und höhere körperliche Belastbarkeit dieser Personengruppe eine entscheidende Rolle. Letztere sprechen vor allem die Personalverantwortlichen großer Unternehmen noch stärker jüngeren Mitarbeitern zu. Vor dem Hintergrund der vergleichsweise geringeren Bedeutung der körperlichen Leistungsfähigkeit lässt sich die These eines spezifischen „Jugendkultes der Großbetriebe" etwas entkräften. Psychische Belastbarkeit wird beiden Altersgruppen gleichermaßen zugeschrieben.

Ältere verfügen mit ihrer hohen Arbeitsmoral bzw. -disziplin sowie mit ihrem Qualitätsbewusstsein eindeutig über zwei der drei wichtigsten Arbeitsanforderungen überhaupt. Zumindest nach den Aussagen der befragten Personalverantwortlichen scheint also die These eines „Jugendwahns" nicht zuzutreffen.

Trotzdem darf das vorhandene Bewusstsein für die Qualitäten älterer Beschäftigter nicht mit ihrer faktischen Übernahme in ein Arbeitsverhältnis gleichgesetzt werden. Vielmehr erschweren häufig Vorbehalte potenzieller Arbeitgeber eine Beschäftigung Älterer. Diese Vorbehalte beziehen sich auf generelle Einschränkungen der physiologischen und psychischen Leistungsfähigkeit sowie auf feh-

---

[2] Entsprechende Ergebnisse auch beim IAB-Betriebspanel 2002 (Böhme/Heinecker/Huber/Kistler 2003: S. 94 f.).

lende Flexibilität, Qualifikationen oder unzureichende Lernmotivation (vgl. Bellmann 2005, Lehner 2005). Genau diese Eigenschaften schreiben auch die Personalverantwortlichen aus der Region Nürnberg deutlich den Jüngeren zu, wie die Befragungsergebnisse zeigen. Die These, dass in Unternehmen nach wie vor in Bezug auf das Alter von einer Leistungsminderung und sinkenden Arbeitsproduktivität ausgegangen wird, hat weiterhin Bestand.

4.2 Einstellungsrelevante Beurteilungskriterien bei der Bewerbung Älterer

Auf welche Kriterien sollten ältere Arbeitsuchende bei ihren Bewerbungen unbedingt achten?

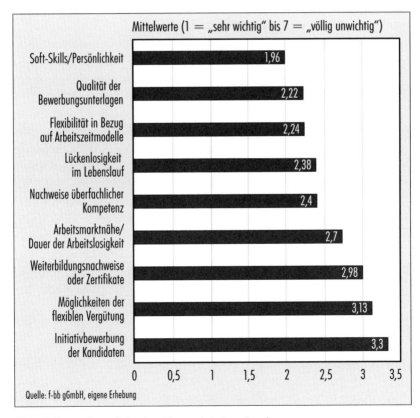

Abb. 4: Beurteilungskriterien älterer Arbeitsuchender

Ganz vorne rangieren bei deren Bewertung die Persönlichkeit und die Soft Skills der älteren Bewerber, aber auch die Qualität ihrer Bewerbungsunterlagen und Arbeitszeitflexibilität (vgl. Abbildung 4).

Die Personalverantwortlichen achten zudem sehr darauf, ob sich die Bewerber im Laufe ihres Erwerbslebens bzw. auch während ihrer Arbeitslosigkeit fachlich weiterentwickeln und bei unterschiedlichen Arbeitgebern praktische Erfahrungen gesammelt haben. Auf dieser Grundlage wird geprüft, ob potenzielle Mitarbeiter zu stark fachlich spezialisiert bzw. „betriebsblind" (vgl. Geldermann 2006, S. 133 f.) oder im Zuge einer schleichenden Dequalifizierung nur bedingt einsatzfähig sind (vgl. Leber/Gewiese 2006, S. 89 ff.). Allerdings kann ein zu häufiger Wechsel der Arbeitsstelle auch im negativen Sinne als Zeichen fehlenden Durchhaltevermögens oder mangelnder Loyalität gegenüber dem Arbeitgeber interpretiert werden (vgl. Lehner 2005, S. 245 f.).

Das persönliche Auftreten, die Umgangsformen bzw. die gesamte Persönlichkeit der Bewerber sind aus Sicht der Unternehmen eminent wichtige Einstellungskriterien. Erfahrung und Gehaltsvorstellungen spielen dagegen nur eine untergeordnete Rolle. Diese Ergebnisse bestätigen auch andere Untersuchungen (vgl. Bellmann 2005, BIHK 2006). Im Gegensatz dazu zeigen sich bezogen auf die Betriebsgröße keine Unterschiede hinsichtlich der Bedeutung einstellungsrelevanter Kriterien, die darauf schließen lassen, dass besonders KMU mehr auf die Persönlichkeit ihrer Bewerber achten und sich die großen Konzerne hauptsächlich an aktuellen Qualifikationen oder anderen Vorteilen Jüngerer orientieren.[3]

Für die Ableitung von Handlungsempfehlungen zur Integration älterer Arbeitsloser kann jedoch folgender Unterschied der Nürnberger Betriebe bei der Beurteilung der Bewerbungen Älterer hilfreich sein: Unternehmen mit weniger Erfahrung im Umgang mit Älteren messen der Arbeitsmarktnähe bzw. der Dauer der Arbeitslosigkeit der älteren Bewerber eine höhere Bedeutung zu. Je mehr konkrete Erfahrungen ein Unternehmen demnach mit der Einstellung Älterer hat, desto weniger wichtig wird dieses Kriterium und desto wahrscheinlicher wird ihre Einstellung (vgl. Bellmann/Leber/Gewiese 2006, Geldermann 2007). Die Bewerberauswahl orientiert sich stattdessen stärker an der Beurteilung der Persönlichkeit und dem individuellen fachlichen bzw. beruflichen Hintergrund der

---

[3] Möglicherweise lässt sich das hier dargestellte Antwortverhalten auf den Effekt sozialer Erwünschtheit zurückführen, der bei derart öffentlichkeitsträchtigen Themen in einem direkten Telefongespräch vermutlich größer ausfällt als beim anonymen Ausfüllen eines Fragebogens.

Älteren. Zur weiteren Arbeitsmarkterschließung für Ältere sollten daher künftig verstärkt Betriebe mit einem geringeren Erfahrungshintergrund von den oben genannten Vorteilen älterer Beschäftigter überzeugt werden.

5. Konkrete Aktivitäten zur Einstellung und Förderung der Beschäftigung Älterer

Ob sich Unternehmen bereits aktiv und nicht nur theoretisch mit der Beschäftigung älterer Arbeitsloser auseinandergesetzt haben, wird an zwei Fragen besonders deutlich:
- Kennen und nutzen sie öffentliche Förderinstrumente zur Unterstützung der Beschäftigung Älterer?
- Bieten sie selbst Maßnahmen einer altersgerechten Arbeitsgestaltung an?

5.1 Förderinstrumente zur Einstellung älterer Arbeitsloser

Insgesamt zeigt sich bei den Nürnberger Unternehmen ein hoher Informationsstand über die möglichen Förderinstrumente für ältere Arbeitslose. Lediglich 2 Prozent der Betriebe kennen gar kein Förderinstrument. Aus Sicht der Personalverantwortlichen werden die Lohnkostenzuschüsse bzw. Eingliederungshilfen klar favorisiert (vgl. Abbildung 5). Auffällig ist, dass vor allem größere Unter-

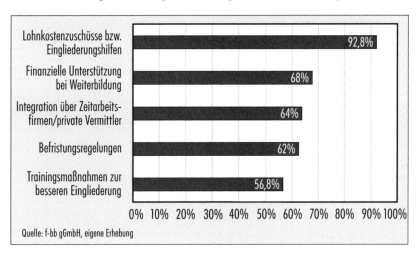

Abb. 5: Bekannte Förderinstrumente für ältere Arbeitslose (Mehrfachnennungen)

nehmen die angebotenen Unterstützungsleistungen kennen. Kleinere Betriebe sind über Fördermöglichkeiten entweder schlechter unterrichtet oder verfügen nicht über die Ressourcen, um sich bewusst mit diesem Thema auseinanderzusetzen.

Die Analyse zur Nutzung von Förderinstrumenten für die Beschäftigung älterer Arbeitsloser bestätigt die bereits mehrfach genannte These: Die Unternehmen sind auf dem Laufenden, wenn es um mögliche Ansätze zur Bewältigung des demografischen Wandels geht. Bei ihrer praktischen Umsetzung sind sie dagegen deutlich zurückhaltender, wie folgende Aufschlüsselung zur Nutzung von Förderinstrumenten deutlich belegt (vgl. Abbildung 6).

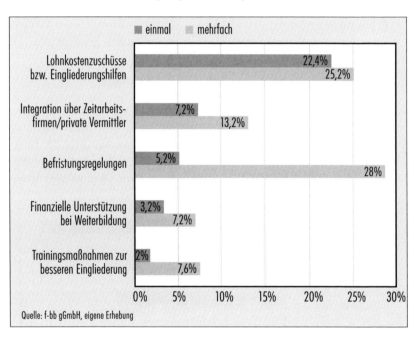

Abb. 6: Nutzung der Förderinstrumente für ältere Arbeitslose (Mehrfachnennungen)

Logischerweise werden die Förderinstrumente mehr von den Unternehmen genutzt, die vergleichsweise viele Ältere einstellen. Darüber hinaus nutzen besonders Unternehmen mit mehr als 50 Mitarbeitern häufiger Lohnkostenzuschüsse, Eingliederungshilfen sowie die Befristungsregelung als kleinere Betriebe mit weniger als 50 Beschäftigten. Dies hängt aber vor allem damit zusammen, dass mit zunehmender Betriebsgröße auch insgesamt mehr Ältere in der Belegschaft vertreten sind (vgl. Bellmann/Leber/Gewiese 2006, S. 45).

In Bezug auf die Bewertung der Integration über Zeitarbeitsfirmen urteilen vor allem größere Unternehmen deutlich positiver. Dies lässt sich vermutlich darauf zurückführen, dass der größte Anteil der Einsatzbetriebe von Leiharbeit auf Großbetriebe entfällt. Kleine Unternehmen nutzen Leiharbeit deutlich weniger und können ihre Integrationsleistungen für ältere Beschäftigte daher schwerer beurteilen (vgl. IAB 2003).

Alle Förderinstrumente wurden von den Betrieben, die sie bereits in Anspruch genommen haben, durchgehend mit gut bewertet. Als besonders wirksam für die Integration Älterer wurden von den Befragten einhellig die Lohnkostenzuschüsse bzw. Eingliederungshilfen beurteilt. Vor einer zu starken Konzentration auf diese Instrumente ist allerdings Vorsicht geboten. In zahlreichen Studien und Stellungnahmen wird deren Wirksamkeit bezweifelt und hierbei mehr Mitnahmeeffekte als wirkliche Beeinflussungen der Personalentscheidungen vermutet (vgl. hierzu auch die Stellungnahme der BDA 2006).

5.2 Betriebliche Maßnahmen zur Beschäftigungsförderung Älterer

Eine bewusste Wahrnehmung der Bedürfnisse Älterer auf betrieblicher Ebene wird daran offensichtlich, wenn speziell für sie innerbetriebliche Maßnahmen zur Beschäftigungsförderung angeboten werden. Erfreulicherweise verzichtet nur knapp ein Viertel der befragten Nürnberger Unternehmen auf jegliche Aktivitäten dieser Art (vgl. Abbildung 7).

Die altersgemischte Besetzung von Arbeitsgruppen wird am häufigsten angeboten. Dies liegt vor allem darin begründet, dass diese am einfachsten zu realisieren sind. An zweiter Stelle folgen Angebote zur Gesundheitsförderung bzw. -prävention. Allerdings bleibt bei beiden Angeboten unklar, ob es sich dabei wirklich um durchgängige Prinzipien des Personaleinsatzes bzw. um systematische Maßnahmen für ältere Beschäftigte handelt.

Die Altersteilzeit, praktiziert von 40 Prozent der befragten Unternehmen, ist in ihrer meistgenutzten Form (als Blockmodell) bislang eher ein staatlich subventioniertes Rentenübergangsprogramm als eine Maßnahme zur Beschäftigungsförderung älterer Personen und läuft daher 2009 aus (vgl. BDA 2006).

Ganz spezifische Angebote für Ältere, wie etwa direkt auf sie zugeschnittene Weiterbildungsangebote (ausführlicher Geldermann 2007) oder eine altersge-

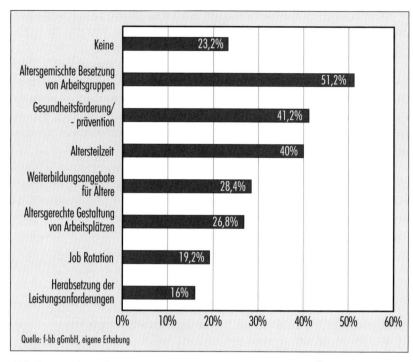

Abb. 7: Innerbetriebliche Maßnahmen für die Beschäftigung Älterer (Mehrfachnennungen)

rechte Gestaltung der Arbeitsplätze, die auch einen gewissen Arbeits- bzw. Kostenaufwand mit sich bringen, werden nur noch von einem Viertel der Betriebe angeboten.

Eine explizite Herabsetzung der Leistungsanforderungen für Ältere gibt es nur bei 16 Prozent der Unternehmen, was den jüngeren Kollegen im Zuge der Gleichbehandlung wohl auch nur schwer zu vermitteln sein dürfte.

Die Maßnahmen für ältere Beschäftigte sind verstärkt bei größeren Betrieben verbreitet. Hierin bekräftigt sich wiederum der Handlungsbedarf vor allem bei den kleineren Unternehmen, diese entsprechend durch unterstützende Angebote zur Integration älterer Arbeitsloser zu befähigen. Die Ergebnisse der Studie zeigen, dass Betriebe, die in den letzten zwei Jahren vergleichsweise viele Ältere eingestellt haben, insgesamt auch mehr innerbetriebliche Maßnahmen für die Personengruppe der älteren Beschäftigten anbieten.

6. Fazit und Handlungsempfehlungen zur Weiterentwicklung regionaler Integrationsstrategien für ältere Arbeitslose

Der demografisch bedingte Alterungsprozess wird in Bezug auf die Leistungs- und Konkurrenzfähigkeit der Betriebe, wie auch der Wirtschaft insgesamt, umfassende Anforderungen stellen. Dies gilt sowohl für den Umgang mit zunehmend alternden Belegschaften als auch mit einem sich verändernden Arbeitsmarkt, auf dem künftig ein höherer Anteil an älteren Bewerbern zu verzeichnen sein wird. Vor diesem Hintergrund und der politischen Reaktionen wie „Rente mit 67" sowie der Abschaffung der Altersteilzeit 2009 können wir uns die aufgezeigte Kluft zwischen dem theoretischen Bewusstsein für die spezifischen Probleme älterer Arbeitsloser und konkreten Aktivitäten für deren Lösung nicht mehr lange leisten. Das Umdenken hat zwar langsam begonnen, aber noch relativ wenige Taten folgen lassen. Im Wertekanon der Betriebe lässt sich zwar ein positiveres Bild bezüglich der Arbeits- und Leistungspotenziale Älterer feststellen, als vielfach gegenteilig behauptet wird. Fakt ist aber auch, dass die Einstellung älterer Arbeitsloser häufig aufgrund bestehender stereotyper Vorbehalte (z.B. mangelnde Flexibilität oder Motivation, Neues zu lernen) scheitert. Die Ergebnisse der Nürnberger Studie belegen deutlich, dass bei der Nutzung der Förderinstrumente für die Beschäftigung Älterer, dem Angebot innerbetrieblicher Maßnahmen zu deren Beschäftigungsförderung und der konkreten Einstellung dieser Beschäftigtengruppe das praktische Tun jedoch deutlich hinter das theoretische Problembewusstsein zurückfällt.

Hilfreich für das Verständnis dieser Spaltung ist die Typologie zum Umgang mit älteren Arbeitnehmern von Bellmann/Leber/Gewiese (2006), die auf Daten des IAB-Betriebspanels gründet: Demnach gehört fast die Hälfte der westdeutschen Betriebe (besonders die kleinen) zum *„Verdrängungstyp"*. Dort werden Ältere mithilfe institutionalisierter Regelungen und Möglichkeiten aus dem Arbeitsprozess gedrängt. Ältere sind in diesen Unternehmen vergleichsweise unterrepräsentiert, was auch die Anziehungskraft für ältere Bewerber deutlich senkt.

Ein Viertel der Unternehmen, in dem aber zugleich knapp die Hälfte aller Beschäftigten arbeitet, gehört zum *„Dequalifizierungstyp",* der Ältere nicht an Qualifizierungsprozessen oder am technologischen Wandel teilhaben lässt. Unternehmen, die Ältere besonders qualifizieren oder ihnen besondere Schutzmaßnahmen für eine stabile Beschäftigung bieten, finden sich vergleichsweise selten. Insgesamt gehen also drei Viertel der deutschen Betriebe nicht besonders aufmerksam mit ihren älteren Mitarbeitern um. Darüber hinaus haben sie derzeit anscheinend noch keinen ausreichend starken Handlungsdruck, um auch auf die Arbeitskraft älterer Arbeitsloser zurückzugreifen, die somit unter erschwerten Bedingungen mit jüngeren Bewerbern um freie Stellen konkurrieren (vgl. Lehner 2005).

Diese eher „älterenfeindliche" Unternehmenspolitik wurde in der Vergangenheit durch gesetzliche Fehlanreize (z.b. Frühverrentung) sogar noch unterstützt, die Hemmnisse für die Weiterarbeit über eine gewisse Altersgrenze hinaus entstehen ließen. Ältere wurden dadurch zur Manövriermasse am Arbeitsmarkt und lieferten die eleganteste und „sozial verträgliche" Lösung für Personalanpassungsmaßnahmen (vgl. Bellmann/Leber/Gewiese 2006, S. 89 ff.). Die Abschaffung der Altersteilzeit 2009 und die Einführung der „Rente mit 67" werden jedoch vermutlich ein Umdenken in dieser Unternehmenspraxis unterstützen.

Die regionale Unternehmensbefragung in Nürnberg liefert Belege für die These, dass der Erfolg einer längerfristigen Beschäftigung und somit der Erfolg der Eingliederung dann am höchsten ist, wenn die Unternehmen aus eigener Erfahrung über Potenziale und Besonderheiten der Beschäftigung Älterer sowie betriebsspezifische Lösungswege informiert sind und bei der Umsetzung von Eingliederungen (nicht ausschließlich monetär) unterstützt werden.

Was ist also zu tun, um die Beschäftigungschancen älterer Arbeitsloser bei den regionalen Unternehmen zu erhöhen? Aus den Ergebnissen der Nürnberger Unternehmensbefragung lassen sich übergreifende Empfehlungen ableiten, wie Nachfrager und Anbieter auf regionaler Ebene besser zusammengeführt werden können.

Handlungsempfehlungen für die Unternehmensansprache

Eine Optimierung der Unternehmensansprache zum Thema der Beschäftigung älterer Arbeitsloser scheint nach den regionalen Befragungsergebnissen besonders für drei Unternehmenstypen lohnenswert zu sein.

Zum einen sollte das Potenzial der Betriebe ausgeschöpft werden, die gegenüber Älteren keine Vorurteile haben und vermutlich noch über ein großes Reservoir an neuen Beschäftigungsmöglichkeiten verfügen. Besonders Erfolg versprechend erscheint zumindest im regionalen Kontext des Nürnberger Beschäftigungspaktes das Einstellungspotenzial in den Branchen der unternehmensnahen sowie der öffentlichen bzw. privaten Dienstleistungen. Diese Unternehmen scheinen sich hinsichtlich reflektierter Anforderungs- bzw. Beurteilungskriterien bei der Personalrekrutierung (z.B. Nachvollziehbarkeit des Lebenslaufes) und mit ihren Ressourcen bzw. ihrem Know-how zur aktiven Nutzung bestehender Förderinstrumente gewissermaßen auf Ältere spezialisiert zu haben.

Darüber hinaus gilt es aber ganz besonders, das Potenzial zweier weiterer Betriebstypen gezielt zu erschließen: Das betrifft zum einen die Unternehmen, die bisher noch vergleichsweise wenige Bewerbungen Älterer erhalten, aber offene Stellen ausweisen (offener Arbeitsmarkt). Des Weiteren sind besonders kleinere Betriebe mit bis zu 50 Mitarbeitern anzusprechen, da gerade dort ein vergleichbar hohes Einstellungspotenzial in Bezug auf latent offene Stellen (nicht realisierte Arbeitsnachfrage) für Ältere ausgeschöpft werden kann.

Für die erfolgreiche Ansprache aller Betriebstypen ist gemäß den Befragungsergebnissen die Knüpfung enger personaler Netzwerke zwischen den Personalverantwortlichen in den Unternehmen, den Trägern der Grundsicherung und den Maßnahmeträgern im SGB II-Bereich eminent wichtig. Die Vorteile der Beschäftigung Älterer sollten dabei aus einer unternehmerischen und jeweils branchenspezifischen Perspektive betrachtet werden. Inhaltlich reicht eine Beschränkung auf die bewusste Positionierung Älterer als produktive Arbeitskräfte aber nicht aus. Viel wichtiger ist es, den Unternehmen die Angst vor einem möglichen Imageverlust auf dem Bewerbermarkt zu nehmen, wenn sie ältere Arbeitslose einstellen (vgl. Bellmann/Brussig 2007). Die Beschäftigung Älterer kann sich z.B. im Rahmen der regionalen Beschäftigungspakte durchaus imagefördernd und evtl. sogar wirtschaftlich vorteilhaft auswirken, wenn die Unternehmen dabei ihrer gesellschaftlichen Verantwortung öffentlichkeitswirksam nachkommen.

Dazu ist in vielen Betrieben jedoch noch ein Paradigmenwechsel in der Unternehmenskultur hin zu einem höheren Stellenwert Älterer nötig, der auf die volle Unterstützung aller Führungskräfte angewiesen ist (vgl. Vogel/Rack/Bach 2007). Die Problematik des demografischen Wandels und der Beschäftigung älterer Arbeitsloser muss also heraus aus einer noch vorwiegend theoretischen Betrachtung innerhalb der Personalabteilungen und in zukunftsgerichtete Entscheidungen der Unternehmensführung überführt werden, um die Wettbewerbsfähigkeit der Betriebe langfristig zu erhalten (vgl. Cap Gemini 2007).

Ganz konkrete Beratung bzw. Unterstützung bei der individuellen Auswahl und Vermittlung geeigneter Bewerber sowie bei der Nutzung gesetzlicher Förderinstrumente brauchen vor allem die Unternehmen, die bis jetzt noch vergleichsweise wenig Erfahrung mit der Beschäftigung älterer Arbeitsloser aufweisen (vgl. BIHK 2006). Dabei ist es auch wichtig, die konkreten Weiterbildungsinhalte während des Qualifizierungsprozesses genau auf die späteren betrieblichen Anforderungen abzustimmen, um die schnelle und nachhaltige Einsatzfähigkeit der Bewerber zu gewährleisten.

Handlungsempfehlungen für die Ansprache älterer Arbeitsloser

Aus der regionalen Unternehmensbefragung lassen sich schließlich auch konkrete Handlungsempfehlungen für die Gruppe der älteren Arbeitslosen gewinnen. Ähnlich zu den Ausführungen für die Unternehmen finden sich auch hier die zwei Ebenen einer generellen Motivation und konkreter Unterstützungsleistungen wieder.

Auf der ersten Ebene sollten ältere Arbeitslose individuell bei der Überwindung ihrer Resignation sowie bei der Aktivierung ihres Selbstwertgefühls unterstützt werden, um sie zu weiteren Bewerbungsaktivitäten zu motivieren. Dazu gehört es auch, dass sie ihre „Vogel-Strauß-Politik" aufgeben, nach der sie sich häufig noch am Idealbild der lebenslangen Beschäftigung bei einem Arbeitgeber orientieren und auch in der Arbeitslosigkeit hoffen, ihre berufliche Biografie wieder im angestammten Berufsfeld fortsetzen zu können, wo sie sie unterbrochen haben. Im Zuge der Verlängerung der Lebensarbeitszeit müssen ältere Arbeitslose verstärkt Kompetenzen ausbilden, um die eigene Marktgängigkeit abschätzen und gezielt weiterentwickeln zu können. Dazu kann entgegen der vorherigen Beschäftigung z.B. auch ein Wechsel in andere Berufsfelder gehören, was wiederum die Motivierung und Begleitung hinsichtlich der beruflichen Umorientierung mit entsprechenden Unterstützungsangeboten erfordert.

Auf der zweiten Ebene können ältere Arbeitslose ganz konkret bei ihren Bewerbungsaktivitäten wirkungsvoll unterstützt werden. Hier ist z.B. an ihre Fixierung auf vermeintliche „Erfolgsbetriebe" oder besonders große Unternehmen zu denken. Dabei sind ihre Erfolgsaussichten wesentlich höher, wenn sie ihr Suchspektrum auf kleinere Unternehmen ausweiten, selbst wenn diese keine offenen Stellen ausschreiben. Aufgrund ihrer großen Anzahl verfügen sie, wie oben bereits erwähnt, vermutlich noch über ein großes Einstellungspotenzial. Der Zugang zu solchen Betrieben kann allerdings nur begrenzt durch initiatives Handeln der Betroffenen erfolgen und bedarf einer flankierenden Unterstützung beim Zugang zu entsprechenden Informationen und Netzwerken (z.B. durch Job-Scouts).

Aus der regionalen Unternehmensbefragung wurde ebenfalls deutlich, dass ältere Bewerber teilweise noch Nachholbedarf bei der Erstellung formal zeitgemäßer und qualitativ hochwertiger Bewerbungsunterlagen sowie bei der gezielten Vorbereitung auf Bewerbungssituationen (vor allem Stärkung der Selbstvermarktungsstrategien) haben. Auf diese Defizite kann in speziellen Bewerbungstrainings für Ältere eingegangen werden.

Darüber hinaus kann man älteren Arbeitslosen nur eine gezielte fachliche Weiterqualifikation empfehlen, die von den Unternehmen derzeit verstärkt nachgefragt wird (vgl. BIHK 2006).

Nach neuesten Schätzungen des IAB (Bach/Gartner/Klinger/Rothe/Spitznagel 2007) wird sich die positive Entwicklung am Arbeitsmarkt auch 2008 fortsetzen und lässt eine weitere Steigerung der Vollzeit-Beschäftigungsverhältnisse erwarten, von der letztlich auch An- und Ungelernte profitieren dürften.

Literatur

Bach, H./Gartner, H./Klinger, S./Rothe, T./Spitznagel, E.:
   Arbeitsmarkt 2007/2008: Ein robuster Aufschwung mit freundlichem Gesicht. IAB Kurzbericht, Nr. 15, 2007.

BDA – Bundesvereinigung der deutschen Arbeitgeberverbände (Hrsg.) (2006):
   Mehr Beschäftigung für ältere Arbeitnehmer. Mit konsequentem Kurswechsel die demografische Herausforderung meistern. Diskussionspapier der BDA. Im Internet abgerufen am 22.8.2007 unter: http://www.bda-online.de/www/bdaonline.nsf/id/FBD15D9867391816C125712B00399FF1/$file/ AeltereArbeitnehmer080306.pdf.

Bellmann, L. (2005):
   Betriebliche Einstellung älterer Arbeitnehmer. Ergebnisse aus dem Betriebspanel 2004. Im Internet abgerufen am 22.8.2007 unter: http://doku.iab.de/betriebspanel/ergebnisse/2005_12_09_04_aeltere.pdf.

Bellmann, L./Leber, U./Gewiese, T. (2006):
   Ältere Arbeitnehmer/innen im Betrieb. Abschlussbericht des Forschungsprojektes HBS 2004-588-3. Im Internet abgerufen am 28.8.2007 unter: http://www.boeckler.de/pdf_fof/S-2004-588-3-2.pdf.

Bellmann, L./Brussig, M.:
   Recruitment and Job Application of Older Jobseekers from the Establishments' Perspective. IAB Discussion Paper No. 2721, 2007.

BIHK – Bayerischer Industrie- und Handelskammertag (Hrsg.) (2006):
   Den Arbeitsmarkt aktivieren – Einstellungen erleichtern! Im Internet abgerufen am 30.8.2007 unter: www.ihk-regensburg.de/ihk-r/autoupload/officefiles/BIHK_Arbeitsmarkt_ Dokumentation.pdf.

Böhme, S./Heinecker, P./Huber, A./Kistler, E. (2003):
Personalstruktur und Personalpolitik der Betriebe im Freistaat Bayern. Repräsentative Analysen auf Basis des IAB-Betriebspanels 2002. Im Internet abgerufen am 24.8.2007 unter: http://www.stmas.bayern.de/arbeit/panel/betpan02.pdf.

Böhme, S./Conrads, R./Ebert, A./Heinecker, P./Kistler, E.:
Beschäftigungstrends im Freistaat Bayern 2004. Repräsentative Analysen auf Basis des IAB-Betriebspanels 2004. Stadtbergen 2005.

Böhme, S./Eigenhüller, L./Heinecker, P./Kistler, E.:
Beschäftigungstrends im Freistaat Bayern 2005. Repräsentative Analysen auf Basis des IAB-Betriebspanels. Stadtbergen 2006.

Cap Gemini (2005):
Wirtschaftsstimmung. Eine Umfrage unter deutschen Führungskräften. Im Internet abgerufen am 29.8.2007 unter: http://www.de.capgemini.com/m/de/tl/Wirtschaftsstimmung.pdf.

Cap Gemini:
Demographische Trends 2007 (2007). Analyse und Handlungsempfehlungen zum Demographischen Wandel in deutschen Unternehmen. Im Internet abgerufen am 29.8.2007 unter: http://www.de.capgemini.com/m/de/tl/Demographische_Trends_2007.pdf.

Freiling, T./Gottwald, M.:
Beschäftigungspakte in den Regionen. Darstellung und Diskussion eines Evaluationskonzeptes. In: Zeitschrift für Evaluation, Nr. 2 (2006), S. 333–346.

Geldermann, B.:
Der Stellenwert von Bildung und Qualifizierung im demografischen Wandel. In: Loebe, H./Severing, E. (Hrsg.): Weiterbildung auf dem Prüfstand. Bielefeld 2006, S. 129–138.

Geldermann, B.:
Nicht alle gleich behandeln! Personalentwicklung für ältere Mitarbeiterinnen und Mitarbeiter. In: Loebe, H./Severing, E. (Hrsg.): Demografischer Wandel und Weiterbildung. Bielefeld 2007, S. 27–38.

IAB (2003):
Die Verbreitung von Leiharbeit nach Betriebsgröße – Ergebnisse aus dem Betriebspanel. Im Internet abgerufen am 14.8.2007 unter:

http://doku.iab.de/betriebspanel/ergebnisse/2003_08_20_01_leiharbeit_in_betrieben.pdf.

Lehner, M.:
Die Arbeitsmarktchancen Älterer in Anbetracht des demografischen Wandels – drei Regionen im Vergleich. Augsburg 2005.

Müller, M./Kräußlich, B./Staudinger, T.:
Unternehmen und Ältere – Fakten und Sichtweisen. In: Huber, A./Kräußlich, B./Staudinger, T.: Erwerbschancen für Ältere? Probleme, Handlungsmöglichkeiten, Perspektiven. Augsburg 2007, S. 66–82.

Stobbe, H./Hiege, K. (2006):
Ältere Menschen im Betrieb. Analyse betrieblicher Personalpolitik. Im Internet abgerufen am 22.8.2007 unter: www.regionalverband.de/materialien/Aeltere_Menschen_im_Betrieb.pdf.

Vogel, R./Rack, D./Bach, R.:
Diagnose stellen und gezielt therapieren. In: Personalwirtschaft, 08 (2007), S. 29–31.

Völpel, S.:
Sage keiner, er sei nicht gewarnt worden. In: Personalwirtschaft, 08 (2007), S. 18–22.

II.

Ältere integrieren –
Neue Konzepte entwickeln

Zuweisungsstrategie im „Pakt50 für Nürnberg" – Konzept und Vorgehensweise der ARGE Nürnberg

Bernd Hobauer, Britta Mennicke

1. Einleitung

Im Zuge der Hartz-Reformen vollzog sich eine Modernisierung und Professionalisierung der Arbeitsverwaltung und -vermittlung. Ziel war die Verbesserung der Beratung und Betreuung der Kunden. Eine prominente Stellung in der Optimierung des gesamten Beratungs- und Zuweisungsprozesses nimmt die Etablierung der internen Vermittlungs-, Beratungs- und Informationssoftware (VerBIS) ein. In der Anfang 2006 von der Agentur für Arbeit eingeführten Software zur Datenerfassung werden die zuvor getrennt abgewickelten Berufsberatungs- und Arbeitsvermittlungsprozesse zusammengefasst. VerBIS bietet an verschiedenen Stellen Vorteile: Die im System integrierten „Profiling-Tools" erleichtern und präzisieren die kriteriengestützte Kundendifferenzierung. Durch die Dokumentation der Ergebnisse der Standortbestimmung in einer Kundenmatrix wird diese einer Standardisierung unterworfen und dadurch die Vergleichbarkeit erhöht. Ein weiterer Punkt ist die detailliert dokumentierte Kundenhistorie: Alle erforderlichen Daten wie aktueller Status eines Kunden, Maßnahmenteilnahme, Arbeitsmarktübertritte oder Kundenkontakte lassen sich schnell und einfach in Erfahrung bringen (vgl. Ludwig-Mayerhofer/Sondermann/Behrend 2007). VerBIS ist eines der informationstechnischen Hilfsmittel zur Erhöhung der Transparenz im Zuweisungsprozess des Pakt50, der durch die ARGE Nürnberg in einer ersten Stufe vorgenommen wird.

Neben der Projektleitung des „Pakt50 für Nürnberg" und der administrativen Steuerung der Teilprojekte einschließlich des Controllings gehören die Auswahl, Beratung und Zuweisung der Teilnehmer zu den zentralen Tätigkeitsschwerpunkten der ARGE Nürnberg. Die Definition der Zielgruppe – Bezieher von ALG II über 50 Lebensjahren mit Wohnsitz in der Stadt Nürnberg – kann sich lediglich als eine grobe Kategorisierung der für den Pakt infrage kommenden Kunden verstehen. Im Rahmen der Projektkonzeption ist daher zusammen mit den beteiligten

Trägern (Teilprojektleitern) eine kriteriengestützte Zuweisungsstrategie ausgearbeitet worden. Diese wurde über ARGE-interne Informationsveranstaltungen an Vermittler und Fallmanager auch unter Beteiligung der Teilprojektleiter kommuniziert.

Ein wichtiges Differenzierungskriterium dieser Zuweisungsstrategie bildet das formale Qualifizierungsniveau der Einzelnen. Im Pakt wird zwischen An- und Ungelernten, Arbeitsuchenden mit Berufsabschluss und Berufspraxis, Hochqualifizierten mit Hochschulabschluss oder Techniker/Meister unterschieden. Daneben werden Frauen mit Teilzeit-Einschränkungen als gesonderte Gruppe definiert. Zudem sind von den Trägern weitere Kriterien definiert worden wie Vorkenntnisse (z.B. deutsche Sprachkenntnisse oder kommunikative Fähigkeiten), Motivation und erkennbares Interesse an der vorgeschlagenen Tätigkeit.

Die Auswahlkriterien der in den „Pakt50 für Nürnberg" integrierten Teilprojekte orientieren sich an den entwickelten Konzepten. Während sich das Konzept „50Plus – Erfahrung zählt" der Noris-Arbeit gGmbH hauptsächlich auf die Zielgruppe der formal nicht Qualifizierten und das bfz Nürnberg gGmbH zunächst auf Bewerber mit einem ersten Berufsschulabschluss konzentriert, ist das Konzept der Georg-Simon-Ohm Hochschule Nürnberg auf hoch qualifizierte Arbeitsuchende ausgerichtet.

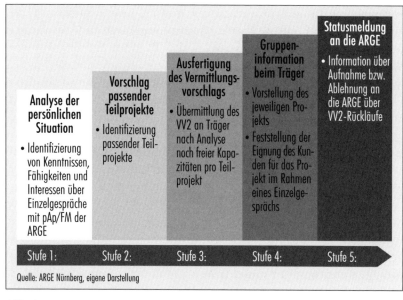

Abb. 1: Zuweisungsprozess im „Pakt50 für Nürnberg"

Im Folgenden wird auf das Zuweisungsverfahren der ARGE Nürnberg Bezug genommen, um die Mehrstufigkeit des gesamten „Auswahlprozesses" im Pakt50 darzustellen. Das Zuweisungsverfahren lässt sich in einem Prozess mit insgesamt fünf Stufen darstellen.

2. Standortbestimmung und Beratung

1. Analyse der persönlichen Situation

Zu Beginn des Zuweisungsverfahrens ist die Analyse der persönlichen Situation des Kunden Gegenstand der Beratung. Die individuelle Situation wird in einem Einzelgespräch mit dem persönlichen Ansprechpartner (pAp)/Fallmanager (FM) der ARGE thematisiert und dabei werden die Kenntnisse und Fähigkeiten sowie das Interesse der Bewerber berücksichtigt. Die Standortbestimmung des Kunden, einschließlich seiner individuellen Stärken und Schwächen, bildet die Basis für die Zuweisung zu einem Teilprojekt des Pakt50.

2. Vorschlag passender Teilprojekte

Ausgehend von der Einschätzung der persönlichen Situation geht es im anschließenden Beratungsgespräch darum, dem Kunden passende Teilprojekte vorzuschlagen. Hierbei leisten die persönlichen Ansprechpartner insofern Überzeugungsarbeit, als sie dem Kunden die Inhalte, Vorzüge und Chancen einer Projektteilnahme aufzeigen. Ist eine Übereinstimmung zwischen Berater und Kunden hinsichtlich einer Teilnahme am Pakt50 zustande gekommen, wird die Teilnahme am Pakt in die Gesamt-Integrationsplanung mit eingebunden.

3. Zuweisung

1. Ausfertigung des Vermittlungsvorschlags (VV)

Der formale Zuweisungsprozess wird mit der Erstellung eines Vermittlungsvorschlags (VV) für das jeweilige Teilprojekt eingeläutet. Vorangestellt ist immer eine Abfrage der aktuellen Kapazitätssituation des einzelnen Trägers. Im VV sind die Kontaktdaten des Kunden bzw. des Trägers aufgeführt. Der Vermittlungsvorschlag wird in doppelter Ausführung erstellt: Der VV1 wird dem Kunden unter Nennung des Trägers und Teilprojekts ausgehändigt; der VV2 wird an den Träger übermittelt.

2. Gruppeninformation beim Träger

Der jeweilige Träger setzt sich direkt mit dem Kunden in Verbindung und lädt diesen zu einer Informationsveranstaltung (Gruppeninformation) ein. In der Gruppeninformation werden das Projekt und dessen Inhalte detailliert vorgestellt. Die Teilnehmenden der Informationsveranstaltung sind dann aufgefordert, Einzelgesprächstermine wahrzunehmen und dadurch ihr Interesse zu unterstreichen. In den Einzelgesprächen wird die Eignung der Kunden für das jeweilige Teilprojekt eruiert. Bereits vor Beginn des Maßnahmeneintritts ist es das Interesse der Beteiligten (Kunde und Träger), Inhalte der Tätigkeiten einschließlich der Eingliederungsperspektiven zu erörtern und abzugleichen, um Abbrüche zu reduzieren oder ganz zu vermeiden.

3. Statusmeldung an die ARGE

Das Ergebnis der Einzelgespräche wird insofern der ARGE transparent gemacht, dass über die Aufnahme bzw. Ablehnung eines Kunden einschließlich der Ablehnungsgründe informiert wird. Zwei Informationswege sind hierbei vorgesehen: Zum einen berichtet der Träger über die Maßnahmeneintritte und Nichtaufnahmen über den Rücklauf des VV2 direkt dem zuständigen Standortkoordinator, welcher dann die Information an die Vermittler/Fallmanager weiterleitet. Zum anderen erfolgt die monatliche Darstellung der Gesamtzahlen in sogenannten Monatsberichten. Zudem überprüft der Koordinator die Anzahl der standortbezogenen Zuweisungen in Zusammenarbeit mit den jeweiligen Ansprechpartnern der Teams und übernimmt die Buchungen in die computergestützte Sachbearbeitung (coSach). In der Regel sind die VV2-Rückläufe das Medium mit dem höchsten Informationsgehalt. Hier werden der Zeitraum einer Projektteilnahme bzw. die Gründe einer Ablehnung bzw. Nichtteilnahme detailliert aufgeführt.

Grundsätzlich wird die Zuweisung eines Kunden in ein Projekt aus zweierlei Gründen erschwert. Zum einen kommt es vor, dass der Kunde selbst die Teilnahme an einer ihm vorgeschlagenen Maßnahme ablehnt. Die Spannbreite der Argumentation erstreckt sich hierbei von gesundheitlichen Bedenken bis hin zu Desinteresse an der Tätigkeit. In diesem Fall versucht der persönliche Ansprechpartner den Kunden für eine andere Maßnahme zu motivieren. Letztlich beruht die Teilnahme an den Teilprojekten des „Pakt50 für Nürnberg" auf dem Prinzip der Freiwilligkeit. Zum anderen besteht die Möglichkeit, dass der Kunde vom Träger als „nicht geeignet" für das jeweilige Projekt eingestuft wird. In diesem Zusammenhang werden den Kandidaten in einem erneuten Beratungsgespräch bei der ARGE möglichst alternative Programme innerhalb des „Pakt50 für Nürnberg" vorgeschlagen. Die Kommunikation zwischen den Teilprojekten ermöglicht auch eine Querzuweisung an andere Teilprojekte unter Einbindung des persönlichen Ansprechpartners bei der ARGE.

4. Verbesserung des Zuweisungsprozesses und quantitative Entwicklung der Zuweisungszahlen

Während der Laufzeit des Pakt50 hat das Zuweisungsverfahren unterschiedliche Modifizierungsschritte erfahren, um die Reibungslosigkeit des Ablaufs zu erhöhen. Beispielhaft sind die folgenden Aspekte zu erwähnen:

1. Durch zusätzliche Informationsveranstaltungen an den Standorten für Vermittler und Fallmanager konnten zeitliche Verzögerungen bei der Besetzung der Teilprojekte reduziert werden.
2. Die Rückmeldung der Träger über die Ablehnungsgründe erfolgte nach Umsetzung des Zuweisungskonzeptes möglichst direkt an die zuständigen ARGE-Vermittler. Der VV2-Bogen ist zudem verbessert worden (Kontaktdaten der Vermittler). Die Qualität der Rückmeldungen konnte über einen direkten Austausch zwischen den Beteiligten auch während der koordinierenden Netzwerktreffen verbessert werden.
3. Informationsveranstaltungen für Vermittler und Fallmanager zu Beginn des Projektes hatten zum Ziel, über die Konzepte und Zuweisungskriterien zu informieren. Die Teilprojektleiter stellten ihre Konzepte persönlich vor. Die direkte Kommunikation unterstützte ein Verständnis für die Intention des Pakt50 einschließlich der für die Zuweisung notwendigen Hintergrundinformationen.
4. Durch die Berücksichtigung und Qualifizierung einer eigenen Pakt50-Vermittlerin hat sich die Koordination und Steuerung der Zuweisungen zusätzlich verbessert. Die Träger bekamen eine standortübergreifende Ansprechpartnerin, die neben den Zuweisungskategorien pro Teilprojekt auch die Zuweisungsströme im Blick behielt. Auf diese Weise konnten etwaige Vakanzen in Projekten schneller kommuniziert und besetzt werden.

Während der zweijährigen Projektlaufzeit des Pakt50 sind den Teilprojekten insgesamt knapp 2500 Bewerber zugewiesen worden. Davon sind 937 aktiviert, d.h. in ein Teilprojekt aufgenommen worden. Die Differenz zwischen Zuweisung und Aktivierung zeigt das quantitative Ausmaß der erforderlichen Betreuungsarbeit bei der ARGE und den Teilprojekten in allen Stufen des Zuweisungsprozesses. Festgestellt werden kann, dass über die zwei Jahre über alle Teilprojekte hinweg knapp 40 Prozent der Zuweisungen in den Pakt50 eingemündet sind (vgl. Abbildung 2).

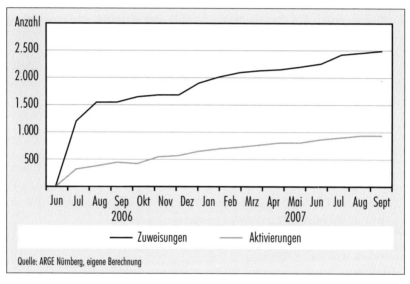

Abb. 2: Aufnahmestatistik im „Pakt50 für Nürnberg"

Literatur

Ludwig-Mayerhofer, W./Sondermann, A./Behrend, O.:
„... Jedes starre Konzept ist schlecht und passt net' in diese Welt" – Nutzen und Nachteil der Standardisierung der Beratungs- und Vermittlungstätigkeit in der Arbeitsvermittlung. Discussion Paper 7 (2., überarbeitete Fassung). Siegen 2007. Im Internet abgerufen am 5.8.2007 unter: http://www.fb1.uni-siegen.de/soziologie/forschung/discussion_paper_7_p.pdf.

Selbstorganisation als Strategie? „AktivFirma" als Instrument eines beteiligungsorientierten Integrationsansatzes

Reinhard Heinl, Wolfgang Semmelmann, Mario Gottwald

1. Ausgangslage und Zielsetzung

Langzeitarbeitslosigkeit ist häufig mit vielschichtigen Folgen verbunden. Neben Misserfolgen bei Bewerbungen, wachsendem Verlust von Selbstvertrauen und dem Verlust beruflicher Fähigkeiten und Kenntnisse fehlt auch das Gefühl, gebraucht zu werden. Bei der Zielgruppe der älteren Langzeitarbeitslosen stellt die häufig verlorene Kompetenz, selbstständig und kreativ am Arbeitsmarkt zu agieren, ein zentrales Vermittlungshemmnis dar. Aufgrund bestehender „Arbeitsmarktferne" steht vor einer möglichen Integration neben der Stabilisierung und Aktivierung der Zielgruppe vor allem die Entwicklung der Fähigkeiten im Vordergrund, welche dazu befähigen, sich als Marktteilnehmer am Arbeitsmarkt zu bewähren. Dazu gehört neben der Reflexion des eigenen Kompetenzbestandes (vgl. Elsholz/Hammer in diesem Band) auch die grundlegende Kenntnis über aktuelle Arbeitsmarktstrukturen und die daraus resultierenden Beschäftigungschancen sowie die Entwicklung adäquater Bewerbungsstrategien. An diesen Punkten setzt die „AktivFirma" im bfz Nürnberg gGmbH an:

Anlehnend an die Methode der Arbeitsfabrik[1] handelt es sich hierbei um ein Konzept, welches die Stärkung der Motivation und Selbstorganisation zur eigenständigen Erschließung von Arbeitsmöglichkeiten und den Erwerb der dafür erforderlichen Kompetenzen zum Ziel hat. Der Ansatz der „AktivFirma" basiert auf der Idee, gemeinsam mit den Arbeitsuchenden den Aufbau eines speziell für das Projekt entwickelten (Übungs-)Unternehmens zu realisieren, welches sich der Aufgabe der Bearbeitung des Arbeitsmarktes und der gegenseitigen Vermittlung der darin tätigen „Mitarbeiter" annimmt.

---

[1] Ursprünglich in der Fortbildungsakademie der Wirtschaft (FAW) entwickelter Ansatz der gegenseitigen Vermittlung in Beschäftigung auf dem ersten Arbeitsmarkt innerhalb von vorgegebenen, betriebsähnlichen Strukturen.

Wie der Name „AktivFirma" selbst impliziert, fokussiert sich der Ansatz auf eine aktive Partizipation der Arbeitsuchenden und stellt sowohl das „Aktivsein dürfen" als auch das „Aktivsein müssen" gleichermaßen in den Vordergrund der Förderstrategie.

In einer „AktivFirma" organisieren die Teilnehmenden selbst gemeinsam ihre Stellensuche und Bewerbungsaktivitäten analog zur Tätigkeit in einer richtigen Firma. In unterschiedlichen Abteilungen arbeiten die älteren Langzeitarbeitslosen selbstständig am Ziel ihrer Eingliederung in den Ersten Arbeitsmarkt. Sie strukturieren die Jobsuche, arbeiten dabei in Teams anhand konkreter Arbeitsaufträge und Zielvereinbarungen und werden dabei von zwei „Betriebsleitern" (speziell für das Konzept geschulte Pädagogen) unterstützt.

Die bisher erzielten Erfolge sowohl im Hinblick auf die Reintegration in den Arbeitsmarkt als auch auf die individuelle Entwicklung der Teilnehmenden hinsichtlich erreichter Integrationsfortschritte sind überzeugend.

Im vorliegenden Beitrag werden die zentralen quantitativen Evaluationsfakten sowie die in Befragungen gewonnenen Bewertungen der am Prozess Beteiligten zu den erzielten Projekterfolgen zusammengefasst. Dabei wird der Perspektive der betroffenen Arbeitsuchenden selbst sowie der in den „AktivFirmen" tätigen pädagogischen Mitarbeiter (Betriebsleiter) ein besonderer Stellenwert eingeräumt. So wird es einerseits möglich, den innovativen Mehrwert des Ansatzes zu bisherigen Förderinstrumenten herauszustellen, aber auch „Success-Stories" können beschrieben werden. Parallel dazu erfolgt eine theoretische Einordnung des Ansatzes vor dem Hintergrund der Zielsetzungen der regionalen Entwicklungsinitiative des „Pakt50 für Nürnberg" und dessen sozial- und arbeitsmarktpolitische Verortung im Rahmen der Benachteiligtenförderung insgesamt.

2. Teilnehmerstruktur

Seit April 2006 liefen bzw. laufen im „Pakt50 für Nürnberg" insgesamt sechs AktivFirmen mit je zwei Gruppen (pro Gruppe durchschnittlich 20-25 Teilnehmer).

Als Zielgruppe für die „AktivFirma" sollten primär Langzeitarbeitslose über 50 Jahre mit einem Berufsabschluss angesprochen werden, mit Schwerpunkt auf dem kaufmännischen Bereich. Ausgehend von den beschränkten Zuweisungsmöglichkeiten dieser Personengruppe innerhalb des SGB II-Bereiches wurde das Konzept zunehmend auch für Personen mit gewerblich-technischer Ausbildung sowie für Personengruppen ohne Berufsabschluss geöffnet und das pädagogische Setting hinsichtlich Qualifizierung und Prozessbegleitung angepasst.

Als ausschlaggebendes Auswahlkriterium wird der Motivationsstatus der Arbeitsuchenden in den Vordergrund gestellt, erst danach erfolgt der Blick auf die qualifikatorisch bedingte Marktnähe der zugewiesenen Personen bzw. deren Marktflexibilität (z.B. im Hinblick auf die Bereitschaft der beruflichen Umorientierung aufgrund mangelnder Perspektiven im angestammten Berufsbereich). Folgendes Schaubild gibt einen Überblick über die Teilnehmerstruktur der in den „AktivFirmen" aufgenommen Personen.

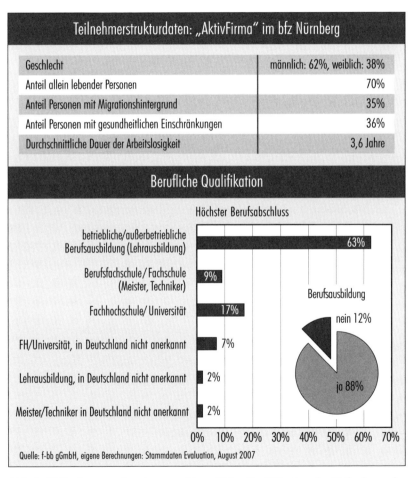

Abb. 1: *Teilnehmerstrukturdaten und berufliche Qualifikation der Teilnehmer der „AktivFirma"*

3. Empowerment für ältere Langzeitarbeitslose

Langzeitarbeitslosigkeit führt durch die Distanz zum Erwerbsleben nicht nur zur Entwertung, sondern auch zum tatsächlichen Verlust einstmals vorhandener Qualifikationen (Disuse-Effekt). Darüber hinaus entstehen mentale Probleme wie Realitätsverlust, Resignation und Verlust des Selbstvertrauens. Wie die Studie von Bröker/Schönig (2005) zeigt, nimmt der Reintegrationserfolg aus Förderung mit der Dauer der Arbeitslosigkeit ab. Die Erfahrungen der Bildungsträger im „Pakt50 für Nürnberg" zeigen, dass Qualifizierungsmaßnahmen, wie sie im Rahmen des SGB III angeboten werden, bei diesem Personenkreis wenig Erfolg versprechend sind:

- Ein großer Teil der Personen hat bereits eine „Maßnahmenkarriere" hinter sich. Dadurch verstärkt sich die Resignation und nimmt die Bereitschaft ab, eine weitere Qualifizierung aktiv zu nutzen. Durch die negativen Wirkungen der Langzeitarbeitslosigkeit ist zudem die Fähigkeit zum Lernen selbst häufig eingeschränkt: Konzentration und Ausdauer fehlen, ebenso wie die Motivation. Eine Qualifizierung über einen längeren Zeitraum durchzustehen, ist bei diesen Personen relativ unwahrscheinlich.
- Dazu kommt, dass Über-50-Jährigen weniger Zeit zur Verfügung steht, um den Wiedereintritt ins Berufsleben langfristig vorzubereiten: Die infrage kommende Erwerbsphase ist begrenzt, und das Vermittlungshemmnis Alter nimmt zu. Die Folgen sozialer Ausgrenzung und geringen finanziellen Spielraums sind umso stärker in Habitus und Erscheinungsbild ablesbar, je länger sie andauern.

Es geht also darum, die Personen möglichst rasch in Beschäftigung zu bringen, sie gleichzeitig aber auch so zu stabilisieren, dass das Bestehen im Berufsleben wieder möglich wird.

Deshalb wird im „Pakt50 für Nürnberg" mit Elementen des Empowerment[2] gearbeitet. Die Trainings und Coachings in der „AktivFirma" orientieren sich an den folgenden Phasen:

1. „Mobilisierungsphase": Wertschätzung und Akzeptanz vermitteln, zusammen mit der Eröffnung alternativer Möglichkeiten;

---

[2] Empowerment (Selbstbefähigung): Sammelbegriff für Arbeitsansätze der psychosozialen Arbeit, die die Menschen bei der Entdeckung und Stärkung zur Selbstbestimmung und Lebensautonomie unterstützen (Herriger 2006).

2. „Engagement und Förderung": Dabei wird die Begegnung in gleicher Weise Betroffenen ermöglicht, und Erfahrungen und Kritik kommen zur Sprache;
3. „Integration und Routine": Die Teilnehmenden stabilisieren sich und nehmen Abschied von gewohnten Verhaltensweisen;
4. „Überzeugung und ‚brennende Geduld'": Die Betreuer nehmen sich zurück und lassen der sich entwickelnden Eigenaktivität der Teilnehmenden Raum.

Vor oder auch statt Qualifizierung wird auf Aktivierung und Motivierung gesetzt. Die Zielgruppe wird dabei unterstützt, das eigene Leben wieder selbst zu bestimmen und die Alltagsanforderungen der Arbeitswelt erfolgreich bewältigen zu können (vgl. Freiling/Hammer 2006).

4. Beschäftigungs- und Selbstvermarktungsfähigkeit

Neben der Beschäftigungsfähigkeit („Employability") im Sinne einer Bewährung an konkreten Anforderungen von Arbeitsplätzen wird heute die Fähigkeit, sich auf dem Arbeitsmarkt adäquat darzustellen und zu vermarkten, Jobs zu finden und Beschäftigungsverhältnisse zu verhandeln immer wichtiger („Marketability": vgl. Dostal 2004, S. 260). In Deutschland, wo man sich immer noch am Idealbild einer lebenslangen Tätigkeit bei einem Arbeitgeber orientiert, findet diese Kompetenz noch wenig Aufmerksamkeit – jedenfalls was die unteren Hierarchiestufen betrifft.

Im Rahmen der aktiven Arbeitsmarktpolitik gab und gibt es zwar seit Langem Bewerbungstrainings. Diese stellen jedoch zumeist das Einhalten von Regeln in den Vordergrund, auf die angeblich Personalchefs achten, und stärken weniger das selbstständige Agieren der Arbeitsuchenden auf dem Arbeitsmarkt.

Neben der Stabilisierung durch die Gruppe und durch die Simulation von Arbeit steht in der „AktivFirma" die Entwicklung der Fähigkeit im Vordergrund, sich als Marktteilnehmer auf dem Arbeitsmarkt zu bewähren.

> *„Einer der ersten Gründe ist schlicht und ergreifend: Die Teilnehmer sind sich meistens gar nicht bewusst, wo stehe ich, wo kann es hingehen, wie läuft die Arbeitswelt. Über diese langen Jahre der Arbeitslosigkeit haben sie auch komplett das Hintergrundwissen zum Thema Markt verloren …dass es Spielregeln gibt und so weiter, das ist verloren gegangen. Das muss man erst mal wieder ausgraben, muss man erarbeiten lassen."* (Interview mit einem Betriebsleiter der „AktivFirma")

Nachdem Arbeitgeber dazu neigen, Idealprofile zu fordern, aber dann Bewerber einstellen, die durchaus nicht alle geforderten Kompetenzen mitbringen, geht es erst einmal darum, sich nicht entmutigen zu lassen, sondern gemeinsam eine Einschätzung zu entwickeln, ob es sich lohnt, sich auf die Stelle zu bewerben, obwohl man nicht perfekt ist. Dann müssen Bewerbungsunterlagen erstellt werden, die einerseits die Kompetenzen und Stärken des Kandidaten betonen, andererseits aber dennoch authentisch sind. Die Teilnehmenden lernen, aktiv Arbeitgeber anzusprechen und sich zu präsentieren. Sie nehmen alternative Formen der Stellensuche – Zeitarbeit, persönliche Ansprache – wahr und unterstützen sich dabei gegenseitig.

5. Die „AktivFirma" aus Sicht der Teilnehmenden

Der nachstehende Brief, den die Pilotgruppe für ihre Nachfolger hinterlassen hat, zeigt, wie die „AktivFirma" aus Sicht der Teilnehmenden wahrgenommen und bewertet wurde (vgl. nachfolgende Seite).

6. Fazit der Evaluation

Solange Alter und Langzeitarbeitslosigkeit die größten Vermittlungshemmnisse darstellen, müssen Unterstützungs- und Förderleistungen angeboten werden, die diese Hemmnisse in den Augen der Unternehmensverantwortlichen nicht noch vergrößern, dadurch dass sie die Teilnehmenden noch über eine weitere Zeitspanne vom Arbeitsmarkt abschotten („Locked-in-Effekt").

Betrachtet man die in der „AktivFirma" bisher erreichten Übergänge in sozialversicherungspflichtige Beschäftigung, so zeigt sich für diese besonders schwer zu integrierende Zielgruppe der älteren ALG II-Kunden mit einer bis zum Projektende angestrebten 30-prozentigen Erfolgsquote eine positive Bilanz. Entgegen der für die Zielgruppe älterer Langzeitarbeitsloser eher typischen Vermittlungserfolge in prekäre Beschäftigungsverhältnisse (400 Euro-Jobs oder Zeitarbeit), verfolgt der Ansatz der „AktivFirma" erfolgreich das Ziel der Schaffung nachhaltiger Integrationen in den Ersten Arbeitsmarkt.

Zusätzlich wird die häufig verlorene Kompetenz, selbstständig und kreativ am Arbeitsmarkt zu agieren, durch die Unterstützung in einer Gruppe gleich Betroffener und durch Betreuer, die nicht bevormunden, sondern Empowerment praktizieren, wieder gestärkt. Auch die sichtbaren Fortschritte und Vermittlungserfolge innerhalb der Gruppe wirken sich spürbar auf die Motivationslage der Arbeit-

Hallo, liebe Nachfolger,

sicher werdet auch Ihr denken: „Schon wieder so eine blöde Qualifizierungsmaßnahme. Wie viele sollen wir denn noch machen?"

Das haben wir am Anfang auch gedacht, und mancher von uns ist anfangs mit der entsprechenden „Begeisterung" ans Werk gegangen.
Doch mit der Zeit haben wir feststellen können, dass die Arbeit in der „AktivFirma" auch Spaß machen kann, und vor allem, dass es keine der stumpfsinnigen Qualifizierungsmaßnahmen ist, sondern ein ganz neues Konzept.
Da wir die Ersten waren, die in eine „AktivFirma" gekommen sind, und das Ganze auch für unsere Dozenten Neuland war, gab es natürlich einige Anlaufschwierigkeiten. Im Miteinander der Teilnehmer gab es leider auch die eine oder andere Unstimmigkeit.

Aber nach einiger Zeit „lief der Laden", und für einige von uns gab es ein vorzeitiges Ende wegen Arbeitsaufnahme. Ein paar andere stehen zum Ende der Teilnahme vor dem Abschluss eines Arbeitsvertrages, und selbst diejenigen, die „leer ausgingen", haben zumindest neue Fähigkeiten erworben oder neue Ideen verwirklicht. Insgesamt hat also jeder Teilnehmer etwas „mitgenommen".
Damit es bei Euch schneller „rund läuft" als bei uns, möchten wir Euch ein paar Tipps geben:

- Versucht, vorhandene Skepsis und eventuelle persönliche Antipathien beiseite zu schieben!
- Nicht nur Ihr lernt von Euren Dozenten, sondern auch sie von Euch. Wenn Ihr also irgendwelche Verbesserungsvorschläge habt, traut Euch, sie auch auszusprechen.
- Bei der Suche nach Stellenangeboten gibt es verschiedene Möglichkeiten. Nutzt möglichst viele, denn in den verschiedenen Jobbörsen sind nicht immer überall sämtliche Angebote aufgeführt.
- Man muss nicht unbedingt im erlernten Beruf arbeiten, oft bringt der Wechsel in eine andere Branche sogar mehr Spaß an der Arbeit.
- Habt den Mut, Euch auch dann für eine Stelle zu bewerben, wenn Ihr nicht alle verlangten Qualifikationen habt. Den perfekten Bewerber gibt es nämlich nicht!
- Wenn Ihr feststellt, dass nicht jeder die Aufgabe übernommen hat, die er am besten kann, scheut Euch nicht, Eure Firma zu restrukturieren.
- Denkt abteilungsübergreifend. So macht Ihr es Euch selbst und den anderen leichter.

Zum Schluss noch etwas ganz Wichtiges:

Je mehr jeder Einzelne von Euch von seinem Wissen, seiner Sozialkompetenz und von seinem Arbeitsgeist in das Unternehmen einbringt, desto größer ist der Nutzen für Euch alle!

Macht es gut, am besten besser als wir.

Eure Vorgänger von der „AktivFirma" 1 (Das E-Team)

suchenden aus und geben Mut für die eigene Stellensuche. Nachkontakte zu ausgeschiedenen Teilnehmern bestätigen dies, da auch im Anschluss an die Maßnahme Integrationserfolge zu verzeichnen sind.

Die hohe Akzeptanz der „AktivFirma" bei den Teilnehmenden zeugt darüber hinaus für ihre Funktion der sozialen Integration, die bei der Zielgruppe leider häufig noch das realistische Ziel vor einer Wiedereingliederung in den Ersten Arbeitsmarkt bleiben muss. Der durch die „geregelte Arbeit" und das Zusammensein in der Gruppe vielfach wieder gewonnene (Lebens-)Sinn bricht den häufig beobachteten „Verharrungszustand" der Betroffenen auf – soziale Isolation kann aufgelöst und schwierige Lebensverhältnisse geordnet werden.

Erfolge zeigen sich sowohl hinsichtlich der Aktivierung, Stabilisierung und Motivation als auch hinsichtlich verbesserter Bewerbungs- und Selbstvermarktungsstrategien. Dies wird sowohl in Interviews mit den pädagogisch betreuenden Betriebsleitern deutlich als auch in Befragungen der Teilnehmenden selbst.

Zur Sicherung und Steigerung der Integrationsfortschritte ist es jedoch wichtig, gleich nach Maßnahmenende für die Nicht-Vermittelten einen „nahtlosen Übergang" in weitere Bewerbungsaktivitäten und/oder ergänzende passgenaue Qualifizierungen seitens der Arbeitsverwaltung im Rahmen des Fallmanagements zu ermöglichen. Um diesen Übergang abzufedern, haben die ausgetretenen Teilnehmenden für weitere vier Wochen nach Maßnahmenende die Möglichkeit, die Infrastruktur der „AktivFirma" weiterhin zu nutzen. Zudem können die vorliegenden Bewerbungsunterlagen auf Wunsch der ausgetretenen Teilnehmer von den nachfolgenden „AktivFirmen" weiter im Akquiseprozess berücksichtigt werden, sodass sich noch Vermittlungsmöglichkeiten nach Abschluss der offiziellen Förderdauer des Projektes ergeben können. Zur nachhaltigen Förderung der erreichten Integrationsfortschritte und Vermeidung erneuter Resignation und Demotivation gilt es jedoch, ein anschlussfähiges Übergangskonzept zur weiteren Betreuung der Arbeitsuchenden sicherzustellen. Hier ist auch darauf zu achten, dass die festgestellten Integrationsfortschritte institutionenübergreifend kommuniziert werden und so in den weiteren Unterstützungsprozess einfließen können.

7. Ausblick/Optimierungsmöglichkeiten

Mit Blick auf die Öffnung des Konzeptes für alle (älteren) SGB II-Kunden, vor allem den schwieriger zu vermittelnden Personenkreis der An- und Ungelernten mit multiplen Vermittlungshemmnissen, sollte eine stärkere Gewichtung zielgerichteter Qualifizierungselemente an die Stelle der Heimarbeitsphase rücken. Hierbei sollte der Fokus auf betriebsnahe Qualifizierungen mit unterschiedlichen Zielen ausgerichtet sein (z.b. zur Wiederherstellung von Anschlussfähigkeit bei hohem Spezialisierungsgrad oder der Förderung beruflicher Umorientierung durch Praktika).

Als besonders förderlich zur Grundlegung einer zielgerichteten Integrationsstrategie werden zudem vorgeschaltete Maßnahmenelemente bewertet, die zur Steigerung der Motivation und Aktivierung der Teilnehmenden beitragen. Besonders mit Blick auf die Aufnahme der arbeitsmarktferneren Personengruppen im SGB II-Bereich erscheint eine solche Eingangsphase dringend geboten, um im Vorfeld sowohl für die Teilnehmer als auch den Maßnahmenträger die Möglichkeiten einer gemeinsamen Arbeitsbasis schaffen zu können oder auch ggf. davon Abstand zu nehmen. In einem einmaligen Modellversuch im Rahmen des Auswahlprozesses potenzieller „AktivFirma"-Mitarbeiter wurde im bfz Nürnberg mit den Betroffenen unter psychologischer Anleitung eine sogenannte „Motivationswoche" durchgeführt. Dabei hat sich gezeigt, dass die Reflexion über das eigene Profil, über die Arbeitslosigkeit an sich als kritische Lebensphase sowie das Herausarbeiten von Perspektiven und Möglichkeiten zur Aktivierung wichtig sind, um Menschen wieder in Handlungsverantwortung zu bringen. So können sie sich mit den Konsequenzen ihres Handelns auch bewusst auseinandersetzen.

Weiter sollte über eine Flexibilisierung bzw. Individualisierung der Laufzeiten nachgedacht werden. Der Blick ins europäische Ausland bestätigt durchgehend, dass nachhaltige Integrationserfolge Zeit brauchen und nicht mit starren Projektlaufzeiten erzielt werden können.[3] Die Erfahrungen der Arbeit in den „AktivFirmen" weist in dieselbe Richtung. Vielfach kann bei einer Projektlaufzeit von sechs Monaten nach einer Aufbauphase erst im letzten Drittel die angestrebte Verstetigung der Fortschritte erzielt und in professionelles Handeln umgewandelt werden. Viele Teilnehmer stehen erst zu Projektende an der Schwelle zum Arbeitsmarkt und bedürfen einer längeren Unterstützung als bisher vorgesehen.

---

[3] Im Rahmen des Bundesprogramms „Perspektive 50plus" fand im Rahmen der Europäischen Fachtagung „Wege in Arbeit" (21./22. Juni 2007, Berlin) ein Austausch zwischen den 62 Beschäftigungspakten und internationalen Experten aus neun europäischen Ländern zur Integration von Langzeitarbeitslosen in den Arbeitsmarkt statt. Im Rahmen der Tagung wurde als ein wesentlicher Erfolgsfaktor der vorgestellten Konzepte im europäischen Ausland die zeitliche Flexibilisierung und Individualisierung von Integrationsstrategien hervorgehoben.

Literatur

Bröker, A./Schönig, W.:
 Marktzugänge von Langzeitarbeitslosen trotz vermittlungshemmender Merkmale. Frankfurt 2005.

Dostal, W.:
 Kompetenzförderliche arbeitsmarktpolitische Maßnahmen. In: Arbeitsgemeinschaft betriebliche Weiterbildungsforschung e. V. (Hrsg.): Kompetenzentwicklung 2004. Münster 2004, S. 301–370.

Freiling, Th./Hammer, V. (2006):
 Qualifizierung älterer Arbeitsloser – Besonderheiten, Strategien, Umsetzungsbeispiele aus dem Pakt50 für Nürnberg, in: Bildungsforschung, Jahrgang 3, Ausgabe 2. Im Internet abgerufen am 16.8.2007 unter: http://www.bildungsforschung.org/Archiv/2006_02/praxis_pakt50/

Herriger, N.:
 Empowerment in der Sozialen Arbeit. Berlin/Köln 2006.

Perspektive 50plus – Newsletter Nr. 9 vom 06.07.2007.

Qualifizierung für den Call-Center-Markt – Wachstumsbranchen als Chance für ältere Langzeitarbeitslose

Reinhard Heinl, Michaela Schuhmann, Thomas Freiling

1. Call-Center-Unternehmen mit Arbeitsplatzpotenzial der Zukunft

Ein professionelles Dialogmarketing ebenso wie ein professioneller Customer-Care-Service von Unternehmen, aber auch öffentlicher Einrichtungen, zielt heute auf eine optimale strategische Ausrichtung, Planung, Gestaltung und Steuerung von Kundenkontakten, um langfristige Kundenbeziehungen aufzubauen und zu erhalten. Die Kundenerwartung geht schließlich in Richtung einer umfassenden und effizienten Betreuung. Diese Funktionen werden in jüngster Zeit in erster Linie von Call-Centern wahrgenommen. Das dynamische Wachstum von Call-Centern, die sich trotz schlechter Wirtschaftslage in Hinblick auf die Zahl der Beschäftigten in der Vergangenheit stark entwickelt haben, ist ein Indiz dafür, dass die Erwartungen erfüllt werden.

In Deutschland arbeiten fast 400.000 Menschen in Call-Centern. Die Unternehmen erwarten eine weitere jährliche Steigerungsrate der Beschäftigtenzahlen. Nach Angaben des Dialogmarketing-Barometers gingen im Jahr 2002 ca. 17 Prozent der befragten Unternehmen von einer steigenden Mitarbeiterentwicklung aus. Im Jahr 2005 waren dies bereits 31 Prozent (vgl. Deutscher Direktmarketing Verband 2005).

In diesem Teilarbeitsmarkt gibt es mehr offene Stellen als geeignete Bewerberinnen und Bewerber, und die Anforderungen an die Qualifikation nehmen ständig zu.

Der Nürnberger Call-Center-Markt umfasst mehr als 60 Unternehmen mit über 10.000 Arbeitsplätzen, was nach Expertenmeinung ein enormes Arbeitsmarkt- und Innovationspotenzial darstellt. Die Wirtschaftsregion ist damit auch bundesweit in einer herausragenden Position. Nürnberg und die Region verfügen über eine erstaunlich große Zahl an Marken-Call-Centern, wie z.B. adidas, Puma, GfK, Karstadt-Quelle, AEG-Electrolux, um nur einige namhafte Firmen zu nennen, die in Nürnberg ihren alleinigen oder Haupt-Call-Center-Standort eingerichtet haben. Neben diesen traditionellen Firmen haben sich auch neue Unternehmen gebildet, die binnen kürzester Zeit deutschlandweit zu einer „Marke" formiert sind, siehe z.B. die Online-Dienste von „www.anwaelte.de" oder „www.hotel.de", die auch durch angeschlossene Call-Center unterstützt werden. Der Nürnberger Call-Center-Markt differenziert sich von anderen Call-Center-Märkten dadurch, dass er weniger Standort für Volumen-Call-Center ist (so z.b. strukturschwache Gebiete mit niedrigen Lohnkosten), sondern mehr Premium-Call-Center-Standort (mit vergleichsweise besseren Konditionen für die Agents und hochwertigeren, anspruchsvolleren Arbeitsinhalten). Nürnberg ist darüber hinaus zu 80 Prozent des Marktes ein Inhouse-Call-Center-Standort. Nur 20 Prozent der Call-Center sind selbstständige Agenturen bzw. sogenannte Call-Center-Dienstleister. Dialogmarketing und Outbound ist deshalb eher ein untergeordneter Bereich, wenngleich dort Mitarbeiter sehr stark nachgefragt werden. Nürnberg verfügt traditionell daher mehr über Inbound- als über Outbound-Agents, sodass es nicht überrascht, dass für das Projekt gerade auch Outbound-Agents gesucht wurden.

Zum Zeitpunkt August 2005 waren in Nürnberg ca. 100 offene Call-Center-Stellen gemeldet mit Hinweis auf weitere neu einzurichtende Stellen. Dies hat den Anstoß gegeben, ein Call-Center-Projekt zu initiieren.

2. Erhöhung der Professionalisierung durch Schaffung von Ausbildungsberufen

Bereits in der Vergangenheit sind erhebliche Anstrengungen unternommen worden, um den wachsenden Bedarf zu decken. Alle diese Bemühungen haben bis jetzt jedoch nicht ausgereicht, um in allen Regionen genügend geeignetes Personal verfügbar zu machen. Insbesondere dort, wo überdurchschnittlich viele Premium-Call-Center besondere Anforderungen in fachlicher und kommunikativer Hinsicht an das Personal stellen müssen, wie in der Region Nürnberg, kommt es immer wieder zu Personalengpässen und damit zu Wachstumshemmnissen.

Das ist aus Sicht von Fachleuten unter anderem darauf zurückzuführen, dass das Berufsbild des Call-Center-Agents nach wie vor unscharf ist und ein „organisierter" Zugang fehlt. Die einschlägige Ausbildung findet bisher mehrheitlich im Call-Center oder im Auftrag des Call-Centers statt. Vergleichbare Maßstäbe zwischen den Unternehmen und Branchen fehlen. Das wiederum bestimmt das Bild des Call-Center-Agents in der deutschen Öffentlichkeit und wirkt sich negativ auf sein Sozialprestige aus.

Die Funktion „Call-Center" innerhalb diverser Branchen wächst weiter stark. Gleichzeitig entwickelt sich bei allen Beteiligten das Qualitätsbewusstsein. Die

Call-Center-Dienstleistungen werden sich qualitativ verändern. Zusätzliche Kommunikationswege wie Fax, Video, Internet, E-Mail werden einbezogen; schnelle Übertragungstechniken ermöglichen Multimedia- oder Video-Call-Center. Technische Entwicklungen und stärkere Spezialisierungen stellen höhere Anforderungen an die fachlichen und sozialen Kompetenzen der Call-Center-Beschäftigten. Die Personalentwicklung in Call-Center-Unternehmen ist zuletzt an ihre Grenzen gestoßen, da die Weiterbildungsmaßnahmen im Rahmen von Bildungsangeboten der Industrie- und Handelskammern oder der Bildungsträger als nicht mehr ausreichend betrachtet wurden. Der Rekrutierung und Bindung erstklassigen Personals kommt damit eine immer größere Bedeutung zu, da der Personalkostenanteil in der Regel bei etwa 70 Prozent der Betriebskosten liegt.

Daher hat das Bundeswirtschaftsministerium die Erarbeitung zweier selbstständiger Berufsbilder für den Bereich durch das Bundesinstitut für Berufsbildung beschlossen. Zum einen soll das Berufsbild einer zweijährigen Ausbildung zur „Servicefachkraft für Dialogmarketing" geschaffen werden, zum anderen das Berufsbild einer dreijährigen Ausbildung zum Kaufmann bzw. zur Kauffrau für Dialogmarketing. Die Berufsausbildung zur Servicefachkraft ist nach dem Konzept auf die Ausbildung zum Kaufmann/-frau erstmals seit Herbst 2006 anrechenbar (vgl. Verordnung über die Berufsausbildung zur Servicefachkraft für Dialogmarketing 2006).

Der Call-Center-Markt ist sehr dynamisch: Firmen entstehen neu, während andere wieder geschlossen, zusammengelegt, outgesourct oder verlagert werden. Auch hier setzt die Nachhaltigkeit dieses Projektes an: Absolventen, die ihren Arbeitsplatz verlieren, haben aufgrund des erworbenen Abschlusses bessere Chancen auf dem Arbeitsmarkt. Die Ausbildung ist eine gute Basis für eine Anschlussbeschäftigung in affinen Branchen.

3. Die besondere Eignung Älterer für Tätigkeiten im Call-Center-Markt

Die Frage eines Ausbildungsberufs wurde lange und wird zum Teil noch immer kontrovers diskutiert. Einer der Haupteinwände gegen diese Ausbildung ist die Tatsache, dass Auszubildende in der Regel zwischen 15 und 20 Jahre alt und mithin eigentlich zu jung für die meisten Call-Center-Tätigkeiten sind. Kommunikative Kompetenz, Überzeugungskraft, aber auch Frustrationstoleranz, Geduld und Souveränität sind typische Kompetenzen, die eine erfolgreiche Tätigkeit im Call-Center ermöglichen. Dabei handelt es sich in der Regel um Kompetenzen, die im Laufe des Berufslebens zunehmen.

Die anrufenden oder anzurufenden Kunden werden immer älter, und schon in der Vergangenheit war die Nutzung des Telefons ohnehin bei älteren Zielgruppen (z.b. auch im Verhältnis zur Nutzung des Internets oder der E-Mail) überdurchschnittlich häufig. Hinzu kommt, dass auch die Glaubwürdigkeit des Call-Center-Agenten für die meisten Themen mit dem Alter wächst.

Erfahrung und Wissen für diese personenbezogenen Dienstleistungen sind also gefragt.

Die Lernerfahrung und die Motivation sind wesentliche Erfolgsfaktoren der 50plus-Zielgruppe. Alle am Qualifizierungsprojekt beteiligten Unternehmenskooperationen bauen auf die Leistungsbereitschaft der reifen Generation. Sie ist nachweislich höher als bei den Jüngeren. Ältere Mitarbeiter können ihre Kreativität aufgrund größerer Erfahrung sehr viel realistischer steuern. Wer 20 Jahre alt ist, kann einem 50-Jährigen kaum die Vorzüge einer Altersvorsorge glaubhaft machen; ein 30-Jähriger tut sich oft schwer, die Computerprobleme eines 60-Jährigen nachzuvollziehen. Im Call-Center kommt es also auch auf „gleiche Ohrenhöhe" an. Die Ansprache durch Altersgenossen ist eine Verständigung auf gleicher „Ohrenhöhe" und damit wesentlich wirkungsvoller.

Beteiligte Firmen bekräftigen ihre positiven Erfahrungen mit älteren Mitarbeitern. Entgegen einigen gesellschaftlichen Vorurteilen erleben sie diese als leistungsstark, flexibel, lernfähig, sehr verantwortungsvoll und aufgrund ihrer Lebenserfahrung mit einer hohen Sozialkompetenz.

Die Dienstleister der Customer-Care-Center-Branche (wie sich Unternehmen der Branche aufgrund des immer größer werdenden Umfangs an Dienstleistungen – der weit über das reine Telefonieren hinausgeht – auch nennen) sind zunehmend anderen Unternehmen eine Nasenlänge voraus. Sie haben sich auf die Zukunft eingestellt und wissen um die Vorteile von erfahrenen Mitarbeitern und den Nutzen einer altersübergreifenden Zusammenarbeit. Man hat erkannt, dass die „Jugendstruktur" zu Fachkräftemangel und einer unausgewogenen Unternehmenskultur geführt hat, denn die Denkweisen und die Arbeitshaltung von Jung und Alt sind unterschiedlich. So entstehen Synergieeffekte, die besonders im Dienstleistungssektor unschätzbare Wettbewerbsvorteile generieren helfen. Die Wirtschaft braucht ein ausgeglicheneres Verhältnis von jugendlicher Experimentierfreudigkeit und erfahrenen, überlegten Handlungsweisen. Das heißt, Jung und Alt müssen wieder zusammenfinden und ihre Stärken einsetzen.

Die Erfahrung zeigt, dass immer wieder Personalmangel auftritt, insbesondere, wenn bei schnellem Auftragswachstum viele neue Mitarbeiter gleichzeitig gesucht werden. Die Call-Center-Unternehmen sind die wenigen, die auch schon bisher keine Vorbehalte gegenüber älteren Mitarbeitern hatten, ja diese sogar gezielt angeworben haben. Mit einer solchen – an der Berufsausbildung orientierten – Qualifizierung und entsprechend nachvollziehbaren Kriterien könnte die Personalsuche deutlich vereinfacht werden. Es besteht kein Zweifel, dass Call-Center-Tätigkeiten weiter an Bedeutung gewinnen und die Zahl der gesuchten qualifizierten Mitarbeiter weiter anwächst.

4. „JOBaktiv50+": Projektablauf und Beteiligte

Ziel des Projektes ist es, geeignete Bewerber in ein Praktikum bei am Projekt beteiligten Firmen zu vermitteln und im Verlauf der neunmonatigen Qualifizierung eine Festanstellung zu erwirken.

Initiator des Projektes, welches im Rahmen des „Pakt50 für Nürnberg" entwickelt wurde, war der Customer Quality Network (CQN) e.V. Der CQN e.V. – ein Zusammenschluss von Unternehmen, die im Raum Nürnberg Premium-Call-Center betreiben – hat daher im Sommer 2005 das Teilprojekt „JOBaktiv50+" entwickelt und die Pilotphase bis Ende Oktober 2006 betreut. CQN übernahm während der ersten Phase des Projektes die gesamten Bewerbungs-, Vermittlungs- und Coachingmaßnahmen. Zudem wurde das Netzwerk des CQN genutzt, um die Bewerber direkt mit den Entscheidungsträgern der Unternehmen in Kontakt zu bringen.

Zum 1. November 2006 ist das Projekt komplett an die Berufliche Fortbildungszentren der Bayerischen Wirtschaft (bfz) gGmbH übergeben worden, die bis dahin schon die Schulungsanteile des Praktikums durchgeführt hatten.

Die Besonderheit des Projektes besteht darin, dass alle Projektteilnehmer die Möglichkeit erhielten, mit der IHK-Prüfung einen neuen Berufsabschluss für einen weiteren Lebensabschnitt zu erlangen. Das Außergewöhnliche ist zudem, dass sich die über 50 Jahre alten Teilnehmer als erste Gruppe in Deutschland in kurzer Zeit für den gerade neu geschaffenen Beruf „Servicefachkraft für Dialogmarketing" qualifizierten.

Weil möglichst jedes Praktikum in ein Arbeitsverhältnis münden sollte, ging dem Praktikum ein dreistufiges Auswahlverfahren voraus.

a. Vorauswahl durch die ARGE Nürnberg

Zunächst wurden von den rund 160 Vermittlern der ARGE Nürnberg geeignete ALG II-Empfänger dem Projektträger zugewiesen. Entsprechend hoch waren daher die Ansprüche, die bereits in der Bewerbervorauswahl in den ARGEn

berücksichtigt werden mussten. Die Bewerberauswahl erfolgte nach folgenden Kriterien:
- Grundkenntnisse am PC,
- Fähigkeiten, mit Menschen umzugehen (soziale Kompetenz),
- Lernfähigkeit und -bereitschaft,
- hohes Engagement,
- Flexibilität, insbesondere gegenüber neuen Aufgabenbereichen,
- Fähigkeiten, mit Frustration, Konfrontation und Kritik umzugehen,
- Hör-Verstehen, Zuhören können,
- fließende Deutschkenntnisse mit einer deutlichen Aussprache (kommunikative Kompetenz),
- Fremdsprachenkenntnisse, die förderlich, aber nicht verpflichtend sind. Von zusätzlichem Vorteil sind kaufmännische Berufserfahrungen (zum Prozess der Zuweisung vgl. Hobauer/Mennicke in diesem Band).

b. Auswahl durch den Projektträger

Die zugewiesenen Bewerber wurden in einer Informationsveranstaltung umfassend über das Projekt informiert. Der Projektträger traf dann die Vorauswahl der infrage kommenden Bewerber nach einem Einzelgespräch. Anschließend wurden die ausgewählten Bewerber für die Vorstellung bei Call-Centern gezielt gecoacht. Zur Erlangung eines Praktikumsplatzes wurden die entsprechenden Bewerbungsunterlagen an Unternehmen weitergeleitet, bzw. die Bewerber den Unternehmen bei einer Arbeitgeberveranstaltung direkt vorgestellt.

c. Auswahl durch die Call-Center

Bei Interesse der Call-Center an einem Bewerber wurden kurzfristig Termine zu einem Vorstellungsgespräch vor Ort vereinbart. Nach erfolgreichem Vorstellungsgespräch in einem oder mehreren Unternehmen wählte der Bewerber sein bevorzugtes Praktikumsunternehmen aus. In einigen Fällen kam es sogar vor, dass einzelne Bewerber bei mehreren Unternehmen ein Vorstellungsgespräch vereinbaren konnten und im Anschluss vor die Wahl gestellt waren, sich einen Betrieb aussuchen zu können. Dies führte in dem einen oder anderen Fall zur Verwunderung einzelner Personalleiter, für die sich kein Bewerber entschieden hatte: „Ich habe gedacht, das sind schwer vermittelbare ALG II-Empfänger. Dabei können diese zwischen mehreren Arbeitgebern auswählen."

Das Praktikum begann mit internen Schulungen in den einzelnen Firmen; drei Tage die Woche fand der praktische Teil im Unternehmen statt, zwei Tage erfolgte die theoretische Qualifizierung nach den Vorgaben des Rahmenlehrplans für den Ausbildungsberuf „Servicefachkraft für Dialogmarketing" beim bfz in Nürnberg.

Die IHK-Abschlussprüfungen fanden im Mai (schriftlich) und im Juni (mündlich) 2007 statt. Da die erste Teilnehmergruppe die Qualifizierung bereits abgeschlossen hatte und im Arbeitsverhältnis steht, wurden diese zum Teil extern durchgeführt.

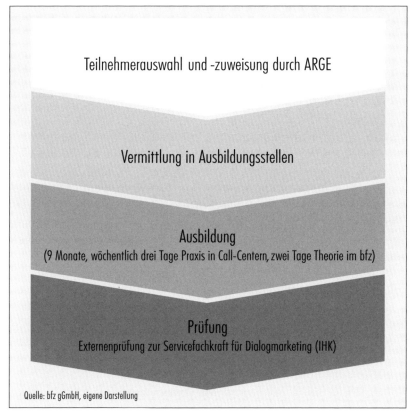

Abb. 1: Schematischer Prozessablauf

Während der gesamten Qualifizierung wurden die Teilnehmer vom Projektteam sehr intensiv betreut. Projektleitung und -team verfolgten durchgängig den

Stand der Entwicklung. Zu allen Teilnehmern herrschte ein offenes und vertrauensvolles Verhältnis. Hier wirkte sich auch die gute Zusammenarbeit der Projektleitung mit allen eingesetzten Lehrgangsdozenten sehr positiv aus, die auch als Mittler zwischen Teilnehmern und Projektleitung fungierten.

Die Aufgaben der Projektleitung und des Projektteams waren im Einzelnen:
- Information der Bewerber und Call-Center über das Projekt,
- Vorauswahl und Coaching der Bewerber,
- Vermittlung der Bewerber in interessierte Call-Center,
- Betreuung der Bewerber und Call-Center während der Qualifizierung,
- Organisation der modularisierten theoretischen Qualifizierung,
- Absprache mit der IHK,
- Nachbetreuung der Teilnehmer.

Die Arbeit der Lehrgangsdozenten konzentrierte sich auf die Durchführung der Theorieschulung und auf das Zuarbeiten bei der Vorbereitung auf die Externenprüfung.

Sehr wichtig für alle Teilnehmer war das deutlich spürbare Engagement des Projektteams zur Sicherung eines optimalen Praktikumsverlaufes. Wo dies nicht mehr gewährleistet war, erfolgten Praktikumswechsel.

Eine Nachbetreuung der ausgeschiedenen Teilnehmer, die nach Qualifizierungsende ins Arbeitsverhältnis wechselten, war selbstverständlich und zwingend – schon wegen der externen Prüfungsdurchführung. Auch diese Teilnehmer nahmen an zusätzlich organisiertem Unterricht zur Prüfungsvorbereitung teil – ein weiterer Ansatz, die Nachhaltigkeit der Maßnahme zu sichern.

Bei Teilnehmern, die die Qualifizierung ohne Beschäftigungsaufnahme beendeten, erfolgte Unterstützung bei der weiteren Stellensuche und Neubewerbung.

Das Projekt „JOBaktiv50+" betritt als Qualifizierungskonzept absolutes Neuland:
- Lehrplan und Ausbildungsverordnung lagen als Gesetzblatt erst ab Mai 07 vor. Zuvor wurde mit Entwürfen gearbeitet, wobei anfänglich entsprechendes Lehrmaterial fehlte.
- Das Projekt brachte einen sehr hohen Organisationsaufwand der Projektleitung im Vorfeld und im Verlauf mit sich – vor allem bei der Unterrichtsabsicherung und der Vorbereitung des IHK-Abschlusses.
- In intensiver Zusammenarbeit mit der IHK wurden Planung und Durchführung einer vorgezogenen, wahrscheinlich bundesweit erstmaligen Prüfung erarbeitet. Die erste reguläre Prüfung findet im Jahr 2008 statt.

Die Qualifizierung stellte in jeder Hinsicht sehr hohe Ansprüche an die Projektteilnehmer mit ganz unterschiedlichen Berufsbiografien – sowohl hinsichtlich des Unterrichtes als auch der praktischen Tätigkeit in den Firmen. Angepasst werden mussten die Lehrmethoden – altersgerecht und auf die Gruppe abgestimmt –, da die meisten Teilnehmer lange aus der letzten längeren Ausbildung heraus waren und/oder nie eine Ausbildung erfolgreich beendet hatten. Ein anderer Lernrhythmus, deutlich mehr Zeit für theoretische Unterrichtsinhalte, Verankerung der Lerninhalte im individuellen Erfahrungshintergrund der Teilnehmer, zusätzliche Praxisphasen und mehr Wiederholungen (wechselnder Einsatz von Trainingseinheiten durch menschliche Trainer und elektronische Medien) sind nur einige Stichworte.

5. Ergebnisse und Erfahrungen

5.1 Hohe Integrationsquote

Während der Projektlaufzeit sind 29 Personen in das Projekt aufgenommen und aktiviert worden.[1] Die Beteiligung von Frauen überwog mit knapp 52 Prozent leicht. Nahezu alle Teilnehmer wiesen eine abgeschlossene Berufsausbildung auf. In einem Fall handelte es sich um eine Teilnehmerin ohne eine formale Vorqualifizierung (An- und Ungelernte), die aber aufgrund ihres Selbstbewusstseins und ihrer kommunikativen Stärke überzeugte.

Von den 29 Personen haben zum Zeitpunkt der Datenauswertung 14 Personen die IHK-Prüfung zur „Fachkraft für Dialogmarketing" sowohl im mündlichen als auch im schriftlichen Teil bestanden. Ein zweiter Prüfungsdurchgang für einen Teil der restlichen Personen ist in Planung. Die letzten Qualifizierungsteilnehmer erhielten ihre Zulassung zur externen Prüfung für November 2007.

Mit gegenwärtig 16 Personen hat über die Hälfte der Aktivierten eine sozialversicherungspflichtige Beschäftigung im Ersten Arbeitsmarkt aufgenommen. Die Arbeitsplätze sind durchweg unbefristet. Insgesamt sind bei den 29 Personen acht Abbrüche zu verzeichnen. Ursachen dafür sind bei einer Person die vorzeitige Vermittlung und bei den anderen unter anderem gesundheitliche und persönliche Faktoren.

Die Integrationsquote liegt, gemessen an den gegenwärtig 25 ausgetretenen Personen, bei 64 Prozent, was den Erfolg des Projektes unterstreicht. Alle vier

---
[1] Sämtliche Daten sind der Stammdatenanalyse (Aug. 2007) für die Bundesevaluation entnommen.

verbleibenden Teilnehmer haben zum Projektende die Übernahme in ein festes Arbeitsverhältnis zugesichert bekommen.

5.2 Abbau von Vorurteilen

Sowohl auf Seiten des Arbeitgebers als auch auf Seiten des „Auszubildenden" mussten im Vorfeld und im Verlauf des Projektes Vorurteile ausgeräumt werden. Call-Center-Tätigkeiten genießen in der Öffentlichkeit nicht das beste Image. Negativerfahrungen – auch der Teilnehmer selbst – über offensives/ aggressives (Outbound-)Marketing am Telefon haben das Negativimage der Branche unterstützt. Somit mussten die Teilnehmer davon überzeugt werden, dass es sich bei den im Projekt und im Netzwerk aktiven Beteiligten um seriöse Unternehmen handelt.

Nach der Informationsveranstaltung zu Beginn konnten die Teilnehmer in Einzelgesprächen vorhandene Abneigungen offen äußern. Diese konnten über konkrete Aufklärungen entschärft werden. Auf diese Weise konnte ein Großteil der Teilnehmer für das Projekt gewonnen werden. Bei der Vermittlung in die Unternehmen wurde versucht, den Bedürfnissen und Wünschen jedes Teilnehmers gerecht zu werden, z.B. Wünschen nach Inbound-Tätigkeiten. So war sichergestellt, dass beim Antreten der Praktikumsstelle die besten Voraussetzungen für ein positives Arbeitsverhältnis bestanden.

Auch bei bestehenden Vorurteilen der Unternehmen bezüglich der Zielgruppe „arbeitslose Menschen über 50" wurde vermittelt. Als Argumente halfen die hohe Motivation der Teilnehmer, mit starkem Willen etwas Neues anzufangen, sowie der mehrstufige Auswahlprozess, der für die Betriebe ein wichtiges Kriterium zur Erfüllung eigener Anforderungen an die Bewerber war.

Zum anderen konnten bei einigen Firmen Toleranz und Mut für die Zusammenarbeit mit der Zielgruppe geschaffen werden, indem konkrete Schwierigkeiten und Probleme der einzelnen Bewerber offensiv angesprochen wurden. Gleichzeitig wurde aber auch deutlich auf die starke Eignung der Personen für die Call-Center-Tätigkeit hingewiesen. Vorstellungsrunden mit Unternehmen und Interessenten ohne Transparenz der Lebensläufe haben sich ebenfalls als gute Strategie erwiesen, Vorurteile abzubauen: „Hätte ich den Lebenslauf von Frau R. vorher auf dem Tisch gehabt, hätte ich sie nicht zu einem Vorstellungsgespräch eingeladen" (Zitat einer Personalreferentin). Diese „Vermittlungsvariante" war aufgrund des Organisationsaufwandes allerdings nicht regelmäßig zu realisieren.

5.3 Notwendigkeit kontinuierlicher Begleitung und Beratung

Die Arbeit mit den Teilnehmern erforderte eine regelmäßige persönliche Betreuung und die unermüdliche Suche nach individuellen Problemlösungen für jeden Einzelnen. Dieser Aufwand ist zu Beginn des Projektes unterschätzt worden. Es galt, Ängste abzubauen und ein adäquates Bewerbungsverhalten einzuüben, das die Stärken und die Individualität der Einzelnen betont. Die Anforderungen an die Teilnehmer waren hoch: sie mussten sich auf neue Inhalte/Tätigkeiten einlassen, regelmäßig und viel lernen und im Praktikum bestehen. Sie waren wieder acht Stunden täglich gefordert. Dies führte häufig zu großer psychischer Belastung, die durch Unterrichtsinhalte wie Stressbewältigung und über regelmäßige Einzelgespräche bei auftretenden Problemen aufgefangen wurde.

Beispiele für Herausforderungen waren:
- Einige Teilnehmer hatten Probleme mit der EDV. Vor den eigentlichen Kursen oder dem Praktikumseinsatz wurde mit einzelnen Teilnehmern ein individuelles Training durchgeführt oder Teams zum gegenseitigen Austausch gebildet.
- Einige Teilnehmer hatten Probleme, jüngere Menschen im Praktikumsbetrieb als Vorgesetzte zu akzeptieren. Gespräche zwischen Projektleitung und Teilnehmern waren erforderlich.
- Die trotz hoher Motivation schlechte Selbstpräsentation einzelner Teilnehmer wurde durch intensive Gespräche und Coaching deutlich verbessert.

Auch innerhalb des Unternehmens erfolgte eine begleitende Betreuung. Sehr wichtig ist ein intensiver, persönlicher und ernst zu nehmender Kontakt zu den Teamleitern oder Call-Center-Leitern. Mit neuen Mitarbeitern in den Call-Centern, die die Verantwortung für das Projekt innerhalb des Unternehmens übernahmen, wurde umgehend der Kontakt hergestellt und das Gespräch und Informationen zum Projekt und zu den Teilnehmern angeboten.

5.4 Förderung der Motivation der Teilnehmer

Wichtig für die bleibende Motivation war, dass die Teilnehmer alterswertgeschätzt werden. Die Möglichkeit, einer neuen und neuartigen Beschäftigung nachzugehen, war stärkster Motivationsfaktor: „Ich bin froh, das gemacht zu haben, (...) jetzt wieder über mich selbst und über mein Geld verfügen zu können" (Zitat einer Teilnehmerin).

Das Meistern der Bewerbungssituationen war eine große Herausforderung; die Zusage für einen Praktikumsplatz und der Ausblick auf einen Arbeitsplatz motivationsförderlich. Die beteiligten Unternehmen haben das besondere Potenzial der Älteren speziell im Kundenkontakt erkannt. Die politische Bedeutung der Teilnahme an einem solchen Projekt war ein zusätzlicher motivierender Faktor für die Entscheidungsträger der Unternehmen, am Projekt teilzunehmen.

Allerdings muss auch berücksichtigt werden, dass die erfolgreiche Teilnahme und damit der Abschluss an einen Praktikumsplatz gekoppelt war. Wenn es im Einzelfall zu einem vorzeitigen Abbruch kam, war eine IHK-Prüfung nicht mehr möglich.

Eine besondere Herausforderung im weiteren Verlauf des Projektes ist es, den Kontakt zum Praktikumsbetrieb so zu gestalten, dass rechtzeitig Hinweise auf bevorstehende Abbrüche kommuniziert werden und ggf. ein Ersatzkandidat infrage kommt. Auch im Interesse der Teilnehmer muss ein direkter Austausch mit dem Unternehmen (Teamleiter) erfolgen, um unternehmensbezogene Gründe, die gegen eine Übernahme des Praktikanten sprechen, rechtzeitig zu erfahren. So ist die Suche eines Alternativunternehmens noch während des Qualifizierungsprozesses möglich.

6. Schlussbetrachtung

Das Projekt zeigt unterschiedliche Erfolge auch in Richtung Sensibilisierung der Unternehmen. Die meisten von ihnen würden ihre Teilnehmer, die sie übernehmen, auch ohne deren Abschluss weiterbeschäftigen. Der Abschluss eröffnet aber sicherlich langfristige Perspektiven. Beteiligte Unternehmen betrachten die Zusammenarbeit mit der Zielgruppe als einen geeigneten Weg, dem hohen Personalbedarf (vgl. Abschnitt 1) nachzukommen.

Das Projekt ist an manchen Stellen zum Selbstläufer geworden: Es kommen von Arbeitslosen und auch von Firmen viele Anfragen, ob noch eine Möglichkeit zur Teilnahme besteht. Deshalb sind inhaltlich wichtige Voraussetzungen für eine Verstetigung des Projektansatzes erfüllt, vor allem deshalb, da mittlerweile die wesentlichen Strukturen geschaffen und die Unternehmen für das Projekt sensibilisiert und motiviert sind.

Der Beitrag dieses Integrationsprojektes für ältere arbeitslose Menschen ist für die Beteiligten als erfolgreich anzusehen und bietet Ansätze der Übertragung auch auf andere Zielgruppen. Entscheidende Voraussetzung dabei ist, dass eine fundierte Vorauswahl der Teilnehmer (entsprechend der im Abschnitt 4 genannten

Anforderungen) durchgehalten wird. Der Erfolg gibt diesem Kriterium Recht: 80 Prozent der Teilnehmer hatten nach Projektende ein festes Arbeitsverhältnis.

Literatur

Deutscher Direktmarketing Verband (Hrsg.):
    Dialogmarketing-Barometer: 2. Welle. Wiesbaden 2005.

Verordnung über die Berufsausbildung zur Servicefachkraft für Dialogmarketing vom 23. Mai 2006, BGBl. Jg. 2006 Teil I Nr. 25, S. 1238 vom 31. Mai 2006. Bonn 2006.

Ganzheitliches Beratungskonzept im Projekt „50Plus – Erfahrung zählt"

Cäcilia Dahmen-Gregorc

1. Ausgangslage und Projektauftrag

„50Plus – Erfahrung zählt" ist eine Maßnahme der Noris-Arbeit gGmbH (NOA) als Teilprojekt im „Pakt50 für Nürnberg" im Auftrag der ARGE Nürnberg. Die gemeinnützige Beschäftigungsgesellschaft Noris-Arbeit (NOA), ein Tochterunternehmen der Stadt Nürnberg, wurde 1991 mit dem Ziel gegründet, arbeitslosen Bürgern zu einer dauerhaften Beschäftigung zu verhelfen. Um das zu erreichen, bietet die NOA erwerbslosen Personen individuelle Lösungen. Dies geschieht durch befristete Beschäftigung, berufliche Qualifikation, Beratungsgespräche und Vermittlungsangebote. Die NOA betreut schwerpunktmäßig die Zielgruppe der Neuzugänge aus dem ALG I, die keinen formal anerkannten Bildungsabschluss haben. Damit erfüllt die NOA einen wichtigen sozial-, beschäftigungs- und arbeitsmarktpolitischen Auftrag.

Für Betriebe und Unternehmen ist die NOA ein kompetenter, konstruktiver und kostengünstiger Partner im Bereich Personaldienstleistung. Passgenaue, individuell vorqualifizierte Arbeitskräfte werden in zeitlich befristete oder auch dauerhafte Beschäftigungsverhältnisse vermittelt. Als Tochtergesellschaft der Stadt Nürnberg bietet die NOA wichtige Serviceleistungen in den Bereichen soziale Dienstleistungen, Sicherheit und Ordnung und Umweltschutz für Nürnberger Bürgerinnen und Bürger. Sie arbeitet eng mit der Agentur für Arbeit Nürnberg, der Arbeitsgemeinschaft zur Arbeitsmarktintegration (ARGE) Nürnberg, dem bayerischen Arbeits- und Sozialministerium, den koordinierenden Stellen des Europäischen Sozialfonds und der Nürnberger Wirtschaft zusammen.

Das Teilprojekt „50Plus – Erfahrung zählt" berücksichtigt die drei Dimensionen Person, Organisation und Region des Leitkonzepts (vgl. Freiling in diesem Band) in vielfältiger Ausprägung. Beispiele hierfür sind:

- **Person:** Hierzu zählen Aktivierung, Neu-Orientierung, individueller Einarbeitungsplan, ggf. begleitende Qualifizierung, Arbeitserprobung und sozialpädagogische Begleitung.

- **Organisation:** Dieser Punkt beinhaltet Begleitung und Beratung der Unternehmen bei der Integration, Einarbeitung durch Integrationspraktikum und Nachbetreuung bei Übernahme.
- **Region:** Unter diesen Aspekt fallen Themen wie trägerübergreifende Öffentlichkeitsarbeit sowie Zusammenarbeit mit den Netzwerkpartnern im Bereich der Arbeitsmarkterschließung und Vermittlung.

Ziel der Maßnahme ist die Integration älterer an- und ungelernter Langzeitarbeitsloser in eine sozialversicherungspflichtige Beschäftigung oder Selbstständigkeit. Es wird dabei die Absicht verfolgt, die beruflichen Stärken und besonderen Kompetenzen der Teilnehmer in den Mittelpunkt zu stellen und sie mit den veränderten Anforderungen in Einklang zu bringen. Beide Seiten – Teilnehmer und Unternehmen – werden durch die Maßnahme angeregt, die vorhandenen Potenziale zu nutzen und zu prüfen, inwieweit die Erfahrungen oder informell erworbene Kompetenzen ausreichen, um eine Integration zu ermöglichen. Durch die Vorauswahl der Bewerber und die Beratung der Betriebe zum qualifikations- und altersgerechten Einsatz der Teilnehmer übernimmt die NOA eine wichtige Dienstleistung.

2. Projektteilnehmer

2.1 Zielgruppe/Vermittlungshemmnisse

Insgesamt nahmen 550 Teilnehmer am Projekt teil. Pro Monat konnten 30 Teilnehmer in das Projekt aufgenommen werden und damit ein sofortiges Aktivierungs- und Integrationsangebot erhalten. Die maximale Verweilzeit der Teilnehmer im Projekt betrug sechs Monate.

Alle Teilnehmer – zur Zielgruppe zählten auch Teilnehmer mit Migrationshintergrund oder ausländische Arbeitsuchende – wiesen in der Regel multiple Vermittlungshemmnisse auf (vgl. Gottwald/Franke in diesem Band). Aus diesem Grund war die Beseitigung typischer Defizite dieser Klientel, wie fehlende Qualifikation oder Motivation, ein zentraler Ansatzpunkt des Projekts. Zu den gravierenden Vermittlungshemmnissen zählten neben fehlenden Sprachkenntnissen und fehlender Ausbildung auch die Dauer der Arbeitslosigkeit und körperliche Beeinträchtigungen.

Die veränderten Arbeitsmarktbedingungen oder Anforderungen an die Tätigkeiten erforderten für diese Klientel neue Strategien zur Entwicklung individueller

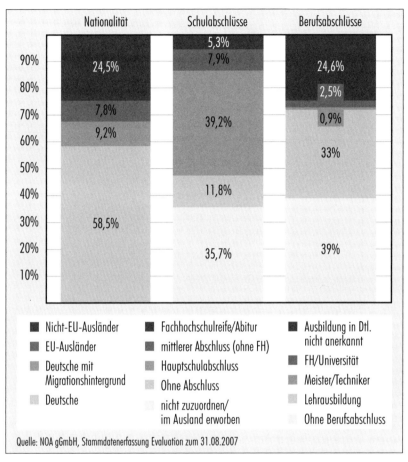

Abb. 1: *Nationalität, Schul- und Berufsabschlüsse der Zielgruppe*

Handlungskompetenzen zum Erhalt oder Erwerb der Beschäftigungsfähigkeit. Zur Übernahme von Verantwortung durch die Teilnehmer für ihre Employability war im Vorfeld der Integration eine intensive Profiling- und Aktivierungsphase notwendig.

Das Niveau der letzten Erwerbstätigkeit der Teilnehmer belegte die fehlende Akzeptanz dieser Zielgruppe auf dem Arbeitsmarkt und die hieraus resultierenden Schwierigkeiten für eine nachhaltige Integration. Vor allem im häufig gesuchten Helferbereich war vielfach nur eine kurzfristige oder saisonale Beschäftigung möglich.

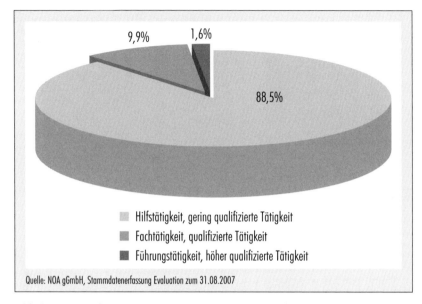

Abb. 2: Niveau der letzten Erwerbstätigkeit der Zielgruppe differenziert nach Erwerbsform

2.2 Zur Zuweisung und den Aufnahmekriterien

Wie bei allen Teilprojekten erfolgte die Auswahl der Teilnehmer durch die Vermittlungskräfte der ARGE Nürnberg (vgl. Hobauer/Mennicke in diesem Band). In diesem Teilprojekt waren die überwiegende Zahl der Teilnehmer an- und ungelernte Kräfte bzw. Berufswechsler. Über die Aufnahme ins Projekt konnte die Projektleitung der NOA gemäß abgesprochener Auswahlkriterien mit entscheiden.

Folgende Auswahlkriterien haben sich bewährt, um möglichst marktnahe Teilnehmer zu finden:
- Ausreichende deutsche Sprachkenntnisse,
- Kurze Dauer der Arbeitslosigkeit,
- Berufliche Kenntnisse, die Marktakzeptanz aufweisen,
- Arbeitserfahrung in Deutschland,
- Geringe körperliche Einschränkungen,
- Bereitschaft, an der Maßnahme, an einem Praktikum oder Qualifizierungselementen teilzunehmen.

Im individuellen Aufnahmegespräch sowie in den Kick-off-Veranstaltungen konnten die Eindrücke durch den Berater oder den Coach verifiziert bzw. über die endgültige Aufnahme und Zusammenarbeit entschieden werden.

2.3 Individuelle Teilnehmersituation bei Langzeitarbeitslosigkeit

Lange Phasen der Arbeitslosigkeit verändern und prägen die Lebens- und Alltagssituation der Betroffenen. Fehlende Perspektiven führen zu Frustrationen und hemmen die Bereitschaft, sich dem Arbeitsmarkt zu öffnen. Altersbedingte körperliche Einschränkungen werden stärker wahrgenommen, gewinnen auch für den Teilnehmer an Bedeutung und stellen zunehmend ein großes Vermittlungshemmnis dar. Es fehlt an Hilfen und Anreizen, die körperlichen Beschwerden selbstständig zu mindern zugunsten eines Gesundheits- oder Körperbewusstseins.

Das geringe Einkommen erschwert eine gesundheitliche Vorsorge und Versorgung. Der Zahnersatz oder die Lesehilfe sind nicht finanzierbar und werden bei langer Arbeitslosigkeit häufig als nicht mehr notwendig eingestuft. Die Notwendigkeit solcher scheinbaren Kleinigkeiten für die Vermittlungsfähigkeit ist einigen Teilnehmern unter Umständen nicht bewusst. Das Fördern einer gesunden Lebensweise, gesunder Ernährung und des Körperbewusstseins ist daher ebenso Bestandteil der Aktivierung.

2.4 Bedarf an ganzheitlicher Betreuung

Die persönlichen Vorzüge Älterer gegenüber Jüngeren wie (Experten-)Wissen, Durchhaltevermögen, Pflichtbewusstsein und Beständigkeit müssen in dieser Lebenssituation erst wieder deutlich wahrgenommen und als Stärken erkannt werden, um eine bewusste Verhaltensänderung zu initiieren. Zur Verbesserung der Arbeitsmarktnähe des Teilnehmers wird ein ganzheitlicher Ansatz zur Aktivierung gewählt, der die Berufs- und Arbeitskenntnisse, die psychische Befindlichkeit und auch die gesundheitliche Situation berücksichtigt und in das Empowerment-Konzept integriert.

In der praktischen Umsetzung erfordert dieses Konzept die individualisierte Arbeit der Berater mit dem Teilnehmer (Profiling und Integrationsplan), die aktive Auseinandersetzung der Teilnehmer mit ihrer persönlichen Situation und ihre Bereitschaft für eine berufliche Umorientierung (Qualifizierung und Eigenaktivitäten). Unterstützend wirken sich im Maßnahmenverlauf die Gespräche in moderierten Gruppen aus. Hier tauschen sich die Teilnehmer untereinander über ihre Situation aus; sie erhalten Rückmeldungen bzw. Hilfen und erfahren Wertschätzung durch den Berater oder Coach.

3. Ganzheitlicher Betreuungsansatz

Physische und psychische Gesundheit ist nicht nur wichtig für den Erhalt der Arbeitskraft, sondern bei älteren Langzeitarbeitslosen auch ein wichtiger Aspekt für die Wiederherstellung ihrer Beschäftigungsfähigkeit. Das Konzept „50+AktivGesund" stellt den ganzheitlichen Ansatz mit den Bausteinen „Psyche – Physis – Praxis" in den Fokus der Betreuung, Beratung und Qualifizierung.

3.1 Situationsanalyse

Psyche: Frustration oder Scham vergrößern die Antriebsschwäche und hemmen die Motivation, sich dem Arbeitsmarkt zur Verfügung zu stellen. Arbeitslosigkeit und Einkommenseinbußen verringern Sozialkontakte und führen zu Veränderungen des sozialen und wirtschaftlichen Umfeldes. Eine Planung des Alltags, der früher durch einen Arbeitsrhythmus bestimmt wurde, entfällt. Vor allem allein lebende Teilnehmer leiden unter fehlenden Kontakten und erhalten selten Rückmeldungen, Anregungen oder Korrekturen zu ihrer Lebenssituation. Wachsende Ängste vor neuen Situationen und geringes Selbstvertrauen verringern das psychische Durchhaltevermögen.

Physis: Gesundheitliche Probleme bzw. eingeschränkte körperliche Leistungsfähigkeit werden von vielen Teilnehmern als Ausschlusskriterium für eine Arbeitsaufnahme benannt. Die Wechselwirkung zur psychischen Befindlichkeit darf hierbei nicht unterschätzt werden.

Praxis: Lebens- und Berufserfahrungen verlieren in Abhängigkeit von der Länge der Arbeitslosigkeit an Bedeutung, da diese Fähigkeiten nicht mehr nachgefragt und honoriert werden. Sprachdefizite werden selten durch Eigeninitiative des Teilnehmers behoben. Der Prozess des „Entlernens" entfernt die Teilnehmer weiter von den Anforderungen des Arbeitsmarktes (Marktferne).

3.2 Konzeptionelle Ansätze zum Empowerment

Um eine möglichst nachhaltige Integration zu erreichen, werden die individuellen Bedürfnisse der Teilnehmer berücksichtigt. Die Verbindung des Sozialcoachings mit Qualifizierung und „training on the job" hat sich im Projektverlauf bewährt und Integrationsfortschritte stark gefördert.

Psyche: Aktivitäten zur Arbeitsuche und Integration können erst dann wirksam umgesetzt werden, wenn Widerstände, Frustrationen, Ängste oder Depressionen nicht vorrangig die Lebenssituation zu bestimmen drohen. Der Prozess des Sozialcoachings bedeutet für den Teilnehmer ein Empowerment durch die aktive Auseinandersetzung mit der jeweiligen aktuellen Lebenssituation. Es wird die Bereitschaft zur Integration gefördert und Ängste vor der Konfrontation mit den Anforderungen des Arbeitsmarktes abgebaut. Das Sozialcoaching kann ebenso einen Impuls für eine Schuldner- oder Suchtberatung geben, eine Hilfe beim Wohnungswechsel sein oder Methoden zur Angstbewältigung durch fachlich geschulte Coaches vermitteln.

Physis: Mit zunehmendem Alter werden Leistungseinschränkungen deutlich, die sich vor allem in geringerer körperlicher Belastbarkeit äußern. Diese Einbußen sollen ins Bewusstsein gerufen werden. Durch neue Verhaltensweisen oder neue berufliche Einsatzmöglichkeiten (vor allem im Dienstleistungsbereich) werden Alternativen aufgezeigt. Regelmäßige Angebote zur Verbesserung der körperlichen Leistungsfähigkeit sind im Projektverlauf enthalten. In Zusammenarbeit mit der AOK Bayern werden Informationsveranstaltungen zu den Themen „richtige Ernährung" oder „richtige Bewegung und Rückenschule" angeboten. Wöchentliche Gymnastik und Entspannungsangebote ermöglichen dem Teilnehmer in Gruppen, das Körperbewusstsein zu verbessern. Die sozialen Kontakte der Maßnahmenteilnehmer werden gefördert.

Sozialcoaching bedeutet hier einen offenen Umgang mit körperlichen Problemen oder körperlicher Vernachlässigung. Richtiges Körperbewusstsein und Körperpflege werden in Einzelgesprächen als existenzielle Elemente der Employability thematisiert.

Praxis: Die individualisierte Profilingphase mit der Selbsteinschätzung des Teilnehmers und der Fremdeinschätzung durch den Berater zu Beginn der Maßnahme ermöglicht, die Stärken des Teilnehmers herauszuarbeiten und Defizite zu erkennen. Nach diesem Clearing können Berater und Teilnehmer gemeinsam eine Integrationsstrategie mit Aktivierungselementen vereinbaren. Qualifizierungsangebote wie Deutsch- und EDV-Kurse, Bewerbungstraining und Akquisetechniken bereiten den Teilnehmer auf die Integration vor und beheben Defizite. Um eine bessere Akzeptanz am Markt zu schaffen, werden markttaugliche Bewerbungsunterlagen für jeden Teilnehmer zeitnah erstellt. Es wird zudem ein strategisches Vorgehen als „Hilfe zur Selbsthilfe" für die Akquise und die Bewerbungssituation trainiert. Viele Teilnehmer beherrschen weder die netzgestützte Akquise noch können sie – aufgrund von Sprachdefiziten – die Stellenangebote nutzen.

Die Teilnehmer gewinnen im Rahmen des Projekts zunehmend Sicherheit für die Bewerbungssituation und können ihr Profil Arbeitgebern anbieten. Ziel des Trainings ist es, die Teilnehmer zu befähigen, Bewerbungsaktivitäten während und auch nach der Maßnahme selbstständig umsetzen zu können.

Fehlende Fertigkeiten können durch Praktika in eigenen NOA-Werkstätten nach individuellem Bedarf erworben werden. Empowerment durch „training on the job" bedeutet, nach längerer Arbeitslosigkeit den alltäglichen Arbeitsrhythmus durch ein Praktikum in einem Unternehmen wiederzufinden und Selbstvertrauen durch Akzeptanz zu entwickeln.

Ein Integrationspraktikum dient der Anbahnung einer sozialversicherungspflichtigen Beschäftigung. Die Praktikumsbegleitung durch den Berater garantiert einen Austausch zwischen Arbeitgeber, Teilnehmer und Projekt. Es werden Übernahmeperspektiven oder notwendige Qualifizierungen besprochen.

3.3 Rolle Berater/Rolle Coach

Ein zentrales Kennzeichen der Arbeit der NOA ist die enge Zusammenarbeit der Berater und Coaches. Kontinuierlich werden Aufbau und Inhalt der unterschiedlichen Tätigkeitsbereiche im intensiven Austausch abgestimmt. Die Berater sind ständige und direkte Ansprechpartner bei allen Fragen für den Teilnehmer während der Maßnahme (Administration/Sozialcoaching/Akquisition und Integrationsbetreuung). Sie sind zuständig für
- Teilnehmeraufnahme/Profilinggespräche/Entwicklung der Integrationsstrategie,
- Reflexion der aktuellen Teilnehmersituation,
- Beratung bei physischen und psychischen Problemen,
- Organisation der Qualifizierungsangebote für den Teilnehmer,
- Unterstützung durch intensive und individualisierte Akquise,
- Förderung der Bewerbungsaktivitäten und
- Betreuung des Praktikums und Nachbetreuung bei Integration.

Die Fachcoaches sind hingegen mit dem Bewerbungstraining und dem Sozialcoaching befasst. Ihre Aufgaben beinhalten:
- **Gruppentraining:** Unter diesen Aspekt fallen Bewerbungstraining, Akquise-Strategien, Telefontraining, Vorstellungsgespräche sowie Zeit- und Selbstmanagement.

- **Kleingruppenangebot:** Diese Maßnahme beinhaltet Themen wie Umgang mit Ängsten, Gesundheitsvorsorge oder Rückenschule und Entspannungstraining.
- **Individualtraining:** Hier stehen die Punkte „Standortbestimmung" durch Stärken- und Schwächenanalyse, individualisierte Bewerbungsunterlagen und individuelle Hilfen in der Bewerbungssituation im Mittelpunkt.

Der Projektverlauf in der Übersicht zeigt die Spannbreite der Möglichkeiten und die Schwerpunkte des Teilprojekts noch einmal auf:

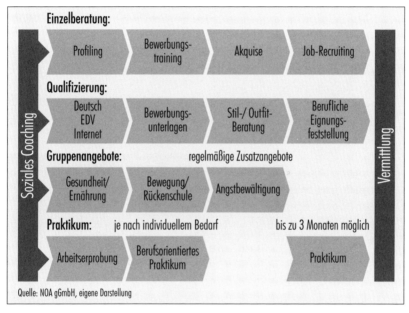

Abb. 3: Projektverlauf des Teilprojekts „50Plus – Erfahrung zählt"

4. Resümee

Neben quantitativen Erfolgen der messbaren Integrationen können individuelle Aktivierungsergebnisse, die durch ein verändertes und kooperatives Teilnehmerverhalten deutlich wurden, ebenso wie die Zufriedenheit der Teilnehmer, die im Teilnehmer-Feedback benannt wurde, als qualitative Erfolge der Maßnahme und deutliche Stufen zur Integration gewertet werden.

Im Folgenden werden wichtige Parameter zur Zielgruppe und zur praktizierten Projektumsetzung erläutert:
- Unter den zugewiesenen Teilnehmern lagen deutliche Vermittlungshemmnisse vor. Diese Gegebenheit machte sich durch Faktoren wie fehlende Berufsausbildung, fehlende Marktnähe, Sprachdefizite, Gesundheitsdefizite, geringe Bereitschaft und Möglichkeit zur regionalen Mobilität bemerkbar. Für diesen Personenkreis musste in der Clearingphase die Integrationsfähigkeit in eine sozialversicherungspflichtige Beschäftigung geprüft werden, um individualisierte Förderansätze (Qualifizierung, Arbeitserprobungen oder Praktika) in neue Beschäftigungsbereiche im Vorfeld zu erproben.
- Im Mittelpunkt der Integrationsförderung stand der Empowerment-Ansatz. Maßnahmen wie Sozialcoaching, Gesundheitsförderung, arbeitsmarktorientierte Qualifizierung und individualisierte Bewerbungsstrategien kamen hierbei zum Einsatz. Für alle Teilnehmer mussten zeitnah markttaugliche Bewerbungsunterlagen angefertigt werden.
- Es war notwendig, auch den Arbeitsmarkt (Region)/die Arbeitgeber (Organisation) für diese Klientel zu sensibilisieren und Akzeptanz zu schaffen. Die Integration der Teilnehmer erfolgte im Prozess des Matchings von Teilnehmer- und Marktsituation, wobei dem eigentlichen Prozess Orientierungs- und Erprobungsphasen vorgeschaltet wurden. Insgesamt konnten die Teilnehmer vor allem über Hilfstätigkeiten oder Tätigkeiten für Geringqualifizierte in den Arbeitsmarkt vermittelt werden – überwiegend im Dienstleistungsbereich (Reinigung und Betreuung), aber auch (saisonbedingt) in der Produktion. Für alle Integrationen war im Vorfeld eine intensive individualisierte Akquise notwendig. Häufig konnten hierbei „Nischen" im Dienstleistungsbereich durch die zahlreichen Firmenkontakte der Berater gefunden und genutzt werden.
- Längere Integrationspraktika fanden nicht nur auf Arbeitgeberseite Zuspruch. Auch auf Arbeitnehmerseite stieß die Maßnahme auf positive Resonanz. Verschiedene Faktoren waren dafür verantwortlich: Zum einen konnten die Teilnehmer ihre grundsätzliche Einsetzbarkeit unter Beweis stellen. Zum anderen verhalf die Arbeit im Betrieb zu Erfolgserlebnissen und trug auf diesem Wege häufig zur Steigerung des Selbstwertgefühls nach längerer Arbeitslosigkeit bei.
- Die hohe Akzeptanz des Projektkonzeptes unter den Teilnehmern konnte durch die begleitende Evaluation belegt werden. Mehr als 80 Prozent der Teilnehmer waren grundsätzlich bereit, die Maßnahme weiterzuempfehlen.

5. Ausblick

Die Entwicklung des Arbeitsmarktes in Nürnberg zeigt einen Schwund der Arbeitsplätze im produzierenden Gewerbe. Das bedeutet eine Verschiebung vom produzierenden Wirtschaftssektor hin zum Dienstleistungssektor. Damit ist auch eine Veränderung des Anforderungsprofils an die Arbeitnehmer verbunden. Dieses Anforderungsprofil muss bewusst wahrgenommen und in Integrationsstrategien aufgenommen werden. Neue Einsatzbereiche müssen für die Klientel der an- und ungelernten älteren Arbeitsuchenden im Dienstleistungsbereich gesucht werden. Hier liegt der Fokus auf einfachen Dienstleistungen im Gastronomiebereich, auf Servicetätigkeiten oder personenbezogenen Dienstleistungen.

Um diese Arbeitsplätze auch für Ältere zu erschließen, bedarf es einer Qualifizierung, die sich eng am zukünftigen Arbeitsplatz orientiert. Dieses Vorgehen setzt einen Reflexionsprozess mit dem Teilnehmer voraus, um vorhandene Stärken zu ermitteln, Vermittlungshemmnisse abzubauen und Kompetenzen zu aktivieren und zielgerichtet einsetzen zu können. Das Integrationspraktikum („training on the job") z.B. im Altenpflegehelferbereich führte zu erfolgreichen und nachhaltigen Integrationen (vgl. das Praxisbeispiel im Beitrag von Heumann in diesem Band). Erfahrungswissen, tatsächliche Leistungspotenziale und Kenntnisse konnten Teilnehmer zuverlässig unter Beweis stellen.

Grundlage für eine erfolgreiche Aktivierungs- und Integrationsstrategie ist die vertrauensvolle Zusammenarbeit zwischen Teilnehmer und Berater – „Vermittlungsarbeit ist Beziehungsarbeit". Als Aktivierungserfolg des Teilnehmers können alle Verhaltensweisen gewertet werden, die auf das Ziel einer bewussten Verbesserung der Employability ausgerichtet sind. Dazu gehört die gezielte Stärkung der körperlichen Leistungsfähigkeit, ebenso mögliche Schritte zur Stabilisierung bei psychischen Problemen, aktiver Umgang mit finanziellen Problemen (Schuldnerberatung), aber auch die regelmäßige aktive Teilnahme an Gruppen- und Einzelterminen oder an Qualifizierungsangeboten (EDV- und Deutschkurse). Bewerbungsaktivitäten, Vorstellungsgespräche, Praktika (von mehr als 25 Prozent der Teilnehmer) sowie Probearbeiten runden den Katalog der Aktivierungsnachweise ab. Die Erfolge des Konzeptes und der Maßnahme sind durch persönliche Arbeit mit dem Teilnehmer geprägt und individuell nachweisbar.

Ingenieure und Techniker im Blickfeld: höher qualifizierte Langzeitarbeitslose an der Georg-Simon-Ohm-Hochschule für angewandte Wissenschaften – Ein Ansatz zur Realisierung eines modernen, arbeitsmarktnahen sowie individuell begleitenden Qualifizierungsprogramms

Ulrike Wirth, Achim Hoffmann

1. Projektbeteiligung der Georg-Simon-Ohm Hochschule für angewandte Wissenschaften am Beschäftigungspakt „Pakt50 für Nürnberg"

Die Aus- und Weiterbildungsangebote für ältere, höher qualifizierte Personen stellen eine Herausforderung für die wirtschaftlichen und politischen Akteure dar. Die Entwicklung des viel beschriebenen „demografischen Wandels" steuert derzeit auf ihren Höhepunkt zu. Im Lichte des zukünftig geltenden späteren Renteneintrittsalters erscheint es notwendig, dass Arbeitnehmer während ihres beruflichen Verlaufs stets hinreichend aktuell qualifiziert sind und von Seiten der Unternehmen in altersgerechte Arbeitsaufgaben eingebunden werden. Es gilt, dem „Jugendwahn" der Personalpolitik entgegenzuwirken, den heute Arbeitsuchende in Deutschland bereits im Alter von 40 Jahren zu spüren bekommen. Zwischen Qualifikationsgrad und Arbeitslosigkeit besteht eine hohe Korrelation, sodass adäquate Qualifizierungsprogramme auch für die Zielgruppe der Über-50-Jährigen zunehmend an Bedeutung gewinnen, die dem komplexen Erfahrungsschatz Älterer und insbesondere höher Qualifizierter gerecht werden können.

Ziel der Bundesregierung ist es, Firmen bzw. Arbeitgeber zu ermutigen, „Arbeit auch für die Älteren" bereitzustellen und deren Erfahrungsschatz zu nutzen (vgl. Müntefering 2006). Dies bedeutet auch, dass die älteren Arbeitsuchenden sich arbeitsmarktnah nachqualifizieren müssen, um den Arbeitsmarktanforderungen mit aktuellem Wissen begegnen zu können. Die Hochschule Nürnberg hat sich im Hinblick auf die Herausforderungen des demografischen Wandels für eine Teilnahme am Beschäftigungspakt „Pakt50 für Nürnberg" (vgl. Freiling in diesem Band) entschieden, um ihrem gesetzlichen Auftrag der Weiterbildung nachzukommen und rechtzeitig Lösungen für die derzeit viel diskutierten gesellschaftlichen Themen wie „Alternde Belegschaften", „Lernverhalten Älterer" oder aber „Ingenieursqualifizierung" in der Zukunft anbieten zu können.

Die Weiterbildungsquote bei den 55- bis 64-jährigen Arbeitnehmern lag im Jahr 2003 in Deutschland nur bei 9 Prozent. Ziel der Bundesregierung in diesem Zusammenhang ist es, dieses für den Wirtschaftsstandort Deutschland viel zu niedrige Niveau schrittweise an die europäische und internationale Spitze heranzuführen (vgl. Initiative 50plus 2006) sowie die Beschäftigungsquote der Älteren insgesamt auf 50 Prozent zu steigern. In diesem Zusammenhang ist die Hochschule für angewandte Wissenschaft in Nürnberg prädestiniert, für die Zielgruppe von höher Qualifizierten – insbesondere von Technikern und Ingenieuren – erwachsenengerechte Lernangebote für den Arbeitsmarkt anzubieten. Eine neue Perspektive stellt die Zuschneidung der Angebote sowohl auf die Über-50-Jährigen als auch auf die Zielgruppe von Langzeitarbeitslosen dar. Diesen Aspekten wird im folgenden Modell besonders durch den individuellen Qualifizierungsansatz sowie unter Berücksichtigung des im Vergleich zu jüngeren Studenten unterschiedlichen Lernverhaltens Älterer Rechnung getragen.

2. Ausgangssituation: Ältere hoch- und höher Qualifizierte ALG II-Empfänger in Nürnberg

Zum Zeitpunkt des Projektantrags 2005 war nach Auswertung der ARGE Nürnberg zum Potenzial der ALG II-Bezieher erkennbar, dass ca. 50 Ingenieure, ca. 40 Techniker und 450 Personen verschiedener Facharbeiterbereiche als potenzielle Kandidaten für das Projekt der Hochschule infrage kamen. Bei den ALG II-Empfängern in Nürnberg mit Hochschulabschluss bzw. Fachschulabschluss dominieren die technischen Berufe. Dieser Umstand lässt sich unter anderem darauf zurückführen, dass in Nürnberg überproportional viele Spätaussiedler und jüdische Kontingentflüchtlinge aus den ehemaligen GUS-Staaten zugezogen sind. Das formale Ausbildungsniveau dieser zugereisten Personen ist in der Regel höher als jenes der deutschstämmigen Langzeitarbeitslosen, da in den genannten Herkunftsländern prozentual mehr Menschen einen Hochschulabschluss absolvierten als in

Deutschland. Ein zentrales Problem dieser Personengruppe beim Zugang zum Arbeitsmarkt besteht allerdings darin, dass die im Heimatland erworbenen Abschlüsse in Deutschland nicht immer anerkannt sind.

Diese Ausgangslage sowie die Tatsache, dass zu Beginn des Beschäftigungspaktes für die registrierten älteren langzeitarbeitslosen Ingenieure und Techniker in Nürnberg keine verstetigten Qualifizierungs- und Vermittlungsangebote existierten, welche dem spezifischen Erfahrungsschatz Älterer sowie dem komplexeren notwendigen Nachqualifizierungsumfang höher Qualifizierter gerecht wurden, bestätigte nochmals den Bedarf, ein entsprechend geeignetes Modellprojekt zu schaffen.

3. Das Qualifizierungsmodell der Georg-Simon-Ohm Hochschule für angewandte Wissenschaften

Das Qualifizierungsmodell der Hochschule hat zum Ziel, die Beschäftigungsfähigkeit von höher qualifizierten Arbeitsuchenden mit aktuellen fachlichen Qualifikationen wiederherzustellen und somit nicht nur eine klare Qualifizierungs- und Bewerbungsstrategie für eine möglicherweise letzte berufliche Verlaufsphase innerhalb der Lebensarbeitszeit zu entwickeln, sondern auch deren Vermittlungschancen deutlich zu erhöhen und somit eine Integration in den Ersten Arbeitsmarkt zu ermöglichen. Hierzu ist es notwendig, dass ausreichende Ansatzpunkte aus dem bisherigen beruflichen Lebenslauf für das vorgesehene Modell bei den potenziellen Teilnehmern bestehen.

3.1 Auswahlkriterien und Zielgruppenpersonen

Zielgruppe des Projekts „Pakt50 für Nürnberg" an der Hochschule sind Personen aus dem Einzugsbereich der Nürnberger Agenturbezirke (siehe Abschnitt 2), die mindestens 50 Jahre alt und im ALG II-Bezug registriert sind. Sie sollten über eine technische Ausbildung oder einen Hochschulabschluss verfügen und ausreichende Kenntnisse bzw. Berufserfahrungen mitbringen, die Ansatzmöglichkeiten für eine Beschäftigung sowie zur Weiterqualifizierung an der Hochschule bieten. Insgesamt ist das Modellprojekt der Hochschule auf 30 Personen dieser Zielgruppe ausgerichtet worden.

Die Hochschule kann mit ihrem Modellprojekt vor allem Zielgruppenpersonen der Qualifikation Ingenieur, Techniker, Meister oder Facharbeiter einbinden und weiterbilden. Die Betreuung der fachlichen Qualifizierung – in Abhängigkeit zur individuellen Vorbildung – wird durch die technischen Fachbereiche (z.B. Informatik, Maschinenbau, Elektro-/Feinwerk-/Informationstechnik, Chemie), die Verwaltungsabteilungen (z.b. Haushaltsabteilung, Hochschulkommunikation), die zentralen Einrichtungen (z.b. Technische und Zentrale Dienste, Rechenzentrum) sowie die In- und An-Institute der Hochschule gewährleistet. Für die fachliche Anbindung an die auszuwählenden Durchführungsorte ist hohes Interesse an einem Beschäftigungseinsatz in Wissenschaft und Technik (z.b. Labortätigkeit, EDV-Zentren, Betreuung von Studenten, Lehr- und Lernkonzepte, Forschungsarbeiten) unabdingbar.

Um im Umfeld einer Hochschule die arbeitsmarktrelevanten fachlichen Kompetenzen zu erwerben, sind gewisse fachübergreifende Grundvoraussetzungen (Schlüsselkompetenzen) bei den Zielgruppenpersonen erforderlich. Aufgrund des Lehrbetriebs ist keine 1:1-Betreuung im betrieblichen Alltag vorgesehen, sodass die Fähigkeit zu selbstständiger Arbeitsweise und eigenverantwortlichem Lern- und Arbeitsverhalten als Auswahlkriterium herangezogen wird. Ebenso sind eine hohe Motivation und Eigeninitiative, Flexibilität im Umgang mit Menschen und ein geübter Umgang mit neuen Kommunikationsmedien und EDV-Programmen im betrieblichen Alltag der Hochschule sowie bei potenziell zukünftigen Stellenangeboten für die höher Qualifizierten notwendig.

3.2 Vorgehen im Pakt50-Modell der Hochschule

Ein erster Schritt zur Realisierung des Modellprojekts der Hochschule ist die Herstellung von Transparenz. Die bildlich dargelegte Vorgehensweise zeigt, mit welchen Zielstellungen und Verantwortlichkeiten die verschiedenen Projektpartner sowie eine Vielfalt an Personen als Projektteam Pakt50 (Projektleitung und -koordination, Fachbetreuer, Coaches, Dozenten, Sekretariat) bei der Entwicklung und Umsetzung der individuellen Qualifizierungs- und Bewerbungsstrategie der Teilnehmer eingebunden sind.

3.2.1 Auswahl und Zuweisung

Wie in Abbildung 2 dargestellt, erfolgt zunächst eine Auswahl und Zuweisung von Bewerberprofilen gemäß der vorgestellten Auswahlkriterien (siehe Abschnitt 3.1) sowie eine umfassende Erstinformation über das Projekt Pakt50 für die potenziellen Bewerber bzw. Teilnehmer durch die zuständigen Mitarbeiter der ARGE Nürnberg (vgl. Hobauer/Mennicke in diesem Band)

	Ziele:	Verantwortlich:
Auswahl geeigneter Bewerberprofile und **Erstinformation** der potenziellen Teilnehmer/in bzw. Bewerber/in	Auswahl geeigneter Bewerberprofile (Ingenieure, Informatiker, Techniker, Meister) Umfassende Erstinformation über Pakt50 sowie die Zielsetzung der GSO Hochschule (Qualifizierung durch individuelle Kombination von Beschäftigung und Fortbildung)	Mitarbeiter der ARGE
Erstgespräch Hochschule-Bewerber/-in und **Beurteilung** des **Teilnahmepotenzials**	Überprüfung der Angaben im Bewerberprofil mit den Fähigkeiten des Bewerbers sowie der Übereinstimmung des Lebenslaufs mit den Zeugnissen Beurteilung des Bewerbers und Überlegungen hins. Möglichkeiten eines Beschäftigungseinsatzes an der Hochschule mit Weiterqualifizierung	Projektleitung Hochschule
Zweitgespräch Hochschule-Bewerber/-in und **Entscheidung** über **Teilnahme**	Überprüfung der Fähigkeiten und praktischen Fertigkeiten des Bewerbers mit den Möglichkeiten und Anforderungen der Fachbereiche bzw. Abteilungen Entscheidung über Möglichkeiten eines Beschäftigungseinsatzes an der Hochschule	Fachbereiche Hochschule / Abteilungsleiter Hochschule
10 Monate Teilnahme Pakt50 am Qualifizierungsmodell der Hochschule	Auffrischung vorhandener und Neuerwerb geeigneter Kenntnisse durch unmittelbaren Arbeitseinsatz sowie individuelle Weiterbildungsmodule (Lehrveranstaltungen, Weiterbildungsmodule) Coachingmaßnahmen: - Potenzialeinschätzung - Qualifizierungspläne - Soft Skills Workshops	Teilnehmer / Fachbereiche Hochschule / Projektleitung Hochschule
Integration der Teilnehmer in den ersten **Arbeitsmarkt** und **Publikation** der **Ergebnisse**	Unterstützung der Teilnehmer bei der Arbeitsplatzsuche durch das Netzwerk der Hochschule (An-Institute, Unternehmensausgründungen, Drittmittelpartner, Personalleiterkreis, Kontakte BdF und Kuratoren, etc.) Veröffentlichung der Ergebnisse des Modellprojekts	Fachbereiche Hochschule / Projektleitung Hochschule

Quelle: GSO Hochschule Nürnberg, eigene Darstellung

Abb. 1: Vorgehensweise Pakt50 an der Hochschule

3.2.2 Erstgespräch und Beurteilung des Teilnahmepotenzials

Im zweiten Schritt findet eine Beurteilung des Teilnahmepotenzials der Bewerber durch die Projektleitung Pakt50 der Hochschule statt. Während des individuellen Erstgesprächs werden der berufliche Verlauf, die beruflichen Kenntnisse sowie die Qualifizierungsziele des Bewerbers erörtert und die Möglichkeiten eines Beschäftigungseinsatzes an der Hochschule in Kombination mit einer geeigneten Weiterqualifizierung ausgelotet. Wird dies positiv bewertet, erfolgt die Suche nach einem geeigneten Durchführungsort für den Bewerber, um dessen individueller Zielstellung gerecht zu werden.

3.2.3 Zweitgespräch und Überprüfung der Kompetenzen

Das Zweitgespräch durch den/die potenziellen fachlichen Betreuer überprüft die Fähigkeiten und praktischen Fertigkeiten des Bewerbers mit den Möglichkeiten und Anforderungen der infrage kommenden Durchführungsorte. Es werden mögliche Aufgaben konzipiert. Die Entscheidung über die Teilnahmemöglichkeit wird im Anschluss an diese Beurteilungsstufe durch die Fachabteilung bzw. den Fachbereich getroffen, da hier der Beschäftigungseinsatz und die fachliche Betreuungsarbeit im Alltag stattfinden und dies somit die „hochschulinterne Heimat" des Teilnehmers im Verlauf des gesamten Qualifizierungsprozesses sein wird.

3.2.4 Zehnmonatiger Qualifizierungsprozess

In dem zehnmonatigen Qualifizierungsprozess werden die vorhandenen Kenntnisse aufgefrischt sowie Neuqualifizierungen bei Bedarf durch unmittelbaren Beschäftigungseinsatz sowie individuelle Weiterbildungsmodule ermöglicht. Die fachliche Aus- und Weiterqualifizierung (siehe Abschnitte 3.3.1 und 3.3.2) wird durch umfangreiche Coachingmaßnahmen (Potenzialeinschätzung, Qualifizierungsplanung, Bewerbungscoaching, EDV-Labor, Selbstpräsentation) intensiv flankiert (siehe Abschnitt 3.3.3).

3.2.5 Integration in den Ersten Arbeitsmarkt und Wissenstransfer

Das Gesamtziel der Teilnehmer – die Integration in den Ersten Arbeitsmarkt – wird bei der Arbeitsplatzsuche durch vielfältige individuelle Vermittlungsaktivitäten der Fachbetreuung und des Projektteams unterstützt. Dies sind die Bereitstellung der Kontakte der Hochschule, Weiterleitung geeigneter Stellen durch die spezifisch für die Zielgruppe eingerichtete Stellendatenbank[1], aktives Einzelcoaching bei Bewerbungen sowie die individuelle Nachbetreuung der bereits aus dem Projekt ausgeschiedenen Teilnehmer, die bei Maßnahmenende noch keine geeignete Arbeitsstelle gefunden haben.

Das Modellprojekt der Georg-Simon-Ohm Hochschule zur Integration älterer, höher qualifizierter ALG II-Empfänger ist auf eine Laufzeit von zwei Jahren begrenzt. Es hat zum Ziel, die Integrationschancen im Ersten Arbeitsmarkt für den ausgewählten Personenkreis erheblich zu steigern. Mit geeigneten Publikationen über Ergebnisse und neue Erkenntnisse soll schließlich zum Wissenstransfer über ältere Langzeitarbeitslose beigetragen werden.

3.3 Der Qualifizierungsprozess Pakt50 an der Hochschule: Qualifizierung = Beschäftigung + Weiterbildung + Coaching

Der Qualifizierungsprozess an der Hochschule für die Pakt50-Teilnehmer folgt einer aufgestellten Gleichung: Eine arbeitsmarktnahe Weiter- bzw. Nachqualifizierung für höher qualifizierte ALG II-Empfänger wird durch ein kombiniertes Training aus aktuellen Beschäftigungsinhalten, einer darauf bezogenen Weiterbildung sowie durch Auffrischung der Kenntnisse als auch den Neuerwerb von Qualifikationen mit einem intensiven Coaching-Begleitprogramm erreicht.

Die ausgewählten Teilnehmer sind für zehn Monate in einen ihrer beruflichen Laufbahn entsprechenden Beschäftigungseinsatz an der Hochschule eingebunden. Sie erhalten eine spezifische Begleitung bei der Entwicklung ihrer beruflichen Zukunftsperspektive und haben die Möglichkeit zur individuellen, maßgeschneiderten Weiterqualifizierung. Die persönliche Bedürfnislage der Teilnehmer steht im Mittelpunkt, um den größtmöglichen Erfolg der Projektteilnahme zu gewährleisten. Ein verbindliches und detailliertes Konzept für den Einzelnen wird daher individuell vor Ort definiert.

Das zehnmonatige Qualifizierungsmodell soll im Folgenden ausführlich beschrieben werden, um einen Erfahrungsaustausch auch in Zukunft mit ähnlichen Ansätzen zu ermöglichen.

---

[1] Der Projektpartner aqua hat zur Aufgabe, speziell für die ab 50-jährigen Langzeitarbeitslosen in der Region Nürnberg geeignete Stellen zu akquirieren (vgl. Hansel/Stößel in diesem Band).

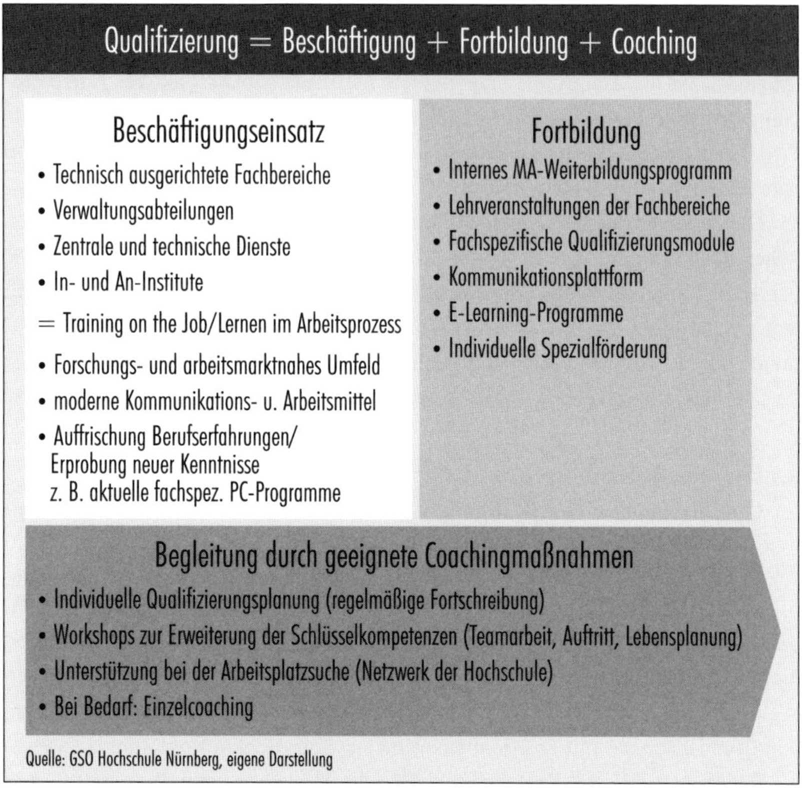

Qualifizierung = Beschäftigung + Fortbildung + Coaching

Beschäftigungseinsatz
- Technisch ausgerichtete Fachbereiche
- Verwaltungsabteilungen
- Zentrale und technische Dienste
- In- und An-Institute

= Training on the Job/Lernen im Arbeitsprozess

- Forschungs- und arbeitsmarktnahes Umfeld
- moderne Kommunikations- u. Arbeitsmittel
- Auffrischung Berufserfahrungen/ Erprobung neuer Kenntnisse z. B. aktuelle fachspez. PC-Programme

Fortbildung
- Internes MA-Weiterbildungsprogramm
- Lehrveranstaltungen der Fachbereiche
- Fachspezifische Qualifizierungsmodule
- Kommunikationsplattform
- E-Learning-Programme
- Individuelle Spezialförderung

Begleitung durch geeignete Coachingmaßnahmen
- Individuelle Qualifizierungsplanung (regelmäßige Fortschreibung)
- Workshops zur Erweiterung der Schlüsselkompetenzen (Teamarbeit, Auftritt, Lebensplanung)
- Unterstützung bei der Arbeitsplatzsuche (Netzwerk der Hochschule)
- Bei Bedarf: Einzelcoaching

Quelle: GSO Hochschule Nürnberg, eigene Darstellung

Abb. 2: Das zehnmonatige Qualifizierungsmodell der Hochschule

3.3.1 Beschäftigungseinsatz und Leistungsbeurteilung

Die Teilnehmer am Projekt Pakt50 werden in speziell konzipierte Aufgaben der Hochschule als betreute Mitarbeitende qualifikationsgerecht eingebunden und erhalten hierdurch eine praktische Weiterbildung (*Training on the Job*/Lernen im Arbeitsprozess). Sie werden in wissenschaftlichen Bereichen (Fachbereiche, Institute) oder in einer der Fachabteilungen eingesetzt (vgl. Abschnitt 3.1).

Bei Teilnahmebeginn wird für den neuen Teilnehmer ein kompletter Arbeitsplatz mit PC (siehe auch Abschnitt 3.3.3.6) eingerichtet, die notwendigen Programme, Arbeits- und Hilfsmittel sowie Werkzeuge werden beschafft bzw. zur Verfügung gestellt und die Integration ins Arbeitsteam definiert. Der Betreuer konkretisiert gemeinsam mit dem Teilnehmer in Abhängigkeit vom Gesamtqualifizierungsziel die Aufgaben bzw. Projekte, die für die zehnmonatige Qualifizierungszeit möglich, aber auch realistisch sind. Bei Bedarf wird ein Einarbeitungsplan erstellt. In dieser Phase wird bereits der fachliche Qualifizierungsbedarf offensichtlich. Das zentrale Ergebnis aus der Beschäftigungszeit wird eine *Leistungsbeurteilung* durch den Fachbetreuer sein. Dies ist ein wichtiges Ziel, da die Teilnehmer meist über keine arbeitsmarktrelevanten Zeugnisse verfügen.

3.3.2 Weiterbildung und Qualifikationsmatrix

Die Teilnehmer erhalten Gelegenheit, parallel zur praktischen Beschäftigung für ihre theoretische Weiterbildung hochschulinterne Veranstaltungen und Kurse zu besuchen oder an Qualifizierungsangeboten hochschulnaher Einrichtungen teilzunehmen. Ergänzend dazu werden über E-Learning-Programme und durch spezifische Fachqualifikationen die Beschäftigungsmöglichkeiten jedes Einzelnen gesteigert.

Folgende Möglichkeiten können bei der Auswahl der Qualifizierungseinheiten ausgeschöpft werden:
- *Fachbereichsbezogene Vorlesungen, studentische Praktika und Tutorien,*
- *Fachspezifische Tools bzw. EDV-Programme* (z.B. Datenbank- oder Softwareentwicklung, Programmierung von Webanwendungen, CAD-Programme)
- *Fachspezifische Literatur* (Bibliothek und Fachbereiche),
- Kurse aus dem *Programm der internen Mitarbeiterfortbildung* (insbesondere Microsoft Office-Kenntnisse),
- *Sprachkurse des Language Center* der Hochschule,
- *E-Learning-Programme* (in Kooperation mit bbw-online),
- *Fachgebundene externe Schulungen,*
- *Studienfahrten* oder *Dienstreisen.*

Die ausgewählten, kostenpflichtigen Kurse werden mit der Fachbetreuung und der Projektleitung hinsichtlich der Gesamtzielstellung überprüft und ggf. genehmigt. Im Einzelfall können auch externe Schulungen, Intensivtrainings und Einzelunterricht genehmigt werden, wenn das Erlernen der Inhalte einen entscheidenden Schritt hin zur Arbeitsmarktnähe darstellt.

Zielstellung der intensiven, umfassenden Qualifizierung für die Teilnehmenden ist es, sich am Ende der Teilnahmezeit eine *individuelle Qualifikationsmatrix*

	Name: XY Vorname: XYZ Teilnahmezeitraum: 20.01. - 22.11.2006	
Sprachkurse **Language** **Center**	**Inhalt**	**Zeitraum**
	Englisch	Mitte Juni - Ende Sept. 2006
	deutsch 1	Juli - September 2006
	deutsch 2	Oktober - Dez. 2006
Fachspezifische **Qualifikation**	**Inhalt**	**Zeitraum**
	ACCESS, ORACLE XE, ORACLE, SQL, PL/SQL, INTERNET, OOP, MICROSOFT OFFICE	im Rahmen der Projektaufgaben erlernt
Coaching / **Bewerbungstraining**	teilgenommen, Gruppe 2:	17.05.2006
	Wo stehe ich - Diagnose	29.06.2006
	Bewerbungsstrategie	20.07.2006
	Auftritt und Wirkung	09.08.2006
Leistungsbeurteilung	ja, ausgestellt durch Leiter Rechenzentrum	v. 15.11.2006
Kommunikations- **plattform**	**E-Learning-Programm**	**Zeitraum**
	Online-Lernen selbst gestalten	04.07. - 31.10.2006
	Planen im Projekt: Zeit - Ressourcen - Kosten	04.07. - 31.10.2006
	Englisch online für Anfänger	04.07. - 31.10.2006
	Deutsch online für Anfänger	04.07. - 31.10.2006
	Grundlagenprojekt Projektmanagement - Modulpaket	07.09. - 31.01.2006
	Webdesign	07.09. - 31.01.2006
	Business Englisch online	20.10. - 31.01.2006
	Dialogfunktionen SAP R/2	20.10. - 31.01.2006
	Englisch für Fortgeschrittene	01.11. - 31.01.2006
	VBA-Programmierung Grundlagen	01.11. - 31.01.2006

(siehe Abbildung 4) erarbeitet zu haben, welche die aktuellen fachlichen Kenntnisse widerspiegelt, die Bewerbungslage am Arbeitsmarkt deutlich verbessert und somit eine Integration ermöglicht.

	Kurstitel	Datum
	Aufbau und Struktur der GSO Hochschule	24.04.2006
	MS Excel - Fortgeschrittene - Wir »funktionieren«	09.05.2006
	Schriftverkehr	22.05.2006
Interne Mitarbeiter-Fortbildung	MS Excel - Fortgeschrittene - Wir sammeln Daten	23.05.2006
	MS Word - Fortgeschrittene - Serienbrief	30.05.2006
	MS Excel - Fortgeschrittene - Wir festigen uns	20.06.2006
	MS Word - Fortgeschrittene - Grafische Gestaltung	27.06.2006
	MS Excel - Fortgeschrittene - Wir veröffentlichen	04.07.2006

Quelle: GSO Hochschule Nürnberg, eigene Darstellung

Abb. 3: Individuelle Qualifikationsmatrix eines Teilnehmers

3.3.3 Das Coaching-Begleitprogramm: Umfassende Beratung durch personenzentriertes Coaching

Um das Ziel der Maßnahme, die Integration in den Ersten Arbeitsmarkt zu realisieren, steht die *individuelle, Know-how-basierte Perspektive und Weiterqualifizierung* der Teilnehmer im Mittelpunkt des Qualifizierungsprozesses. Folgende *begleitende Coachingmaßnahmen* werden im Rahmen von Pakt50 zur Unterstützung der individuellen Qualifizierungs- und Bewerbungsstrategie angeboten: Individuelle Potenzialeinschätzung, Qualifizierungsplanung, soziales Kompetenz- und Bewerbungstraining, EDV-Labor, (Selbst-)Präsentation mit Feedback sowie Anwendung der Kommunikationsplattform.

3.3.3.1 Bestandsaufnahme und Potenzialeinschätzung

Bestandsaufnahme und Potenzialeinschätzung sind ein wesentlicher Baustein der Einarbeitungszeit im ersten Monat. Jedem Teilnehmer wird ein Coach zur weiteren Qualifizierungsplanung (siehe Abschnitt 3.3.3.2) zugeteilt. Dieser begutachtet nochmals den bisherigen Karriereverlauf und ermittelt zusammen mit dem Teilnehmer – soweit möglich – dessen Entwicklungspotenzial im Einzelgespräch. Von Seiten der Fachbetreuung wird neben der Einrichtung des Arbeitsplatzes ein Einarbeitungsplan erstellt, welcher dem Qualifikationsniveau des Teilnehmers zu Beginn der Maßnahme gerecht wird.

3.3.3.2 Individuelle Qualifizierungsplanung

Individuelle Qualifizierungsplanung und kontinuierliche Fortschreibung finden in Entwicklungsgesprächen zwischen dem jeweils zuständigen Coach, dem Teilnehmer und dem fachlichen Betreuer (i.d.R. dem betreuenden Professor bzw. dem Abteilungsleiter) alle zwei Monate statt. Hierbei werden die Aufgaben zur praktischen Weiterqualifizierung sowie die notwendigen theoretischen Qualifizierungsmodule konkretisiert und in einem individuellen Plan dokumentiert, kontinuierlich überprüft und ggf. geeignete Interventionen bzw. Neuplanungen vorgenommen. Die Fachbetreuer kennen den Arbeitsmarkt in der betreffenden Branche und können somit hilfreiche Hinweise für die Bewerbungs- und Qualifizierungsstrategie liefern und geeignete Kontakte vermitteln. Die Erarbeitung der Qualifizierungsstrategie kann nach individuellem Bedarf unterstützend im Einzelcoaching fortgesetzt werden.

3.3.3.3 Workshops zum Bewerbungscoaching

Workshops mit dem Ziel der Erweiterung der Schlüsselkompetenzen und somit des Bewerbungscoachings werden in den ersten Monaten der Teilnahmezeit zur Erarbeitung der individuellen Bewerbungsstrategie in Kleingruppen durchgeführt. Hierbei sollen die Teilnehmer folgende Möglichkeiten wahrnehmen:
- durch Feedback die eigene Wirkung auf andere besser kennenlernen,
- Reflexion und Verbesserung der Selbstpräsentation,
- miteinander und voneinander lernen,
- durch prozessorientiertes Arbeiten und Lernen die Workshops mit verantworten und mit gestalten.

Die Wünsche der Teilnehmer ergänzen diese Ziele:
- Unterstützung bei der Veränderung persönlicher Verhaltensweisen,
- Probleme ansprechen, die durch die Arbeit entstehen,
- Möglichkeiten für die Arbeitsplatzfindung erweitern,

- Neues lernen/neue Erkenntnisse gewinnen,
- Kontakte knüpfen,
- Praktische Tipps für die Bewerbung erhalten.

Die Teilnehmer visualisieren in den Workshops ihren bisherigen beruflichen Verlauf, auch die Brüche in der Erwerbsbiografie, und erhalten durch die Gruppe ein Feedback zu ihrem Auftritt und ihrer Wirkung hinsichtlich ihrer selbst gesetzten Ziele. Sie erhalten ein Training in Gesprächsführung und Auftreten gegenüber Kunden und Arbeitgebern und haben in Reflexionseinheiten die Möglichkeit, notwendige Korrekturen hinsichtlich ihrer eigenen *Bewerbungsstrategie* vorzunehmen. Flankierend werden in der Kleingruppe soziale Fähigkeiten in Teamarbeit sowie der Umgang mit Feedbackkultur geschult. Die Erarbeitung der Bewerbungsstrategie kann nach individuellem Bedarf unterstützend im Einzelcoaching fortgesetzt werden.

3.3.3.4 EDV-Labors und Tutoring

Ergänzend zu den Workshops werden in *EDV-Labors* folgende Themenstellungen behandelt:
- Der Lebenslauf,
- Das Anschreiben,
- Der Bewerbungsflyer,
- Jobbörsen und Stellenrecherche im Internet,
- Die Online-Bewerbung,
- Bewerbung bei Zeitarbeitsfirmen.

Im EDV-Labor wird ein fachlicher Input von einem Mitarbeiter des Projektteams referiert. Dieser beinhaltet aktuelle Standards aus der Bewerbungsliteratur sowie Tipps aus dem Bewerbungs-Know-how der Referenten. Im Anschluss daran werden im Tutoring-Verfahren die Teilnehmer bei der Ausarbeitung ihrer Aufgaben durch das Projektteam unterstützt. Die konkrete Bewerbung wird nach individuellem Bedarf im Einzelcoaching unterstützt.

3.3.3.5 Präsentationsworkshops

Jeder Teilnehmer stellt im Rahmen eines Präsentations-Workshops seine Arbeitsergebnisse vor. Vier Ziele werden dabei verfolgt:

- Darstellung der eigenen Arbeitsergebnisse (oder eines bestimmten, im fachlichen Zusammenhang stehenden thematischen Fokus);
- Beherrschen eines Präsentationstools (z.b. Power Point);
- Selbstpräsentation: Vortrag und Anwendung der Präsentationstechnik;
- Feedback zum eigenen Auftritt und zu der Wirkung auf die Teilnehmergruppe nach Wunsch.

Die Präsentation von Arbeitsergebnissen stellt bei höher qualifizierten Personen heutzutage eine Schlüsselkompetenz im beruflichen Alltag dar.

3.3.3.6 Kommunikationsplattformen

Die Einbindung in eine projektinterne Kommunikationsplattform zur Sicherstellung einer reibungslosen Projektkommunikation ist Grundbedingung für das Gelingen einer Teilnahmezeit im Modellprojekt der Hochschule. Das Beherrschen moderner Kommunikationsmittel gehört zum Umfeld einer Hochschule bzw. zu den Standards moderner Firmen.

Um die Teilnehmer für den beruflichen Kommunikationsalltag am Ersten Arbeitsmarkt hinreichend vorzubereiten, werden diese bereits zu Teilnahmebeginn mit einem eigenen Workspace in die Kommunikationsplattform (siehe Abb. 3 des hochschulinternen Pakt50-Projekts) über eine ocs[2]-Datenbank eingebunden. Über solch eine Plattform wird via E-Mail kommuniziert, werden relevante Projekttermine eingetragen und Dokumente zum gemeinsamen Zugriff abgelegt.

3.3.4 Selbst gesteuertes Lernen und Transfersicherung durch Beschäftigungseinsatz

Die Qualifizierung, insbesondere die Auswahl der Programme sowie die eigenständige Bearbeitung der Lehrinhalte unterliegen im Wesentlichen einer Selbststeuerung. Qualifizierungsplangespräche und fachliche Betreuung unterstützen diesen Lernprozess, wenngleich davon ausgegangen wird, dass höher qualifizierte Personen im Laufe ihrer Ausbildung sowie durch die beruflichen Kenntnisse einen Zugang zu Mitteln und Methoden der selbst gesteuerten Weiterbildung erworben haben.[3]

---

[2] Oracle Collaboration Suite

[3] „Selbst gesteuerte Lernprozesse älterer Erwachsener" gehören in die moderne Theorie und Praxis der Erwachsenenbildung (vgl. z. B. Malwitz-Schütte 2006).

Dieser bislang skizzierte Ansatz entspricht im Wesentlichen der Herangehensweise eines Selbstlernzentrums, bei welchem die Mittel zur Qualifizierung zur Verfügung gestellt werden und eine begleitende Betreuung bei der Auswahl und Umsetzung der Qualifizierungseinheiten gewährleistet wird (vgl. Faulstich 2002). Grundanforderungen eines Selbstlernzentrums (vgl. Distler 2005) sind im Qualifizierungsmodell der Hochschule berücksichtigt:
- Schaffung von Rahmenbedingungen für die selbstständige Aneignung von individuell angepassten Lerninhalten,
- Bereitstellung einer Organisations- und Beratungsstruktur zur Orientierung der Lernenden,
- Optimale Verzahnung von Arbeit und Weiterbildung durch individuell gestaltete Lernwege.

Im Rahmen der Qualifizierungsangebote (vgl. Abschnitte 3.3.2 und 3.3.3) stehen die vielfältigen Lernformen zur Umsetzung einer neuen Lernkultur zur Verfügung (Selbstlernen, Expertengespräche, Gruppenarbeit, Präsenzveranstaltungen und Einzelcoaching). Die Lernformen können in Abhängigkeit von den Lern- und Arbeitserfahrungen ausgewählt werden. Hierbei werden die Betreuer und Dozenten zu Lernberatern eines selbst organisierten Lernprozesses, bei dem sie vor allem die Rahmenbedingungen schaffen.

Die Besonderheit des modellhaften Qualifizierungsangebots der Georg-Simon-Ohm Hochschule besteht in der direkten Kopplung mit einem Beschäftigungseinsatz, wodurch die „Lernenden" ihre theoretisch erworbenen Kenntnisse umgehend in der Praxis bei realen Aufgabenstellungen anwenden können. Somit ist die Sicherung des Wissenstransfers für die Teilnehmer effizient und in hohem Maße gewährleistet.

Einen wichtigen Beitrag zur Transfersicherung leisten die in unterschiedlicher Form stattfindenden Einzelgespräche und individuelle Reflexionsmöglichkeiten der Teilnehmer in den Kleingruppen. Hier macht sich der Teilnehmer seine reale Situation bewusst und wird bei der Entwicklung, Verzahnung und Umsetzung seiner individuellen Qualifizierungs- und Bewerbungsstrategie beraten.

3.3.5 Unterstützung bei der Arbeitsplatzsuche durch das Netzwerk der Georg-Simon-Ohm Hochschule

Die Teilnehmer werden im Rahmen des Qualifizierungsprozesses sowohl fachlich als auch persönlich dazu befähigt, am Arbeitsmarkt die eigenen Vermitt-

lungschancen deutlich zu erhöhen sowie gezielte Vermittlungsaktivitäten selbst zu entfalten. Die Bewerbungen werden von der Hochschule durch vielfältige Tätigkeiten unterstützt:
- Weitergabe geeigneter Kontakte der Hochschule bzw. des Fachbereichs am Einsatzort,
- Persönliche Kontakte – Bewerbung nach Bewerbungscoaching durch die Teilnehmenden selbst,
- Unterstützung der Bewerbung durch gezielte Weiterleitung der von einem Projektpartner akquirierten Stellen für ältere Arbeitsuchende in Nürnberg (vgl. Hansel/Stößel in diesem Band),
- Konkretisierung der Bewerbungsunterlagen,
- Pflege von Kontakten zu geeigneten Zeitarbeitsfirmen für die spezifische Zielgruppe,
- Stellenbörsen und Veranstaltungen der Hochschule zur Kontaktvermittlung.

Die Teilnehmer, denen es während der Projektteilnahmezeit nicht gelingt, in einen Arbeitsplatz integriert zu werden, können im Rahmen der Nachbetreuung dieselben Angebote in Anspruch nehmen. Zu den Teilnehmern, welche erfolgreich einen Arbeitsplatz gefunden haben, wird regelmäßig Kontakt gehalten, um die Nachhaltigkeit der Arbeitsplatzintegrationen zu überprüfen.

3.4 Nutzen und Perspektiven für die Teilnehmer

Neben umfangreichen Evaluationsprogrammen ist der Maßstab der Beurteilung des Qualifizierungsprogramms in erster Linie die Erfahrung der einzelnen Teilnehmer selbst. Im Rahmen der Workshops wird der persönliche Nutzen der Teilnahme am Hochschulprojekt erfragt:
- Verbesserung der Arbeitsmarktchancen durch aktuelle Qualifizierung bzw. Integration in einen Arbeitsplatz,
- Hochschule als Kontaktbörse (beruflich und persönlich),
- Möglichkeit, mit neuesten Technologien und Verfahren zu arbeiten,
- Erlangung von persönlicher Zufriedenheit („Etwas Neues schaffen") vor dem Hintergrund jahrelanger Arbeitslosigkeit.

Auf die Frage, warum Unternehmen Über-50-Jährige, höher Qualifizierte einstellen sollten, gaben die Teilnehmer folgende Antworten:
- Gute Organisationsfähigkeit/Praktische Herangehensweise,
- Flexibel, auch Bereitschaft zur Weiterentwicklung/Lernbereitschaft,

- Umfangreiche berufliche Kenntnisse und Fähigkeiten,
- Großer, langjähriger Erfahrungsschatz in der Arbeitsumgebung,
- Gelassenheit bei auftretenden Problemen,
- Toleranzfähigkeit/Überblick über soziale Beziehungen,
- Z.T. als Ausbilder und/oder Führungskraft einsetzbar,
- Konzentrationsfähigkeit/Wesentliches erkennen,
- Keine Ablenkung durch Kinder (vor allem bei Frauen),
- Zuverlässigkeit und Durchhaltevermögen.

Somit widersprechen die höher qualifizierten Arbeitsuchenden im Modellprojekt der Hochschule den gängigen Annahmen über Probleme Älterer (z.B. veraltetes Wissen, Motivationsprobleme, fehlende Perspektiven, Widerstand gegen „Lernzumutungen", schlechtere Merkfähigkeit oder psychomotorische Geschwindigkeit), da sie innerhalb der zehn Monate ihr veraltetes Wissen zum größten Teil auffrischen und viele Kenntnisse neu dazu erwerben konnten. Die fehlende Motivationsproblematik lässt sich einerseits auf das zweistufige Auswahlverfahren zurückführen, und andererseits auf die enorme Eigenleistung der Teilnehmer, die ihre Motivation hinsichtlich Lern-, Team- und Arbeitsverhalten über die gesamte Qualifizierungszeit hinweg in den meisten Fällen aufrechterhalten konnten.

Interessant erscheint an dieser Stelle die Frage, wie sich höher qualifizierte Langzeitarbeitslose von den weniger Qualifizierten unterscheiden. Aus der zweijährigen Praxis sowie aus intensivem Austausch mit den Projektpartnern anderer Zielgruppen lassen sich folgende Aussagen treffen:

- Die Teilnehmer der Hochschule sind zu Beginn der Maßnahme in der Regel nicht sozial beeinträchtigt und leiden insgesamt weniger unter chronischen Beschwerden oder Behinderungen.
- Ein Abbruch des Programms entsteht eher aufgrund des eigenen psychischen Leistungsdrucks, wieder eine Stelle zu finden, weniger aufgrund von Krankheiten. Selten tritt bei den Teilnehmern anfänglich nicht erkannter Alkoholismus auf.
- Die Mehrheit der Teilnehmer hatte in den vergangenen Jahrzehnten eine durchgängige Erwerbsbiografie. Erst durch einen Bruch in der Biografie wie Migration oder Krankheit, Insolvenz einer Firma oder dem wirtschaftlichen Zusammenbruch einer ganzen Branche wurden diese Personen in die Situation der Arbeitslosigkeit gedrängt. Diesem Umstand ist mit umfassendem Bewerbungscoaching Rechnung zu tragen, da sie entsprechend wenig Erfahrung mit Selbstakquise besitzen und höhere Hemmschwellen bei den viel-

seitig notwendigen Bewerbungsaktivitäten zeigen (Ausnahme: ehemals Selbstständige).
- Das autodidaktische Lernvermögen ist bei höher qualifizierten Langzeitarbeitslosen als sehr hoch einzustufen. So werden die berufsspezifischen EDV-Tools (z.B. bei Softwareentwicklern, Designern, Maschinenbauingenieuren) im Fachbereich in kurzer Zeit erlernt und in den Aufgabenstellungen angewendet. Ebenso werden mit hoher Bereitschaft vielfältige E-Learning-Programme gebucht und selbstständig durchgearbeitet.
- Als kritisch anzumerken wäre bei der betreffenden Zielgruppe, dass die persönlichen Wünsche und Anforderungen an eine zukünftige Arbeitsstelle deutlich anspruchsvoller und komplexer als bei niedriger Qualifizierten sind. Diese Wünsche müssen in dem gebotenen Qualifizierungsmodell auf den Prüfstand gestellt werden und sind im Rahmen des Coaching-Begleitprogramms durch den Teilnehmer selbst auf Realitätsnähe zu reflektieren.

So wenig generelle Vorbehalte gegenüber der Leistungsfähigkeit der Älteren in diesem Modellprojekt gerechtfertigt sind, so wenig kann den Teilnehmern die Fähigkeit zu lernen abgesprochen werden. Insbesondere die individuelle Lernanpassung auf konkrete Aufgabenstellungen in der Praxis wirkt sich auf die hohe Lernmotivation über längere Zeiträume positiv aus (vgl. Abschnitt 3.3.1).

4. Ergebnisse der zweijährigen Qualifizierungsarbeit an der Hochschule

4.1 Realisierung des Modellprojekts

Alle 30 Teilnehmerplätze konnten aus dem Agenturbezirk Nürnberg besetzt werden. Allerdings ließ es die Zuweisungspraxis nicht zu, mit den ursprünglich geplanten zwei Kursen á 15 Teilnehmern hintereinander zu starten. Die Besetzung der Plätze erfolgte sukzessive. Die Coaching-Workshops, welche zur besseren Selbstreflexion notwendigerweise in Kleingruppen stattfinden, wurden mit vier bis acht Teilnehmern entsprechend dem zeitlichen Maßnahmebeginn der Teilnehmer gestartet.

Die Hochschule hat einen *Mehrwert* durch das Projekt. Im Gegenzug zu den vielfältig durch die Betreuung anfallenden Aufgaben werden *in Lehre, Forschung und Organisation* durch die Mitarbeit der Pakt50-Teilnehmer auch Vorteile erzielt. Den Teilnehmern kann in der Mehrheit der Fälle bescheinigt werden, dass sie selbstverantwortlich organisatorische und inhaltliche Aufgaben erledigen und einen positiven Leistungsbeitrag für die Hochschule erbringen. Dieser ist insbesondere nach den ersten drei bis vier Monaten der Qualifizierungszeit zu spüren, d.h. nach der Einarbeitungsphase und dem Erlernen der fachspezifischen Tools zur Problemlösung. Ebenso ist zu diesem Zeitpunkt die Integration sowohl in das Arbeits- als auch das Pakt50-Team erfolgt. Dies drückt sich aus in den Leistungsbeurteilungen der Fachbereiche und -abteilungen, den erzielten Qualifizierungsergebnissen und vor allem in den erbrachten Arbeitsergebnissen, welche vor den Pakt50-Teilnehmern in einem Vortrag jeweils am Ende der Teilnahmezeit präsentiert werden.

Ganz besonders muss an dieser Stelle die positive, individualisierte Herangehensweise aller Projektbeteiligten betont werden. Diese berücksichtigten von Anfang an

- die Unterschiede der beruflichen Karrieren, mit denen die Zielgruppenpersonen der Hochschule zugewiesen wurden,
- die extrem verschiedenen individuellen Qualifikationsbedarfe, die zu Beginn erhoben und im Rahmen des Qualifizierungsfortschrittes über das Coaching weiterentwickelt und angepasst werden, schließlich
- die höchst individuelle fachliche Betreuung am Einsatzort der Beschäftigung, die einen sehr großen Input für die einzelnen Personen leistet und im Alltag stets an deren Qualifizierungsfortschritt mitwirkt.

Wichtig erscheint auch, die Ergebnisse im Hinblick auf die Zukunft für die Hochschule zu bewerten. Hierbei sind vor allem die eingangs genannten Themen

- alternde Belegschaften,
- Lernverhalten Älterer und
- Nachqualifizierung von Ingenieuren hervorzuheben.

Zu diesen Themenstellungen wurden bereits erste Kontakte von Seiten der Hochschule zu Fachinstitutionen, Parteien und Verbänden sowie regionalen Unternehmen geknüpft, um mögliche Realisierungsstrategien zu diskutieren.

4.2 Integrationen in den Ersten Arbeitsmarkt

Als oberstes Ziel wird eine hohe Zahl an Integrationen in den Arbeitsmarkt erwartet. Der Vermittlungsstand bei Maßnahmenende beträgt fast 50 Prozent.[4] Es

---

[4] Berechnung erfolgte ohne die vier zu verzeichnenden Abbrüche bei insgesamt 30 Teilnehmenden

hat sich gezeigt, dass einige der Teilnehmer z.B. erst drei Monate nach ihrem Ausscheiden aus dem Projekt mit ihrem neu erworbenen, umfangreich aktualisierten Qualifikationsstand und der erzielten Leistungsbeurteilung einen Arbeitsplatz finden konnten. Somit wird erwartet, dass durch die erworbenen Kompetenzen in der durchgeführten Qualifizierungsmaßnahme sowie die Beziehungen und Kooperationen der Hochschule sich weitere Vermittlungen für die Teilnehmer ergeben.

Die Möglichkeit zur praktischen Tätigkeit direkt an der Hochschule bzw. auch zu einem Praktikum in einer weiteren Firma kann den entscheidenden Erfolg bei der Arbeitsplatzsuche bewirken. Dies impliziert, dass die Unternehmen der Region auch älteren Arbeitsuchenden einen Praktikumsplatz mit der Perspektive auf Übernahme zur Verfügung stellen. In Zeiten des viel zitierten „Facharbeiter- und Ingenieurmangels" zeigen sich die Unternehmen zunehmend interessiert, entsprechende Möglichkeiten den älteren Arbeitsuchenden anzubieten oder diese einzustellen.

Erwartete Ergebnisse

- Vermittlung der Teilnehmer in das Unternehmens-Netzwerk der Fachhochschule
- Möglichkeiten für hochwertiges Praktikum während der Teilnahme Pakt50 gewährleisten
- Know-how über „Lernen Älterer" / Potenziale älterer Arbeitnehmer erlangen
- Geeignete Publikationen zur Transfersicherung für die Öffentlichkeit
- Transfer der Kommunikationsplattform in den Hochschulalltag

Erste Ergebnisse

- Es konnten alle 30 Teilnehmerplätze besetzt werden
- Engagierte Teilnehmer, die selbstverantwortlich organisatorische und inhaltliche Aufgaben übernehmen, sogar Projekte steuern und für die Qualifizierungsleistungen der Hochschule einen Gegenwert leisten
- Individuell unterschiedlicher Qualifizierungsbedarf, spezifische Qualifizierungsangebote
- Ca. 50 Prozent Vermittlungen bei Maßnahmeende

Abb. 4: Ergebnisse aus dem Teilprojekt „Pakt50 für Nürnberg" an der Hochschule

Das wichtigste Kriterium zur Integration Langzeitarbeitsloser in den Ersten Arbeitsmarkt ist nach Beobachtung an der Hochschule die bereits „mitgebrachte" beruflich abgeleistete Lebensarbeitszeit. Unabhängig von der Qualifizierung haben

Personen, welche eine hohe Anzahl an Jahren der Berufstätigkeit und weniger berufliche Brüche aufweisen, eine deutlich höhere Chance der Reintegration, als Personen mit einer geringeren Lebensarbeitszeit und vielen Brüchen. Insofern sind die bereits bekannten Tugenden „Durchhaltevermögen", „lebenslanges Lernen" oder „ständiges Bemühen", gepaart mit dem nicht persönlich zu beeinflussenden Faktor „glücklicher Umstände", ein wichtiger Garant für ein beständiges Arbeitsleben.

5. Personen- und erfahrungszentrierte Qualifizierungsprogramme an Hochschulen – Zusammenfassung und Ausblick

Es zeichnet sich ab, dass – wie in skandinavischen Ländern bereits praktiziert – im Hinblick auf die immer stärker heterogen verlaufenden Lebenskarrieren eine *Nachqualifizierung* auch an Hochschulen angeboten werden muss, damit
a) bei einer sich immer schneller wandelnden Technik und dem derzeit festgestellten Mangel an gut qualifizierten Arbeitnehmern oder aber
b) nach Phasen beruflicher Einschnitte wie Migration, Krankheit oder Familienphase

die *Wiedereinstiegs- oder auch Weiterqualifizierungschancen* der höher und Hochqualifizierten deutlich steigen. Dieser Zielgruppe wurde Weiterqualifizierung bislang in hohem Maße in die eigene Verantwortung gelegt.

Eine zentrale Herausforderung ist es, den bereits erworbenen großen *Erfahrungsschatz* älterer Arbeitsuchender bzw. Arbeitnehmer zu nutzen, zu würdigen und in die Nachqualifizierung mit einzubeziehen. In der Regel bringen die Personen eine berufliche Biografie mit, die auf einige „Erfolge" zurückblicken lässt, welche hohes Identifikationspotenzial beinhalten und somit Ansatzpunkte für erfolgreiche *personenzentrierte Weiterqualifikationen* darstellen. Ebenso kann es sich eine Gesellschaft im Hinblick des viel zitierten Facharbeiter- und Ingenieurmangels nicht leisten, diese Potenziale zu ignorieren.

Als erfolgreiche Qualifizierungsansätze für die Zielgruppe der älteren Arbeitslosen haben sich in mehreren Beschäftigungspakten erwiesen:
- Lernen in Kleingruppen,
- Anknüpfen an Berufserfahrung,
- starker Praxisbezug,
- konkrete Aufgabenstellung mit Übernahme persönlicher Verantwortung und entsprechende Anerkennung sowie
- *Individualisierung der Lerninhalte* gemäß den Aufgaben des Arbeitsplatzes (vgl. Toepffer 2007).

Diese Programme sind für Arbeitsuchende ebenso interessant wie für Personen, die sich aus ihrer aktuellen Arbeitssituation heraus verändern möchten. Negative Erfahrungen aus der Vergangenheit können durch ein komplexes Programm an Neu- und Weiterqualifikation, kombiniert mit der Möglichkeit, hochqualifizierte Arbeit zu leisten, wieder in *positive Zukunftsstrategien* umgewandelt werden. Hierfür ist die Begleitung durch ein geeignetes Coaching-Programm notwendig. *Individuelles Coaching* und ein *deutlich längerer Begleitungszeitraum* als in bisherigen Angeboten erhöhen den Projekterfolg.

Somit steht zur Erreichung des gesamtgesellschaftlichen Ziels, nämlich der Senkung der Arbeitslosenquote Älterer sowie der Verlängerung der Gesamt-Lebensarbeitszeit, weiterhin als Aufgabe an:
- die Modellierung sowie die Realisierung adäquater Qualifizierungsmodelle,
- der Einstellungswandel der Unternehmen weg von einer jugendzentrierten Personalpolitik hin zu einer Personalentwicklung, die ältere Arbeitnehmer als Leistungsträger erkennt und entsprechende Arbeitsplätze anbietet,
- der frühzeitige Einbezug präventiver Gesundheits- und Weiterbildungsprogramme in der Karriereplanung durch die Personen selbst.

Damit soll verhindert werden, dass potenzielle Brüche im Lebenslauf, die durch individuelle oder gesellschaftliche Risiken hervorgerufen werden, nicht in Langzeitarbeitslosigkeit münden und insbesondere älteren Menschen die Beteiligung an der Arbeitsgesellschaft verwehrt wird.

Gerade für höher und hochqualifizierte Arbeitsuchende, die solche persönlichen Brüche erfahren mussten, ist es von grundlegender Notwendigkeit, dass geeignete Lösungen der Nachqualifizierung an Hochschulen gefunden werden, da die für Arbeitsuchende üblichen Bildungsangebote keinen ausreichenden Einbezug ihres individuellen Erfahrungsschatzes gewährleisten bzw. die *geeigneten individuellen Qualifizierungsprogramme* nicht ausreichend am derzeitigen Bildungsmarkt vorhanden sind.

Die Aufgabe der Unternehmen wird es in Zukunft sein, *die ständige Teilnahme an Lernprozessen durch Weiterbildung, lernhaltige Arbeitsplätze und eine gezielte Gesundheitsförderung am Arbeitsplatz bereitzustellen,* welche sich unmittelbar – und damit deutlich stärker als der Faktor Alter[5] – auf das Leistungsvermögen auswirken und nachlassende Potenziale auszugleichen vermögen. Dies gilt umso

---

[5] Wissenschaftliche Analysen kommen zu dem Ergebnis, dass die Leistungsunterschiede zwischen den Angehörigen einer Altersgruppe viel größer sind als zwischen den Altersgruppen (vgl. Abicht 2007).

mehr, je komplexer die Arbeitsanforderungen sind und je höher die Arbeitnehmer qualifiziert sind, da hier die Leistungsbilanz deutlich größere Spannen aufzeigen kann als bei geringer Qualifizierten.

Die Integration Langzeitarbeitsloser ist somit ein Lernprozess für alle Beteiligten. Der Ansatz am individuellen Förderbedarf ist jedoch die Grundlage eines erfolgreichen Nach- und Weiterqualifizierens und sollte der Maxime folgen „Jeder soll das bekommen was er braucht!". Die Forderung, dass insbesondere Langzeitarbeitslose verstärkt Weiterbildungsangebote wahrnehmen sollten, tritt im Lichte des derzeitigen Aufschwungs am Arbeitsmarkt nochmals deutlich zutage: „Bei den Langzeitarbeitslosen bewegt sich immer noch zu wenig. Das ist ein strukturelles, noch nicht gelöstes Problem in Deutschland" (Weise 2007).

Literatur

Abicht, L.:
Arbeitslos und über 50: Wie und wofür lernen? Institut für Strukturpolitik und Wirtschaftsförderung (isw) gGmbH. Vortrag auf der Fachtagung Erwachsenengerechtes Lernen – ein Beitrag zur (Re-)Integration älterer Arbeitsloser 2007.

BA-Vorstandsvorsitzender Frank-Jürgen Weise im „Focus-Interview".
In: Bildungsspiegel (Pressemitteilung) vom 17.07.2007.

Distler, B.:
Lernen selbst steuern: Anforderungen an Lernende und Lernbegleitung – am Beispiel AQUA. In: Loebe, H. / Severing E. (Hrsg.): Wettbewerbsfähigkeit mit alternden Belegschaften. Betriebliche Bildung und Beschäftigung im Zeichen des demografischen Wandels. Bielefeld 2005, S. 81–87.

Faulstich, P.:
Lernen braucht Support – Aufgaben der Institutionen beim „Selbstbestimmten Lernen". In: Kraft, S. (Hrsg.): Selbstgesteuertes Lernen. Baltmannsweiler 2002.

Initiative 50plus:
Eckpunkte zur Erhöhung der Beschäftigungsfähigkeit und der Beschäftigungschancen älterer Menschen in Deutschland. BMAS, Berlin 2006. Im Internet abgerufen am 4.8.2007 unter: http://www.erfahrung-ist-zukunft.de/Webs/EiZ/Content/DE/Artikel/Anlagen/hintergrundpapier_20Inititiative50plus,property=publicationFile.pdf.

Müntefering, F.:
: Die Kraft der Erfahrung nutzen. Die Perspektiven einer älter werdenden Gesellschaft. BMAS, Berlin 2006.

Magdalene Malwitz-Schütte (Hrsg.):
: Selbstgesteuerte Lernprozesse älterer Erwachsener. Bielefeld 2006.

Toepffer, M.:
: Qualifizierung im Rahmen des Beschäftigungspaktes „Jahresringe Halle". Isw Institut für Strukturpolitik und Wirtschaftsförderung gGmbH. Vortrag auf der Fachtagung „Erwachsenengerechtes Lernen – ein Beitrag zur (Re-)Integration älterer Arbeitsloser".

III.

Ältere vermitteln – Strategien und Beispiele

Formen der Arbeitsmarkterschließung für ältere Langzeitarbeitslose. Ein Entwicklungsansatz aus dem „Pakt50 für Nürnberg"

Peter Hansel, Dieter Stößel

1. Handlungsbedarf für eine zielgruppengerichtete Markterschließung für ältere Arbeitslose

Vor dem Hintergrund sich verlängernder Erwerbsbiografien (Rente mit 67) sowie des durch die demografische Entwicklung prognostizierten Fachkräftemangels muss die Integration von älteren Menschen in den Arbeitsprozess für alle Sozialpartner ein besonderes Anliegen sein. Trotz einer wachsenden Erkenntnis in Politik, Wirtschaft und Wissenschaft gibt es bisher kaum Hinweise für eine gelingende nachhaltige Praxis zur Integration Älterer in den Arbeitsmarkt. Die bestehenden, meist defizitorientierten Förderinstrumentarien scheinen hier in eine Sackgasse zu führen. Notwendig ist das Hervorbringen von „Good Practice" für eine adäquate Integrationsförderung einer der am Arbeitsmarkt am stärksten benachteiligten Personengruppen.

Die Reintegrationschancen älterer Arbeitsuchender sind nicht nur bestimmt durch Arbeitsmarktnähe und Beschäftigungsfähigkeit der Personen selbst, sondern auch durch externe Faktoren wie die regionalen Arbeitsmarktbedingungen, die damit verbundenen Rekrutierungsstrategien der Personalverantwortlichen sowie die organisationsbezogenen Ressourcen und Flexibilitäten der Arbeitsverwaltung im Bereich der Stellenakquise und Vermittlung (vgl. Bröker/Schönig 2005, S. 83).

Im Folgenden wird ein in Nürnberg im Rahmen des „Pakt50 für Nürnberg" erprobter Ansatz zur Effektivierung der Arbeitsmarkterschließung vorgestellt und diskutiert, welcher direkt auf die Beeinflussung des Arbeitsmarktes durch Angebote der Beratung und Sensibilisierung von Unternehmen sowie ein aktives, auf den regionalen Arbeitsmarkt abgestimmtes Stellenrecruiting abzielt. Durch den im „Pakt50 für Nürnberg" erprobten Ansatz der Arbeitsmarkterschließung wird ein Beitrag zur Verbesserung der Integrationschancen älterer Arbeitsuchender in der Region umgesetzt.

2. Effektivierung der Arbeitsmarkterschließung für eine verbesserte Integration älterer Langzeitarbeitsloser

Die Beschäftigungsinitiative „Pakt50 für Nürnberg" setzt sich vor dem Hintergrund der prekären Arbeitsmarktlage Älterer zum Ziel, in einer Förderphase von zwei Jahren bis Ende 2007 Lösungsansätze für eine verbesserte Integrationsförderung der Zielgruppe älterer Langzeitarbeitsloser regional zu erproben.

Die aqua GmbH agiert dabei im Netzwerkverbund des Nürnberger Beschäftigungspaktes als Querschnittspartner mit der Aufgabe der Stellenakquise durch aktives Job-Scouting sowie des Aufbaus einer Stellenbörse für die mit der Zielgruppe arbeitenden Projektpartner und Qualifizierungsträger. Gemeinsam mit dem Forschungsinstitut Betriebliche Bildung (f-bb) gGmbH werden zudem konzertierte Aktionen zur Sensibilisierung und Beratung von Unternehmen regional durchgeführt (z.B. Unternehmensworkshops, Einzelberatungen, Imagekampagne etc.).

Integrationskonzept der aqua GmbH

Die Gesellschaft für Arbeitsmarktintegration und Qualifizierung (aqua) GmbH ist eine Tochtergesellschaft der Nürnberger Gesellschaft für Personalentwicklung und Qualifizierung (GPQ). Diese ist seit zehn Jahren am Arbeitsmarkt mit dem Schwerpunkt als Transfergesellschaft tätig. Dabei konnten umfassende Erfahrungen bei der Integration älterer Arbeitnehmer in den Ersten Arbeitsmarkt der Region gewonnen werden.

Grundlage für die Konzepterstellung und Vermittlungspraxis der aqua GmbH im „Pakt50 für Nürnberg" war eine altersbezogene Analyse der vermittlungsrelevanten Faktoren aus der Datenbank der GPQ. Diese Datenbank dokumentiert seit 1996 die Vermittlungstätigkeit der GPQ in der Metropolregion Nürnberg: Zur Auswertung standen 5.088 vergleichbare Datensätze aus den Jahren 1996 bis 2006 zur Verfügung. Bei der Analyse der Vermittlungsquoten zeigte sich eine deutliche Verschiebung zuungunsten der älteren Arbeitsuchenden: Diese waren schwerer zu vermitteln. Insbesondere hatte dabei – neben dem Alter – das Qualifikationsniveau der zu vermittelnden Personen einen starken Einfluss auf den Vermittlungserfolg. Auch die Dauer der Betriebszugehörigkeit und der Grad der Spezialisierung des Arbeitsplatzes wirkt sich mit zunehmendem Alter verstärkt negativ auf die Wertigkeit der bestehenden Qualifikationen bei einer Freisetzung bzw. Entlassung aus. Es trifft dann diejenigen besonders hart, welche in einem Betrieb über mehrere Jahrzehnte dieselbe Tätigkeit ausgeübt haben, ohne sich weiterzubilden (Spezialisierungsfalle).

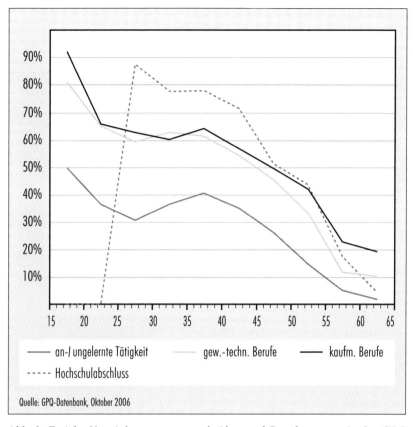

Abb. 1: *Erzielte Vermittlungsquoten nach Alter und Berufsgruppen in der GPQ 1996-2006*

Überträgt man diese Erfahrungen auf den „Pakt50 für Nürnberg" und die entsprechende Teilnehmerstruktur (ALG II-Bezieher), zeigt sich die Größe der Herausforderung, die mit der Aufgabe der Reintegration der Zielgruppe verbunden ist. Die Teilnehmer, die in den Transfergesellschaften der GPQ in der Altersgruppe der Älteren zu betreuen waren, wiesen in der Regel zudem eine höhere Arbeitsmarktnähe auf als die Personen, die im „Pakt50 für Nürnberg" aus der Langzeitarbeitslosigkeit zu vermitteln sind. Beispielsweise beträgt der Anteil zu vermittelnder an- und ungelernter Personen im Nürnberger Beschäftigungspakt über 40 Prozent; der Anteil der Personen, die vor der Arbeitslosigkeit zuletzt in gering qualifizierten Tätigkeiten beschäftigt waren, liegt bei über 60 Prozent. Die aqua hat auch deshalb für sich besondere Anforderungen für eine gelingende Vermittlungsarbeit formuliert.

> **Anforderungen an gelingende Vermittlungsarbeit der aqua im „Pakt50 für Nürnberg"**
>
> Zwei der wichtigsten Qualitätskriterien im Vermittlungsprozess sind die Anzahl der Vermittlungen in den ersten Arbeitsmarkt und die Vermittlungsgeschwindigkeit. An diesen Kennzahlen wird die Vermittlungsarbeit von personalsuchenden Arbeitgebern, der auftraggebenden Arbeitsverwaltung und nicht zuletzt von den betroffenen Arbeitsuchenden bewertet.
>
> Um diesen Qualitätskriterien entsprechen zu können, hat die aqua sieben Anforderungen für ihre Arbeitsvermittlung und Stellenakquisition definiert:
>
> 1. fundierte und kontinuierlich aktualisierte Kenntnis über die Struktur des regionalen Arbeitsmarktes und dessen voraussichtliche Entwicklung,
> 2. aktives Ansprechen der Personalverantwortlichen in den Betrieben und die kontinuierliche Kontaktpflege mit diesen Personen,
> 3. Zugriff auf Bildungsdienstleister, die schnell und effizient auf neue Anforderungen reagieren und entsprechende arbeitsplatzbezogene Bildungsmaßnahmen durchführen,
> 4. genaue Kenntnis der Bewerberstruktur im Vermittlungspool des Beschäftigungspaktes einschließlich der spezifischen Stärken und Schwächen der Bewerber unter Berücksichtigung der regionalen Besonderheiten am Arbeitsmarkt,
> 5. effizientes Werkzeug zur passgenauen Bewerberauswahl für eingehende und akquirierte Stellenangebote, beispielsweise eine datenbankgestützte Stellenbörse,
> 6. kontinuierliche Unterstützung der Arbeitsuchenden bei der Bewerbung auf eingehende Stellenangebote bis hin zur persönlichen bedarfsorientierten Begleitung durch den Job-Coach zum Bewerbungsgespräch und
> 7. zuverlässige und verbindliche Rückmeldung an anfragende Unternehmen innerhalb von 48 Stunden.

Die aqua GmbH unterstützt zusammen mit der ARGE Nürnberg den Beschäftigungspakt mit konkreten Maßnahmen zur Arbeitsmarkterschließung. Die Markterschließung ist eine zentrale Stütze eines effektiven Beschäftigungspaktes. Dabei kommen unterschiedliche Instrumente im Integrationskonzept der aqua GmbH zum Einsatz.

Neben der Information von Unternehmen zu den Dienstleistungen des Beschäftigungspaktes erfüllt ein sogenannter Job-Scout die wichtige Aufgabe, die Akquise von Arbeitsstellen aktiv zu betreiben, insbesondere über Direktkontakte mit Betrieben und auch die Einbeziehung elektronischer Medien. Die Stellen werden in eine elektronische Stellenbörse eingetragen und können mit den vorhandenen Bewerberprofilen der im Pakt qualifizierten Arbeitsuchenden abgeglichen werden (Matching). Die akquirierten Stellen zeichnen sich dadurch aus, dass sie speziell für die Gruppe der älteren Arbeitslosen erschlossen werden. Eine erste Hürde auf dem Weg zum Vermittlungserfolg kann damit schon genommen werden: Dadurch werden Stellen von Arbeitgebern akquiriert, die keine Vorbehalte gegenüber der Beschäftigung Älterer haben. Einschränkend ist hier anzumerken, dass ein Teil der Arbeitgeber sicherlich aus Gründen der sozialen Erwünschtheit oder auch im Hinblick auf das Antidiskriminierungsgesetz (Allgemeines Gleichbehandlungsgesetz AGG) zwar keine Vorbehalte äußert, sich aber dann im konkreten Fall doch für einen jüngeren Bewerber entscheidet. Allerdings wird die Kontaktanbahnung durch die aqua sicherlich eine positive Sensibilisierung zur Folge haben. Ein weiterer Vorteil direkt akquirierter Stellen ist, dass diese relativ aktuell sind, und die Konkurrenz mit anderen Bewerbern, die nicht im Beschäftigungspakt sind, wird für eine gewisse Zeit reduziert, da die Stellen erst nach zwei Wochen in das allgemeine Stelleninformationssystem der ARGE eingestellt werden. Dadurch erhöht sich unter anderem auch die Motivation der am Vermittlungsprozess beteiligten Akteure, die akquirierten Stellen als höchst wertvoll zu begreifen und an der Stellenbesetzung durch Matching und das Vorschlagen geeigneter Bewerber aktiv mitzuwirken. Wiederum einschränkend ist hier anzumerken, dass es nicht immer gelingen wird, Stellen von Arbeitgebern exklusiv für den Pakt zu gewinnen, da diese natürlich in der Regel unterschiedliche und mehrere Personalbeschaffungskanäle gleichzeitig nutzen, um ihren Bedarf möglichst schnell zu decken. Insbesondere im Bereich der Einfacharbeitsplätze, die insbesondere für die Zielgruppe benötigt würden, werden in der Regel Zeitarbeitsfirmen beauftragt, kurzfristige und langfristige Bedarfe zu decken. Im Verlauf der Entwicklungsarbeit im Projekt hat sich zudem gezeigt, dass eine detaillierte Festlegung des Prozesses der Stellenbesetzung und eine klare Verteilung von Aufgaben und Verantwortlichkeiten auf die am Prozess beteiligten Projektmitarbeiter für eine gelingende Vermittlungsarbeit erfolgskritisch sind. Projektressourcen, die an dieser Stelle investiert werden, um eine gemeinsame Vorgehensweise abzustimmen und in der Praxis umzusetzen, sind gut angelegt. Beispielsweise wurde, um die Zusammenarbeit zwischen der aqua und den Partnern in Richtung Vermittlung zu optimieren, die überwiegend stellenbezogene Vermittlungsstrategie um eine teilnehmerbezogene Vermittlungsstrategie ergänzt: Die Berater eines Paktpartners (Noris-Arbeit gGmbH) wählen dabei eine begrenzte Anzahl an Teilnehmern, die eine gewisse Marktnähe aufweisen, aus ihrem Betreuungspool aus. Diese Teilnehmer füllen den Profilbogen des Job-Scouts aus und stellen sich in einem persönlichen Gespräch diesem vor, damit dieser sich ein vertieftes Bild der Kompetenzen und Jobperspektiven der Arbeitsuchenden verschaffen kann. In der Folge nimmt der Job-Scout dann für diesen Teilnehmerkreis besondere Akquise- und Vermittlungsbemühungen vor. Der Pool der Personen in dieser teilnehmerbezogenen Intensivvermittlung wird dann immer wieder aufgefüllt.

Das eingerichtete aqua-Call-Center informiert Arbeitgeber und unterstützt die Markterschließung über eine telefonische Annahme und Erfassung von Stellenangeboten speziell für ältere Arbeitslose. Hier ist des Weiteren die zentrale kostenfreie Hotline-Nummer des Pakts verortet.

Weiterhin übernimmt die aqua bei Bedarf eines potenziellen Arbeitgebers die Vorauswahl von Bewerbern im Sinne einer klassischen Personalberatung. Dadurch kann der häufig anzutreffenden arbeitgeberseitigen Befürchtung mit unzähligen, unpassenden Bewerbungen belastet zu werden, Abhilfe geleistet werden.

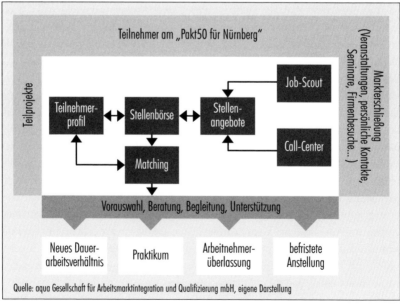

Abb. 3: Prozess der Stellenakquise und -vermittlung im Pakt50

Für die Ansprache von Unternehmen wird die Firmendatenbank des „Pakt50 für Nürnberg" genutzt, die nahezu 972 Unternehmen enthält, davon 457, die bisher durch Kalt-Akquise durch den Job-Scout und das Call-Center für den Nürnberger Beschäftigungspakt gewonnen werden konnten. Die Unternehmen bilden

Erfahrungen der aqua im „Pakt50 für Nürnberg"

Zum Abschluss der 1. Förderphase des Beschäftigungspaktes werden seitens der aqua folgende Praxiserfahrungen, die im weiteren Verlauf der Projektarbeit noch zu präzisieren und zu überprüfen sind, zusammengefasst:

- Eine generelle Ablehnung gegenüber älteren Arbeitnehmerinnen und Arbeitnehmern besteht in den meisten Betrieben nicht.
- Allerdings werden nur in wenigen Betrieben Maßnahmen ergriffen, die eine „alters- und alternsgerechte" Beschäftigung bis zum 67. Lebensjahr ermöglichen.
- Des Weiteren ist die Möglichkeit der Frühverrentung (Vorruhestandsregelungen) als mögliches Werkzeug bei einem notwendigen Personalabbau immer noch in den Köpfen der Personalverantwortlichen.
- Vorbehalte bestehen verbreitet gegenüber der Einstellung und Beschäftigung von älteren Langzeitarbeitslosen: einmal hinsichtlich der vielfach falsch eingeschätzten rechtlichen Schutzbestimmungen (z.B. Kündigungsschutzregelungen) und des Weiteren bezüglich des erwarteten Wiedereingliederungserfolgs in das Unternehmen. Diesen Vorurteilen kann durch Aufklärungsarbeit des Job-Scouts, gezielte Personalvorauswahl und Praktika zur Arbeitserprobung entgegengewirkt werden. Die dadurch wahrgenommene Risikominimierung für den einstellenden Betrieb und der Beitrag zur Amortisation der Einarbeitungszeit fördern spürbar die Integrationschancen älterer Langzeitarbeitsloser.
- Nur der persönliche Kontakt durch die Job-Scouts, der verbindlich und zuverlässig sein muss und eine schnelle und präzise Reaktion bei Stellenangeboten und Personalbedarfen der Unternehmen leistet, bringt den erforderlichen Erfolg für alle Beteiligten.
- Der demografische Wandel spielt bei einem Großteil der angesprochenen Personalverantwortlichen auf beiden Seiten der Sozialpartner noch keine umfassende Rolle. Dazu die Reaktion eines Betriebsratsvorsitzenden aus einem Nürnberger Industriebetrieb auf einer Betriebsräteversammlung, bei der über den Pakt50 informiert wurde: „Stimmt, daran hab ich ja noch gar nicht gedacht, der demografische Wandel kann uns direkt im Betrieb Probleme bereiten." Auch hier kann über Aufklärungsarbeit für die kommenden Handlungsbedarfe sensibilisiert und ein Beitrag zur Sicherung der Wettbewerbsfähigkeit durch eine frühzeitige Implementierung einer demografiefesten Personalpolitik geleistet werden.

dabei die lokal vorhandene Branchenstruktur der Metropolregion Nürnberg ab. Durch über 3.833 Kontakte des Call-Centers und des Job-Scouts konnten bisher insgesamt 463 Stellen[1] akquiriert werden. Der Fokus der Stellensuche lag konzeptgemäß hauptsächlich im an- und ungelernten Bereich (Anteil von über 40 Prozent an allen akquirierten Stellen) und entspricht damit auch dem Profil eines Großteils der arbeitsuchenden ALG II-Empfänger.

Unterstützt werden die Bemühungen der aqua durch ihre Nähe zu den DGB-Gewerkschaften und den in den Unternehmen agierenden Betriebsräten. Über dieses Netzwerk kann frühzeitig Kenntnis über anstehende Personalbedarfe erlangt und die Personalverantwortlichen können persönlich angesprochen werden. Verschiedene Untersuchungen haben gezeigt, dass die Jobsuche über personale Netzwerke der bedeutsamste Erfolgsweg für gering Qualifizierte zu einem neuen Arbeitsplatz ist (vgl. Wirth 2006, S. 105). Dies ist gerade für die Vermittlungsarbeit im Rahmen des „Pakt50 für Nürnberg" von Bedeutung, da ein großer Teil der Zielgruppe auf Einfacharbeitsplätze angewiesen ist. Die Besonderheit und der Mehrwert für den Beschäftigungspakt insgesamt liegt dabei darin, dass der Zugang zu Unternehmen zweigleisig erfolgt: Der Weg in die Betriebe über die Arbeitnehmerseite wird durch die intensive Ansprache und Sensibilisierung der Arbeitgeberseite ergänzt. Bei diesem ganzheitlichen Ansatz spielen die allgemeine Öffentlichkeitsarbeit, Beratungsangebote und Informationsworkshops für Unternehmen seitens des Projektpartners Forschungsinstitut Betriebliche Bildung (f-bb) gGmbH eine wichtige Rolle. Darauf wird im Folgenden näher eingegangen.

Ganzheitlicher Ansatz der Arbeitsmarkterschließung

Koller/Gruber (2001) haben versucht, auf der Basis unterschiedlicher arbeitsmarkttheoretischer Erklärungsansätze und der Befragung von Personalverantwortlichen eine Antwort auf die Frage zu finden, warum Ältere schlechtere Wiedereingliederungschancen als Jüngere haben. Dabei zeigte sich, dass die geringeren Chancen der Älteren auf Wiedereingliederung in den Arbeitsmarkt durch keine der bekannten Arbeitsmarkttheorien alleine wie z.B. das neoklassische Arbeitsmarktmodell, die Segmentationsansätze oder auch sozialwissenschaftliche Ansätze hinreichend erklärt werden können. Deshalb bedarf es bei der Lösung dieses Problems eines ganzheitlichen Ansatzes. Bei der Arbeitsmarkt-

---

[1] Stand: 31.06.2007; Quelle GPQ-Datenbank

erschließung muss die Strategie der direkten Ansprache von Unternehmen durch den Job-Scout ergänzt werden um eine breite regionale Sensibilisierungs- und Beratungskampagne.

Ein wesentlicher Lösungsansatz zur Integration älterer Arbeitsloser in den Ersten Arbeitsmarkt besteht in der Beseitigung bzw. Verringerung von Vermittlungshemmnissen seitens potenzieller Arbeitgeber und des regionalen Umfeldes. Vorurteile oder Unkenntnis bezüglich der Fähigkeiten der Zielgruppe und der Möglichkeiten, diese produktiv einzusetzen, sind weit verbreitet. Zudem ist die durch den demografischen Wandel forcierte volkswirtschaftliche und betriebswirtschaftliche Notwendigkeit, die Potenziale dieser Zielgruppe in den Wirtschaftsprozess mit einzubeziehen, den Betrieben verstärkt bekannt zu machen.

Die Maßnahmen der Öffentlichkeitsarbeit und Unternehmensberatung im Beschäftigungspakt lassen sich drei Zielperspektiven, „Person", „Organisationen" und „Region", zuordnen:

In der Zielperspektive „Person" stehen die Arbeitsuchenden im Mittelpunkt. Die älteren Arbeitslosen haben häufig ein eher negatives Selbstbild entwickelt, welches ihren tatsächlichen Kompetenzen und Qualifikationen nicht entspricht. Daher intendiert die Öffentlichkeitsarbeit des Beschäftigungspaktes auch die Aktivierung und Motivierung der Zielgruppe selbst. Die visuelle Darstellung von gelungenen Integrationsbeispielen in der Öffentlichkeitsarbeit über verschiedene Medien macht Mut und regt zur Nachahmung an.

Bei der Zielperspektive „Organisationen" gilt es, insbesondere betriebliche Akteure in den Beschäftigungspakt mit einzubeziehen. Potenziellen Arbeitgebern soll die Anstellung von Personen der Zielgruppe nahe gelegt und durch Informations- und Unterstützungsangebote erleichtert werden. Im Einzelnen werden die folgenden Maßnahmen umgesetzt:

- Unternehmen wird ein *flankierendes Informations- und Beratungsangebot* zu zielgruppengerechten Themen angeboten, die für die Einstellung und die Beschäftigung von älteren Mitarbeitern von Bedeutung sind, wie z.B. altersgerechte Personalpolitik und -entwicklung, Altersstrukturanalyse, Qualifizierung und arbeitsrechtliche Rahmenbedingungen. Diese Themenbereiche werden in einzelnen Beratungssequenzen mit den betrieblichen Akteuren im Rahmen der zur Verfügung stehenden Ressourcen behandelt oder ggf. weiterführende Angebote vermittelt. Gerade die persönliche Ansprache von Unternehmensvertretern trägt verstärkt zur Sensibilisierung und Integrationsfähigkeit bei.
- Über *Unternehmens-Workshops* und Impulsveranstaltungen findet zusätzlich eine Arbeitsmarkterschließung statt. Die Workshops sind themenspezifisch

angelegt. Ziel der Workshops ist neben der Beratung von Unternehmen die Darstellung der Potenziale der Zielgruppe sowie des Nutzens einer Beschäftigung Älterer. Sie dienen des Weiteren einer vertieften Sensibilisierung und Kontaktaufnahme zu potenziellen Arbeitgebern und bieten die Möglichkeit für die teilnehmenden Unternehmer und Personaler, sich mit anderen Unternehmen der Region und Fachexperten über ihre Erfahrungen auszutauschen. Nach einer Auftaktveranstaltung im repräsentativen Wirtschaftsrathaus der Stadt mit dem Thema „Neue Wege zur Sicherung des Fachkräftebedarfs" folgten weitere Workshops, die sich mit den Themen „Gesundheitsförderung im Betrieb – Praktische Beispiele einer demografiefesten Personalarbeit", „Ingenieurmangel in Deutschland – Ältere Ingenieure als Potenzial? – Neue Ansätze der Qualifizierung!", „Rekrutierungsprobleme durch Personaldienstleistungen lösen – Potenziale Älterer erschließen" und „Die rechtlichen Rahmenbedingungen der Einstellung und Beschäftigung Älterer" im Rahmen eines Fachkongresses intensiv befassen.

- Ergänzt wird der Zugang zu Unternehmen durch die Ansprache von Unternehmens- und Unternehmerverbänden als Multiplikatoren. Hier wurden insbesondere regionale Branchenverbände, die ein erhöhtes Beschäftigungspotenzial für die Zielgruppe versprechen, angesprochen und sensibilisiert. Die angeschlossenen Unternehmen werden beispielsweise über Anzeigen im Verbandsorgan erreicht. Hierüber konnte auch eine gemeinsame Veranstaltung mit dem größten Verband von jungen Führungskräften und Unternehmern in Deutschland, den Wirtschaftsjunioren, angedacht werden, deren besonderer Reiz in der Polarität und Verbindung Jung-Alt liegt.

In der dritten Zielperspektive „Region" stehen die Bildung und Nutzung eines regionalen Netzwerks und die breit angelegte Öffentlichkeitsarbeit im Mittelpunkt:

- *Nutzung der Unternehmenskontakte der Netzwerkpartner:* Im Beschäftigungspakt sind die Hauptakteure in Form eines Entwicklungsnetzwerkes miteinander verbunden. Die beteiligten Partner verfügen über umfangreiche Kontakte zu Firmen und Arbeitgeberorganisationen, auf die im Rahmen der Arbeitsmarkterschließung zurückgegriffen wird. Anzumerken ist hier, dass die Partner natürlich auch in einem Konkurrenzverhältnis zueinander stehen, das durch die Struktur des Pakts, da er endlich ist, nicht aufgelöst werden kann und teilweise durch diesen sogar befördert wird. Das Verhältnis von Konkurrenz und notwendiger Kooperation muss demnach immer wieder ausbalanciert werden.

- *Durchführung von regionalen Fachkonferenzen:* Eine medienwirksame Auftaktveranstaltung „Ältere beschäftigen! Wege aus der personalpolitischen Sackgasse" zu Beginn des Beschäftigungspaktes stellte eine wichtige Informationsplattform für die regionalen Akteure wie Verbände, Kammern, Unternehmen, Gewerkschaften sowie Bildungsträger und ARGEn dar. Zum Ende des Pakts wurde eine weitere regionale Fachkonferenz veranstaltet, die als Podium für den breiten Austausch und Ergebnistransfer verstanden wurde und insbesondere die Unternehmen der Region in den Blick nahm. Die Fachkonferenzen sind in Verbindung mit der begleitenden Pressearbeit ein wichtiges Forum zur Unterstützung der breit angelegten Informations- und Imagekampagne zur Ansprache von Unternehmen.
- *Umsetzung einer Informations- und Imagekampagne:* Die Bewusstseinsbildung in der Öffentlichkeit wird durch eine regelmäßige Information über das Thema, über den Pakt und die einzelnen Aktivitäten gefördert. Der Informationsfluss wird über regionale Presseinformationen zu konkreten Themen und Erfolgsbeispielen unter Einbeziehung der Netzwerkpartner unterstützt. Zusätzlich wurde ein eigener Internetauftritt erstellt, über den aktuelle Informationen aufbereitet abrufbar sind. Unternehmen können so vertieftes Knowhow insbesondere über die Dokumentation der Workshops erhalten. Zu den durchgeführten Aktionen gehören Anzeigen in der Lokalpresse, begleitende Pressearbeit, Direkt-Mailings über Postkarten, Werbemittel, Imagebroschüren und die Entwicklung und Anbringung von Werbegroßflächen. Die Werbegroßflächen fungieren als Aufmacher, nennen konkrete Ansprechmöglichkeiten (Hotline), um Informationen zu erhalten, und sollen neben der Öffentlichkeit fokussiert Unternehmen ansprechen, die dann über das flankierende Beratungs- und Informationsangebot näheren Input erhalten können. Diese Kampagne ist somit ebenfalls eine unterstützende Maßnahme bei der Akquise von offenen Stellen für die Zielgruppe und trägt zum Einstellungswandel insbesondere bei Unternehmensvertretern bei (vgl. Heumann/Sack in diesem Band).

Die skizzierten Maßnahmen der Öffentlichkeitsarbeit und Unternehmensberatung leisten einen wichtigen Beitrag, um den regionalen Arbeitsmarkt zu sensibilisieren, zu informieren und so zum Abbau von strukturbedingten Vermittlungshemmnissen beizutragen. Hinweise darauf ergeben sich auch aus der telefonischen Befragung von 250 Nürnberger Unternehmen im Juni 2007, also etwa nach eineinhalb Jahren Paktarbeit. Die Ergebnisse weisen auf eine gute Durchdringung der regionalen Unternehmerschaft mit den Ideen und Angeboten des Pakts hin (vgl. Gottwald/Keck in diesem Band). In Anbetracht der kurzen Laufzeit des Pakts und der Konkurrenz mit vielfältigen Themen, die auf Unternehmen einwirken und für sich ebenso eine hohe Relevanz reklamieren, darf der Bekanntheitsgrad, den das Dienstleistungsangebot des Pakt50 in der regionalen Unternehmerschaft erreicht hat, als sehr gut gelten. Von den Dienstleistungen im „Pakt50 für Nürnberg" sind den befragten Unternehmen vor allem die Vermittlung von Mitarbeitern durch Teilprojekte, der Job-Scout und Themenworkshops bekannt (vgl. folgende Abbildung).

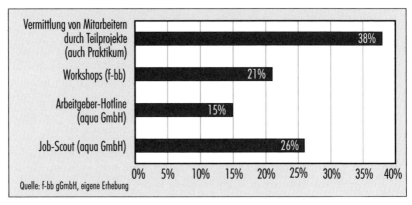

Abb. 5: Bekanntheitsgrad der Dienstleistungen

Die Dienstleistungen des „Pakt50 für Nürnberg" werden insgesamt von jeweils einem Zehntel der Unternehmen aktiv genutzt und alle durchweg positiv bewertet.

3. Zusammenfassung: Relevanz regionaler Arbeitsmarkterschließungskonzepte

Die Ergebnisse der Evaluationsforschung zur Wirksamkeit arbeitsmarktpolitischer Integrationsinstrumentarien und die überdurchschnittlich hohe Langzeitarbeitslosigkeit in Deutschland gerade bei älteren Arbeitslosen werfen die Frage auf, wie die Effizienz der Arbeitsmarkterschließung und Vermittlung verbessert werden kann.

Mit dem Konzept des aktiven Job-Scouting und dem Ausbau beschäftigungspolitischer Allianzen durch die Einbindung der Arbeitnehmerseite sowie gleichzeitig umfassender Sensibilisierungs- und Beratungsangebote für die Arbeitgeberseite werden in der Region Nürnberg im Rahmen des Beschäftigungspakts innovative Aspekte zur Markterschließung für ältere Langzeitarbeitslose erprobt. Dabei zeigt sich, dass gerade bei Rekrutierungskonzepten für ältere Arbeitslose der persönliche Kontakt zwischen Personalverantwortlichen, Vermittlern und potenziellen Kandidaten oft ausschlaggebend ist. Der Ausbau von Unternehmenskontakten zu klein- und mittelständischen Betrieben hat dabei einen besonderen Stellenwert, da gerade dort ein vergleichbar hohes Einstellungspotenzial in Bezug auf latent offene Stellen (nicht realisierte Arbeitsnachfrage) ausgeschöpft werden kann (vgl. Schmid 2003).

Der in Nürnberg praktizierte Ansatz zielt anders als herkömmliche beschäftigungspolitische Förderkonzepte ganzheitlich auf systembedingte Strukturen des Arbeitsmarktes. Der Fokus auf die Arbeitsmarkterschließung versteht sich dabei als wichtige Ergänzung zu personenbezogenen Förderinstrumenten, die schwerpunktmäßig auf die Zielgruppe, deren Qualifizierung und Coaching abzielen. Damit geht der Ansatz über eine bloße Reparaturfunktion hinaus: Durch Sensibilisierung, Meinungsbildung und Beratung wird eine direkte Beeinflussung des Arbeitsmarktes hinsichtlich der Verbesserung der Reintegrationschancen älterer Arbeitsloser angestrebt.

Systemorientierte Ansätze auf *regionaler* Ebene, die institutionelle arbeitsmarktpolitische Förderkonzepte flankieren, können zu einer verbesserten Arbeitsmarkterschließung beitragen. Erfolgreiche Ansätze sollten nach einer Phase der Erprobung in dauerhafte regionale Programme überführt werden, um die Nachhaltigkeit der geschaffenen Netzwerkstrukturen sicherzustellen. Gerade der Aufbau und die Pflege von lebendigen Unternehmenskontakten durch die öffentliche Arbeitsverwaltung (ARGEn und Arbeitsagenturen) und/oder beauftragte Dienstleister ist als ein längerfristiger Prozess anzulegen mit dem Bewusstsein, dass dieser erst nach einer gewissen Zeit Früchte trägt.

Literatur

Bröker, A./Schönig, W.:
 Marktzugänge von Langzeitarbeitslosen trotz vermittlungshemmender Merkmale. Frankfurt 2005.

Schmid, G.:
 Wege zu einer effizienten Arbeitsvermittlung. In: WSI Mitteilungen 5/2003, S. 291–299.

Koller, B./Gruber, H.:
: Ältere Arbeitnehmer im Betrieb und als Stellenbewerber aus der Sicht der Personalverantwortlichen. In: Mitteilungen aus der Arbeitsmarkt- und Berufsforschung, 34. Jg. 2001 Heft 4, S. 479–505.

Wirth, C.:
: Arbeitsmarktintegration, personale Netzwerke und die öffentliche Arbeitsverwaltung. In: WSI Mitteilungen 2/2006, S. 104–109.

Sensibilisierungskampagne als Strategie einer offensiven Arbeitsmarkterschließung – Konzept und Produkte der Öffentlichkeitsarbeit

Anja Heumann, Claudia Sack

Ausgangspunkt und Zielsetzung

In einem wirtschaftlichen Umfeld, in dem sich Unternehmen nach wie vor von Arbeitnehmern der Generation 50plus trennen, besteht ein wesentlicher Lösungsansatz zur Integration älterer Arbeitsloser in den Ersten Arbeitsmarkt in der Beseitigung bzw. Verringerung von Vermittlungshemmnissen seitens potenzieller Arbeitgeber. Vorurteile oder Unkenntnis bezüglich der Fähigkeiten der Zielgruppe und der Möglichkeiten, diese produktiv einzusetzen, sind nach wie vor weit verbreitet.

Vor diesem Hintergrund entwickelte das Forschungsinstitut Betriebliche Bildung (f-bb) gGmbH eine Image-Kampagne, in welcher der „Pakt50 für Nürnberg" als Schnittstellenpartner zwischen Unternehmen und Jobsuchenden auftrat. Mit dieser Kampagne wurden folgende Ziele verfolgt:

- Marktsensibilisierung: Abbau von Vermittlungshemmnissen, Aufklärung über Potenziale und besondere Kompetenzen Älterer, Akzeptanzförderung;
- Erschließung des Nachfragermarktes: gezielte Hinwirkung auf Beschäftigungsverhältnisse bei Arbeitgebern;
- Förderung der Nachhaltigkeit und des Transfers: Verzahnung der Beteiligten und Nutzenerklärung.

Als Zielgruppe der öffentlichkeitswirksamen Aktivitäten werden primär regionale Arbeitgeber und Unternehmen in den Fokus genommen. Für eine „Lobbyarbeit" für die Zielgruppe der „Älteren" schließt dies jedoch auch die allgemeine Öffentlichkeit und Presse sowie sekundär die Arbeitsuchenden selbst (ALG II-Empfänger ab 50) ein.

Strategie und Vorgehen

Die Kommunikationsstrategie der Kampagne umfasst zwei Phasen, in denen regionale Arbeitgeber und Unternehmen erreicht und eingebunden wurden:

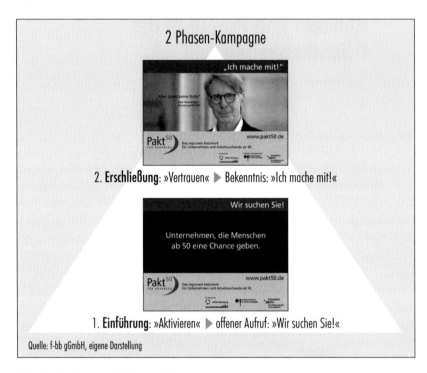

Abb. 1: Aufbau der 2 Phasen-Kampagne

- Phase 1: Der „Pakt50 für Nürnberg" lebt von der Partizipation. Im Fokus der Markteinführungsphase steht deshalb die Zielgruppenaktivierung. Im Stil eines „offenen Aufrufs" wird dabei an Unternehmen herangetreten, damit sie sich am „Pakt50 für Nürnberg" beteiligen. Dies wird über den Claim „Wir suchen Sie!" transportiert.
- Phase 2: Die Markterschließungsphase legt den Schwerpunkt auf die Vertrauensbildung. Ausgewählte Unternehmen werden über das Bekenntnis „Ich mache mit" eingebunden. Sie berichten über ihre Erfahrungen mit der Zielgruppe der Arbeitsuchenden. Dadurch werden sie in der Richtigkeit ihrer Ent-

scheidung bestätigt und Unentschlossenen weitere Argumente zur Teilnahme geliefert. Dies wird in dem Claim „Ich mache mit!" verdichtet.

Die Mediastrategie der Kampagne beinhaltet einen Media-Mix. Aufgrund des budgetären Limits wird dieser jedoch auf wenige Medien eingegrenzt, dafür aber eine höhere Präsenz in den jeweiligen Medien gezeigt (Medienkonzentration).

Um die Streuverluste besser einzugrenzen und dennoch hohe Reichweiten zu erzielen, wird die Kampagne primär printgestützt realisiert (Printfokus).

Die Umsetzung des gesamten Konzepts erfolgt zeitlich gesehen in mehreren Stufen:

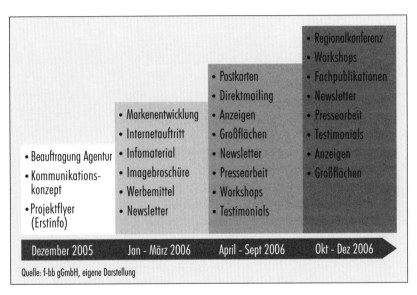

Abb. 2: Stufenkonzept im Pakt50

Kreative Umsetzung und Produkte

Die kreative Umsetzung der Kampagne erfolgt in Zusammenarbeit mit einer Werbeagentur. Mit ihr wird im Vorfeld ein Kommunikationskonzept ausgearbeitet; im Anschluss werden die einzelnen Bausteine umgesetzt.

Die Grundlage bildet zu Beginn die Entwicklung eines Corporate Designs (CD) mit eigenem Pakt-Logo und Slogan. Mit dem einheitlichen Design kann ein einheitlicher Auftritt der Partner des Pakt50 in der Region in Abgrenzung zu anderen Schwerpunktregionen gewährleistet sowie neben der grafischen Identifikation durch den Slogan auch eine inhaltliche Komponente transportiert werden. Das CD findet sich in allen folgenden Einzelbausteinen wieder. Durch den erzeugten Wiedererkennungseffekt soll längerfristig die Prägung einer „eigenen Marke" ermöglicht werden.

Die Erhöhung des Bekanntheitsgrads des Pakts und seines Anliegens in der Region ist auch für folgende Aktivitäten der Öffentlichkeitsarbeit in der Einführungsphase handlungsleitend:

- **Internetauftritt:** Ein eigener Internetauftritt ermöglicht einer breiten Öffentlichkeit den Zugang zu vielfältigen Informationen zum Pakt (Hintergrundinfos, Ziele, Partner, Angebote, Veranstaltungen, Medienecho etc.). Dieser Auftritt wird fortlaufend aktualisiert und mit verschiedenen Aktionen und Medien beworben. So z.B. mit diversen Mailings (z.B. eine Postkarte „Informieren Sie sich!"), die sich gezielt an regionale Arbeitgeber wenden, einem eigenen Pakt-Newsletter, der aktuelle Themen anreißt und über Links auf die Pakt-Seiten führt, mit Einladungen zu Veranstaltungen, zu welchen sich Interessenten über die Pakt-Seiten online anmelden sollen. Sämtliche Produkte und Materialien werden zudem mit der Internetadresse versehen.
- **Pressearbeit:** Durch eine Medienpartnerschaft mit der Lokalzeitung (Nürnberger Nachrichten) wird eine regelmäßige Berichterstattung sichergestellt: In einer ersten Beitragsreihe stellen sich die einzelnen Partner mit ihren Teilprojekten vor. Ergänzend kommen Berichte über Veranstaltungen, Beiträge zu aktuellen Themen aus dem Pakt sowie Best-Practice-Beispiele aus einzelnen Unternehmen hinzu. Auch in der Nürnberger Zeitung (NZ) sowie dem IHK-Magazin Wirtschaft in Mittelfranken (WiM) konnten immer wieder Fachbeiträge, Veranstaltungshinweise und Erfolge aus dem Pakt platziert werden.

Für eine Zielgruppenaktivierung werden diese Bausteine zudem durch einzelne Aktionen ergänzt, die speziell Unternehmen für das Thema „Ältere" sensibilisieren, über den Pakt informieren und für eine Teilnahme am Pakt gewinnen wollen:

- Schaltung von Anzeigen (im Wirtschaftsteil der Nürnberger Nachrichten und im IHK Magazin WiM) und Großflächen (in ballungsreichen Gewerbegebieten der Stadt Nürnberg) mit einem offenen Aufruf „Wir suchen Sie!";
- Versand eines Mailings mit einer Imagebroschüre;

- Durchführung von Unternehmensworkshops zu Fachthemen wie „Ingenieurqualifizierung", „Gesundheitsmanagement".

Der Einsatz von Werbemitteln (Kugelschreiber, Blöcke, Mousepads, Büroklammern) auf Veranstaltungen, bei Unternehmensbesuchen und Materialienversand dient dazu, die Marke Pakt50 zu stärken, weiter zu verbreiten und präsent zu halten.

Während in der Einführungsphase primär der Markenaufbau – also die Bekanntmachung und Zielgruppenaktivierung – im Vordergrund steht (Wer ist der Pakt50? Was macht er? Was leistet er?), liegt in der Erschließungsphase der Schwerpunkt auf der inhaltlichen Ausgestaltung der Marke mit konkreten Angeboten wie Beratung und Veranstaltungen. Ziel ist es hier, bereits teilnehmende Unternehmen in ihrem Engagement zu bestärken, mit konkreten Dienstleistungen zu unterstützen und damit die Zusammenarbeit zu vertiefen und zu erweitern. Auch die Verzahnung verschiedener Akteure und der Transfer stehen hier zunehmend im Vordergrund.

Für die kreative Umsetzung dieser zweiten Kampagnenphase werden dazu die „Bekenntnisse" teilnehmender Unternehmen eingesetzt. Sogenannte „Testimonials" (Unternehmerköpfe mit Slogan) und Erfahrungen von Arbeitgebern und Arbeitnehmern sollen als Zugpferde für andere Unternehmen in der Region dienen und Vertrauen aufbauen. Sie wurden vor allem in folgenden Bausteinen verarbeitet:
- in Anzeigen (im Wirtschaftsteil der Nürnberger Nachrichten und im IHK Magazin WIM) und Großflächen (in ballungsreichen Gewerbegebieten der Stadt Nürnberg) sowie Plakaten: „Ich mache mit!";
- in einer neu aufgelegten Imagebroschüre, die mit einem Mailing an regionale Unternehmen versandt wurde;
- in einer Testimonialsammlung (mit acht Good-Practice-Beispielen aus dem Pakt50), die bei Unternehmensbesuchen und Veranstaltungen verteilt wurde;
- im Internet;
- in Rundfunk- und TV-Beiträgen.

Die Durchführung von weiteren Veranstaltungen (Unternehmensworkshops und Fachtagungen) mit Best-Practice-Beispielen und fachlichem Input zu verschiedenen Fragestellungen demografiefester Personalarbeit dient der weiteren Sensibilisierung, Aufklärung und Akzeptanzförderung Älterer. Gleichzeitig bietet sie durch die Einbindung und Verzahnung unterschiedlichster Akteure die Möglichkeit, in neuen, erweiterten Kooperationen das Thema in der gesamten Metropolregion voranzutreiben.

Von der Breite in die Tiefe

Ende 2006 ergaben sich bei der Durchführung qualitativer Interviews mit beteiligten Arbeitgebern folgende Bedarfe für die weitere Öffentlichkeitsarbeit:
- mehr Präsenz auf Messen (z.B. Zeitarbeitsmessen) und Gewerbetagen, auf denen Firmen vertreten sind;
- mehr persönliche Gespräche/Ansprache mit/von Personalern.

Es stellte sich heraus, dass die meisten Personaler den Pakt50 zwar in der Öffentlichkeit wahrgenommen hatten und bereits wussten, dass es ihn gibt, eine vertiefte Kenntnis über dessen Struktur und andere Teilprojekte als die, über die sie mit dem Pakt in Berührung kamen, aber weniger vorhanden war.

Deshalb wurden für die zweite Projektphase folgende Ziele abgeleitet:

Nach dem Motto „von der Breite in die Tiefe" sollte der bereits erreichte Bekanntheitsgrad des Pakts in der Öffentlichkeit dazu genutzt werden, um einzelne Dienstleistungsangebote stärker in den Vordergrund zu stellen. Im Fokus standen dabei Unternehmen/Personalverantwortliche der Region, die es über persönliche Ansprache neu oder vertiefend zu informieren und beraten galt, um sie für die Thematik zu sensibilisieren und eine Teilnahme am Pakt zu gewinnen. Hierbei war insbesondere darauf zu achten, dass eine klare Abgrenzung bzw. Verschränkung mit den Angeboten der Teilprojektpartner (z.B. Arbeitgeberservice der ARGE und Job-Scout von aqua) erfolgte.

Die Umsetzung dieser Ziele erfolgte nach einer ausgiebigen Recherche von Terminen, Ansprechpartnern und Firmenkontakten auf mehreren Ebenen:
- Verstärkte Repräsentanz des Pakts auf regionalen Veranstaltungen: Messen (Zeitarbeitsmessen der ARGE Nürnberg), Wirtschaftsstammtischen, Personalleiterkreisen, HR-Foren etc.;
- Persönliche Ansprache neuer Kontakte zur Information und Beratung: Ansprache von Personalleitern, Branchen- und Unternehmensverbänden (z.B. Wirtschaftsjunioren, Gaststättenverband);
- Persönliche Ansprache von bereits teilnehmenden Firmen für vertiefende Angebote: Diese wurden z.B. in Form von Kooperationen bei einem Workshop, einer Teilnahme an Ausschreibungen (Team des Monats) durch soziale Verpflichtungen an den Pakt gebunden.

Bekanntheitsgrad des „Pakt50 für Nürnberg"

Im Rahmen der regionalen Unternehmensbefragung im Juni 2007 wurde ein Fokus auch auf die Öffentlichkeitsarbeit im Pakt50 gelegt. Ziel war es, in Erfahrung zu bringen, welche Ergebnisse und Wirkungen die Öffentlichkeitsarbeit zum Thema „Ältere beschäftigen" bei regionalen Arbeitgebern erzielen konnte.

Der „Pakt50 für Nürnberg" ist knapp zwei Dritteln der befragten 250 Unternehmen bekannt. Dabei wurden sie vor allem durch Artikel oder Anzeigen in den Nürnberger Nachrichten (39 Prozent), Informationsmaterial des Pakt50 (21 Prozent) sowie Berichte im Fernsehen (12 Prozent) auf den „Pakt50 für Nürnberg" aufmerksam. Diese Medienangebote haben in Nürnberg die größte Reichweite und erweisen sich somit als besonders wirkungsvolle Multiplikatoren.

Ähnliche Ergebnisse zeigten sich auch bei der gezielten Nachfrage nach bekannten Medien aus dem Pakt50: Nur einem Drittel der Personalverantwortlichen ist gar kein Informationsangebot des „Pakt50 für Nürnberg" bekannt. Einen besonders hohen Bekanntheitsgrad erreichen, wie oben angeführt, Medienberichte, gefolgt von Informationsmaterialien, Werbeflächen bzw. Plakatwerbung und Werbeanzeigen zu aktuellen Angeboten des „Pakt50 für Nürnberg" wie z.B. Workshops und Tagungen (vgl. nachfolgende Abbildung).

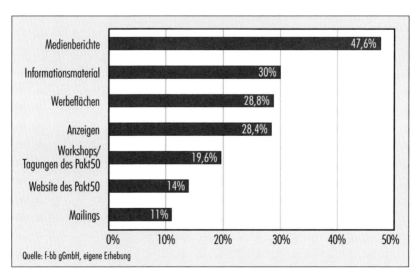

Abb. 3: Bekanntheitsgrad der Medien und Aktivitäten des „Pakt50 für Nürnberg" (Mehrfachnennungen)

Anregungen zur Verbesserung der Breitenwirkung des Paktes

Der Pakt50 als solcher ist über Medien bzw. vor allem die Presse relativ gut bekannt. Allerdings wünschen sich viele Unternehmen eine noch häufigere und auffälligere Präsenz des Pakt50 in Presse und Rundfunk. Darüber hinaus regen sie eine verstärkte direkte und persönliche Ansprache der Geschäftsführer bzw. Personalabteilungen über persönliche Kontakte, E-Mails, Briefe und die gezielte Vermittlung relevanter Informationen an. Zusätzlich sprechen sich die Befragten auch für eine stärkere Beteiligung der Bundesagentur für Arbeit, der Innungen und der IHK am Pakt50 aus, die in ihren eigenen Veröffentlichungen zusätzlich für Aufmerksamkeit sorgen könnten.

Als Verbesserungsvorschläge für die öffentlichkeitswirksame Kommunikation des Pakt50 werden genannt, dass unpersonalisierte Werbeanschreiben weniger effektiv sind und die Aufmerksamkeit über regelmäßige Medienpräsenz gehalten werden soll. Nur ein verschwindend geringer Teil der Befragten gibt an, noch gar nichts vom Pakt50 gehört und auch künftig kein Interesse daran zu haben, weil das Thema für ihr Unternehmen entweder nicht relevant sei oder sie selbst schon länger in diesem Bereich aktiv wären. Bemängelt wird auch, dass die konkrete Vermittlung Älterer häufig an der Arbeitsagentur scheiterte, die diese Bewerber oft nur auf direkte Anfrage an interessierte Unternehmen weiter vermittelte.

Gute Beispiele aus der Vermittlungspraxis: Tandems berichten

Anja Heumann

1. Zielsetzung und Herangehensweise

Ein wesentliches Ziel der Aktivitäten der Öffentlichkeitsarbeit im Hinblick auf die Ebenen „Organisation" und „Region" war es, einen nachhaltigen Impuls für einen Einstellungswandel gegenüber älteren Bewerberinnen und Bewerbern zu geben. Als ein wichtiger Lösungsansatz zur Integration älterer Arbeitsloser in den Ersten Arbeitsmarkt wurde die Beseitigung bzw. Verringerung von bestehenden Vorurteilen gegenüber Älteren seitens potenzieller Arbeitgeber gesehen. Um über Potenziale und besondere Kompetenzen Älterer aufzuklären und um häufigen Vorurteilen bezüglich der Fähigkeiten der Zielgruppe entgegenzuwirken, wurden gezielt gute Beispiele aus der Vermittlungspraxis in Form von Erfahrungsberichten in die Imagekampagne eingebunden und veröffentlicht. Dieser Bestandteil der Marktsensibilisierung schloss sich an die erste Kampagnenphase an, um die vorherige Suche nach teilnehmenden Unternehmen nun mit Erfahrungsberichten über gelungene Integrationen zu ergänzen. Diese Erfahrungsberichte von Arbeitgebern und Arbeitnehmern, in welchen branchenbezogen Erfolgskriterien gelungener Integration herausgestellt wurden, sollten als positive Beispiele für andere Unternehmen in der Region dienen und Vertrauen aufbauen.

In Kooperation mit den Teilprojekten wurden erfolgreiche Vermittlungen und die entsprechenden Zielfirmen an die Öffentlichkeitsarbeit kommuniziert, welche die Unternehmensansprache übernahm. Ziel sollte sein, über Interviews von Arbeitgebern und Arbeitnehmern Erfahrungen mit der Beschäftigung älterer Langzeitarbeitsloser zu dokumentieren, Erfolgskriterien im Einzelfall zu erfragen und allgemeinere Kriterien für die Bewerberauswahl des Unternehmens herauszuarbeiten, um Transfermöglichkeiten für andere Unternehmen bieten zu können. Der Fokus lag dabei auf Kompetenzen älterer Arbeitnehmer und auf der Aufgeschlossenheit der Arbeitgeber gegenüber dieser Zielgruppe. Weiterführendes Ziel neben der Akquise weiterer Unternehmen war es, bereits teilnehmende Betriebe in ihrem Engagement zu bestärken.

Die Interviewanfragen stießen bei teilnehmenden Unternehmern auf große Bereitschaft, von ihren Erfahrungen mit dem Projekt und den Bewerbern zu berichten. Im Interview saßen Arbeitgeber und Arbeitnehmer zusammen und berichteten aus ihrer jeweiligen Perspektive im Tandem.

Im Folgenden finden sich Erfahrungsberichte aus den Bereichen Call-Center, Zeitarbeit sowie aus dem Sozialbereich.

2. Unkonventionelle Personalauswahlverfahren eröffnen Älteren neue Chancen im Call-Center-Bereich

Um älteren Quereinsteigern eine Chance zu geben, nutzt die Direktbank ING-DiBa bei der Auswahl künftiger Call-Center-Mitarbeiter ein unkonventionelles Verfahren: Vorstellungsrunden ohne Lebenslauf, allein die Persönlichkeit zählt. Auf diese Weise steigen bei Bewerbungen auch die Chancen älterer Arbeitsuchender, und die Voraussetzungen für einen Call-Center-Job wie Kommunikationsfreude und Ausdrucksstärke können jenseits gängiger Auswahlschemata ebenso gut überprüft werden. Über das Teilprojekt „JOBaktiv50+" (vgl. Heinl/Schuhmann/Freiling in diesem Band) ist die ING-DiBa in den „Pakt50 für Nürnberg" eingebunden und hat fünf älteren Teilnehmenden einen Wiedereinstieg ins Arbeitsleben ermöglicht.

Überraschungen

Zunächst war Gisela Ruppert, gelernte Industriekauffrau, Industriefachwirtin und Personalfachkraft wenig begeistert, als sie von einer Arbeitsvermittlerin hörte, dass sie eine weitere Ausbildung benötige, um den Wiedereinstieg ins Berufsleben zu schaffen. Nach über drei Jahren Arbeitslosigkeit und knapp 400 vergeblichen Bewerbungen waren Rupperts Erwartungen an das Projekt nicht sehr hoch, und doch wollte sie die Hoffnung nicht ganz aufgeben. „Ich bin zunächst mit Skepsis, aber prinzipiell offen an die ganze Sache herangetreten. Nun bin ich sehr dankbar, dass es mit der ING-DiBa so gut funktioniert hat", resümiert Ruppert. Mit ihr wurden zwei weitere Bewerberinnen für ein Praktikum bei der Direktbank ausgewählt. Vorqualifikationen waren dabei weniger entscheidend als erwartet. Christa Louis, die vorher keine Ausbildung vorzuweisen hatte, erzählt: „Als ich in der ersten Gesprächsrunde war, hat sich jeder vorgestellt, und ich saß da als Verkäuferin ohne Abschluss und dachte mir, ich habe nie eine Chance. Die größte Überraschung war dann, als ich gehört habe: ‚Ja, Frau Louis, wir nehmen Sie.'"

Gute Beispiele aus der Vermittlungspraxis: Tandems berichten

Vorstellungsgespräch ganz ohne Lebenslauf

Ausschlaggebend dafür war ein ungewöhnliches Auswahlverfahren. Birgit Mogler, Ressortleiterin Aus- und Weiterbildung der ING-DiBa, lernte die Pakt50-Teilnehmerinnen zunächst ohne Lebenslauf kennen. „Diese Art der Auswahl macht viel Sinn, denn diese Menschen bringen nun mal ganz andere Voraussetzungen mit als die, die sowieso schon im Arbeitsleben stehen", begründet Mogler die Vorgehensweise. Persönlichkeit und Ausstrahlung hatten Vorrang bei der Beurteilung, „und da hat mich Frau Louis einfach persönlich überzeugt. Sie hatte in dem Moment keine Ausbildung absolviert, war aber sehr ausdrucksstark, sehr kommunikativ, und das sind natürlich die Anforderungen, die wir an den Job im Call-Center haben", erklärt die Ressortleiterin Aus- und Weiterbildung.

Neue Aufgaben schaffen Selbstvertrauen

Im Rahmen des Teilprojekts „JOBaktiv50+" haben ältere Arbeitsuchende die Möglichkeit, sich innerhalb von neun Monaten auf einen Abschluss vorzubereiten, der dem neu eingeführten Berufsbild der „Servicefachkraft für Dialogmarketing" entspricht und die Teilnehmenden stark motiviert: „Wir sind Pioniere, und das macht mich sehr stolz", freut sich Christa Louis. Mit dem Arbeitsalltag sind die Auszubildenden sehr zufrieden: „Wir haben gute Teamleiter, es sind immer Leute da, die für uns ein offenes Ohr haben", lobt Louis.

Erfolgsrezept: Motivation und Eigeninitiative

Positiv überrascht ist Mogler von der hohen Lernbereitschaft ihrer älteren Azubis: „Die weit verbreiteten Vorurteile, dass Ältere nicht flexibel sind und keine Motivation haben, das erleben wir hier alles nicht. Ich finde es schön, Menschen im Unternehmen zu haben, die den anderen zeigen, dass das Vorurteile sind".
Neben der täglichen Arbeit bereiten sich die Azubis – genauso wie Jüngere – auf ihre Abschlussprüfung vor. „Wir wollen gute Ergebnisse für uns selbst und für die Bank", betonen sie. Dieses Engagement zahlte sich aus: alle fünf Azubis haben nun wieder einen Arbeitsplatz. „Einen festen Vertrag in den Händen zu halten, das ist wie ein Schatz", freut sich eine Teilnehmerin. Entscheidend für diesen Erfolg waren Motivation und „der ungebrochene Wille, den Beruf zu lernen", wie auch Birgit Mogler betont. Der bisherige positive Verlauf ist ein Anreiz für sie, weitere Teilnehmer aus dem Pakt50 im Unternehmen zu integrieren. „Ich würde

mir zudem wünschen, dass dieses Projekt weiterhin bestehen kann und zu einer festen Einrichtung wird", ergänzt Mogler.

3. Altes Handwerk, neue Technik – eine wichtige Ergänzung

Digitalisierte Technik bringt Innovation, ersetzt jedoch nicht althergebrachte handwerkliche Fertigkeiten. Für Axel Heussinger, Chef der Kunststoffverarbeitung Heussinger GmbH in Nürnberg, sind Ältere ein wichtiger Bestandteil seines Unternehmens, weil sie die neuen Kenntnisse der jüngeren Kolleginnen und Kollegen mit ihrem handwerklichen Know-how gut ergänzen. So hat der 57-jährige Giovanni Luongo nach über vier Jahren Arbeitslosigkeit über den „Pakt50 für Nürnberg" bei der Heussinger GmbH wieder einen festen Arbeitsplatz. Er hat sich bestens integriert und ergänzt die Mannschaft mit seiner Erfahrung hervorragend.

Nicht aufs Alter kommt es an, sondern auf Persönlichkeit

Giovanni Luongo hat zuvor 30 Jahre lang bei Grundig gearbeitet – bis zur Schließung des Unternehmens. Das größte Hindernis für einen Neueinstieg war sein Alter. „Es war für mich sehr schwierig, ich bin zu alt, um Arbeit zu finden, und zu jung, um in Rente zu gehen", erzählt er. Für seinen neuen Arbeitgeber, Axel Heussinger, ist das Alter der Mitarbeiter kein Ausschlusskriterium: „Das Alter spielt keine Rolle, mir ist wichtig, dass jemand zum Betrieb passt. Aber das Alter zum Argument machen, das ist doch unsinnig und politisch völlig unkorrekt", betont der 59-Jährige.

„Ein technologisch-soziologisches Gesamtkunstwerk"

In seiner Firma, in der Kunststoffformteile gefertigt werden, beschäftigt Axel Heussinger 17 Mitarbeiter, davon mehrere über 50 Jahren – und das mit gutem Grund: Erfahrene Formenbauer haben eine handwerkliche Basis, die nach wie vor zwingend notwendig für den Betrieb ist. Diese handwerklichen Fähigkeiten bringen die Jungen in der Branche nicht mehr mit, ihre Ausbildung richtet sich vor allem auf die digitalisierte Programmierung der Formteile. Heussinger reagiert auf den technischen Wandel, indem er beide Richtungen zusammenbringt: „Handwerk und High-Tech-Maschinen vermischen sich absolut positiv, das eine geht ohne das andere nicht", erklärt er. Das schließt auch mit ein, dass junge und erfahrene Mitarbeiter produktiv zusammenarbeiten und voneinander lernen,

Heussinger nennt diese Art der Zusammenarbeit schmunzelnd ein „technologisch-soziologisches Gesamtkunstwerk".

Vorauswahl als Qualitätsmerkmal des Pakt50

Trotz der längeren Arbeitslosigkeit gelang Giovanni Luongo der Einstieg in den Betrieb ohne Schwierigkeiten. „Arbeiten macht mir Spaß. Die Kollegen sind zufrieden mit mir, und ich mit ihnen, da gibt es keine Probleme", erklärt er und strahlt. Einen Grund für die gute Integration in den Betrieb sieht Heussinger auch in der Funktion des Teilprojekts der „Berufliche Fortbildungszentren der Bayerischen Wirtschaft (bfz) gGmbH" im Pakt50. Durch die vorherige Auswahl und Schulung der Teilnehmenden gelingt der Anschluss im Betrieb wesentlich leichter als bei unvorbereiteten Arbeitsuchenden. Heussinger betrachtet das bfz daher als hilfreichen „Filter", wenn Teilnehmende entsprechend ihrer Qualifikation und Motivation ausgewählt und bestehende Anfangsschwierigkeiten durch vorbereitende Wissensvermittlung gemildert oder behoben werden.

Eigeninitiative und Beharrlichkeit

Unabhängig davon ist für Heussinger vor allem die Persönlichkeit eines Mitarbeiters wichtig, die zur Vielschichtigkeit seines Betriebs passen muss. „Da ist Giovanni Luongo ein sehr kooperativer Mitarbeiter, er hat sich sehr gut integriert. Dass er so positiv herangegangen und unauffällig geblieben ist, war für mich die größte Überraschung", resümiert er. Auch für Luongo verlief der Wiedereinstieg ins Arbeitsleben unerwartet positiv: „Anfangs habe ich gedacht, die behalten mich die paar Monate, die sie mich nicht bezahlen müssen, und dann schicken sie mich wieder weg." Als der Chef ihm aber nach der Probezeit einen festen Arbeitsvertrag anbot, „da habe ich mich so gefreut", erzählt er, „ich habe zu meinen Freunden gesagt, das ist wie ein Sechser im Lotto." Ein Geheimrezept habe er aber nicht, fügt Giovanni Luongo schulterzuckend hinzu. Heussinger ergänzt: „Es geht über Eigeninitiative und Beharrlichkeit. Herr Luongo begreift seine Stelle hier nicht als Parkplatz, und ich werde alles tun, um ihm diese Lebensperspektive nicht zu nehmen."

Ausgezeichnetes Beispiel

Für eine vorausschauende Personalpolitik, die Potenziale Älterer für den eigenen Betrieb erkennt und nutzt, wurde die Heussinger GmbH von Bundesarbeitsminister Franz Müntefering im Rahmen des Bundesprogramms „Perspektive 50plus" als „Unternehmen mit Weitblick 2006" für die Region Nürnberg ausgezeichnet.

4. Potenziale Älterer in der Zeitarbeit

Ältere zu beschäftigen ist für Ingrid Kick so wichtig wie selbstverständlich. Denn als Leiterin der Niederlassung Hersbruck bei der Zeitarbeitsfirma Adecco gehört es zu ihrer Aufgabe, auch Ältere trotz altersbeschränkter Kundenanfragen zu vermitteln und zu empfehlen. Ingrid Kick schätzt an erfahrenen Bewerberinnen und Bewerbern besonders deren hohe Eigenverantwortung und Kontinuität im Arbeitsalltag. Aus dem „Pakt50 für Nürnberg" hat sie in Zusammenarbeit mit dem Teilprojekt des bfz Nürnberg bereits fünf Teilnehmer eingestellt, zwei berichten von ihren Erfahrungen.

„Nicht aufgeben!"

Reinhold Albert und Viktor Kriffzof kamen nach drei Jahren Arbeitslosigkeit zum „Pakt50 für Nürnberg" und konnten beide an Adecco vermittelt werden. Über das Teilprojekt „AktivFirma" (vgl. Heinl/Semmelmann/Gottwald in diesem Band) des bfz konnte sich Reinhold Albert mit Erfolg für den Arbeitsmarkt fit machen: „Wir waren in Gruppen aufgeteilt, haben zum Beispiel Bewerbungstrainings gemacht und PC-Schulungen bekommen, da hat sich ein gegenseitiges Helfen entwickelt. Ich habe dort sehr viele Bewerbungen geschrieben und nach sechs Wochen hatte ich einen Job bei Adecco. Für mich war das auf jeden Fall das Beste und ich finde den Pakt50 das erste gute Instrument, das wirklich etwas gebracht hat". Seit Mai 2006 ist Reinhold Albert als Lager- und Umschlagshelfer beschäftigt und die Zufriedenheit mit seinem neuen Job ist ihm anzusehen. Rückblickend auf die langen Jahre ohne Arbeit resümiert der 52-Jährige: „Man darf nicht aufgeben in so einer Situation, auch wenn es manchmal schwer ist".

Erfolgreiche Kooperation

Ingrid Kick arbeitet eng mit dem bfz zusammen: „Die bfz-Maßnahmenleiter haben immer offene Stellen von Adecco, da besteht ein sehr guter und enger Kontakt." Diese Zusammenarbeit hat auch Viktor Kriffzof zu einem neuen Arbeitsplatz verholfen. „Das ist wirklich ein Musterbeispiel", lacht Ingrid Kick, „ich brauchte damals dringend einen Schlosser und wusste, dass im Rahmen des Pakt50 ein Metallkurs im bfz zu Ende geht. Da habe ich mir Herrn Kriffzof geschnappt, und am nächsten Tag hat er angefangen zu arbeiten und er macht einen super Job", erzählt Frau Kick, und ihr Mitarbeiter, Herr Kriffzof, nickt zufrieden. Der ehemalige Matrose hat vorher unter anderem als Binnenschiffer gearbeitet, bis er 2003 arbeitslos wurde und lange keinen Wiedereinstieg fand. Mit 59 Jahren ist er bei Adecco der älteste Bewerber, der vermittelt wurde. Herr Kriffzof selbst ist überglücklich über seine neue Perspektive. „Ich habe mir gedacht, irgendwo ist meine Tür und dann springe ich rein. Aber man darf nicht warten, man muss diese Tür suchen."

Eigenverantwortung und Motivation zahlen sich aus

Für ihn steht nun ein Wechsel der Firma an. Das bisherige Projekt, an dem er über Adecco mitgearbeitet hat, geht zu Ende, in einigen Wochen wird er möglicherweise von einer anderen Firma gebraucht. Herr Kriffzof überlegt bereits, wie er die Zeit überbrücken kann. „Das ist genau die Flexibilität der Älteren, die ich so schätze. Die machen sich eigenständig Gedanken, wie bestimmte Zeiten überbrückt werden können. Das finde ich klasse, dass die Älteren etwas dazutun, damit ihr Arbeitsplatz bestehen bleibt", lobt Kick. Überhaupt bescheinigt sie Älteren ein hohes Maß an Eigenverantwortung, Zuverlässigkeit und Kontinuität. „Deswegen würde ich, sofern ich die Kunden überzeugen kann, jederzeit diese Altersgruppe einstellen", sagt Kick überzeugt.

Nicht zuletzt bleibt ein ausschlaggebender Punkt für eine erfolgreiche Vermittlung die Motivation der Arbeitsuchenden. Auch hier will Ingrid Kick unterstützen: „Ich kenne die Schwierigkeiten, die man hat, mit 50 eine Stelle zu finden. Deshalb habe ich beschlossen, Leuten in meinem Alter zu helfen und unsere Kunden entsprechend zu motivieren. Da gehört es dazu, dass man sich für die Leute Zeit nimmt, das ist mir sehr wichtig und das mache ich auch gerne."

5. Erfolgsrezept Berufserfahrung – Personaldienstleister setzt auf Fachkompetenzen Älterer

Die wichtigste Strategie bei der Personalauswahl ist für die Firma P-RSONAL Dollinger Personal Services GmbH das Fachgespräch unter Spezialisten. Der Personaldienstleister vermittelt qualifizierte Mitarbeiter aus dem gewerblichen, technischen, kaufmännischen sowie aus dem IT- und Ingenieur-Bereich. Dabei betrachtet P-RSONAL die Bewerberinnen und Bewerber als Experten in ihrem jeweiligen Fachgebiet. Diese Art der Personalauswahl zeigt auch Erfolg bei älteren Langzeitarbeitslosen, weil sie dort ansetzt, wo individuelle Kompetenzen liegen und so Ängste abgebaut werden. Peter Dollinger, Geschäftsführer von P-RSONAL, arbeitet über das bfz mit dem „Pakt50 für Nürnberg" zusammen und hat bereits vier Teilnehmer eingestellt.

Qualifikation sichert Qualität

„Wir unterscheiden uns von anderen Personaldienstleistern darin, dass wir für jeden Bereich, den wir bedienen, Spezialisten im eigenen Haus haben. Sie können gezielt Qualifikationen einschätzen, das macht die Qualität unserer Arbeit aus", erklärt Peter Dollinger. Dieser Anspruch prägt auch die Personalauswahl, bei der das Fachgespräch mit den Bewerbern im Mittelpunkt steht und gerade auch bei älteren Arbeitsuchenden großen Erfolg zeigt. „Die Leute fühlen sich sicher, wenn sie mit Fragen aus ihrem Fachbereich konfrontiert werden, man spricht die gleiche Sprache, das macht vieles einfacher", begründet Hans Jürgen Ludolph das Vorgehen.

Er kennt die Problematik gut, denn er war selbst Pakt50-Teilnehmer. Über die „AktivFirma" des bfz kam er zu P-RSONAL. Für den Bereich Metall ist er nun als Disponent tätig und greift bei der Personalrekrutierung auch auf den Pakt50 zurück. In Zusammenarbeit mit dem bfz hat er bereits drei externe Mitarbeiter eingestellt: „Im Teilprojekt des bfz sind teilweise hochqualifizierte Leute, das nutzen wir natürlich gerne", so Ludolph. Dollinger ergänzt: „Die Vorteile des Projekts für Unternehmen liegen darin, dass es einen Pool an Erfahrungsträgern gibt, auf den Unternehmen gezielt zurückgreifen können." Diese Erfahrungsträger betrachtet Dollinger als Gewinn für Unternehmen, denn „sie bringen sehr viel Wissen in eine Firma hinein. Qualifikation, Berufserfahrung und Persönlichkeit, das ist für uns die optimale Mischung, und die bekommt man eben erst ab einem gewissen Alter", betont er.

Hans Jürgen Ludolph argumentiert auch von technischer Seite aus für die Beschäftigung Älterer: „Die Technologie verändert sich so sprunghaft, dass Firmen nicht immer Maschinen haben, die auf dem neuesten Stand sind. Ältere haben breitere technologische Kenntnisse und wissen noch, wie man mit diesen Maschinen arbeitet, und die können das dann wieder den Jungen beibringen. Das ist ein großer Vorteil!"

Erfolgsrezept: Berufserfahrung

Auch Hans-Jochen Pilney und Peter Feist, ehemalige Pakt50-Teilnehmer und externe Mitarbeiter bei P-RSONAL, sind überzeugt, dass sie viel zu bieten haben: „Wir bringen die Erfahrung aus 30 Berufsjahren mit ein, da hat man vieles schon gesehen und kann routiniert arbeiten", erklärt Peter Feist. Der gelernte Maschinenbauer wurde aufgrund seiner engagierten Arbeit in einer bfz-Teilqualifikation an P-RSONAL empfohlen und eingestellt. „Mein Erfolgsrezept war mein Lebensweg, was ich an fachlicher Qualifikation vorzeigen konnte, und auch ein bisschen Glück", freut sich der 57-Jährige.

Nach zweieinhalb Jahren Arbeitslosigkeit hat auch Hans-Jochen Pilney einen Wiedereinstieg bei P-RSONAL gefunden. Einen Teil dieses Erfolgs schreibt er der persönlichen Betreuung in der „AktivFirma" zu. „Da waren goldrichtige Personen, die hatten für jeden ein offenes Ohr und ich hatte das Gefühl, dass sie versuchen, einem wirklich zu helfen. Das hat Mut gemacht." Der gelernte Stahlbauschlosser war über 15 Jahre nicht mehr in der Metallbranche beschäftigt, hat jedoch ohne Probleme einen Anschluss gefunden. „Was man einmal gelernt hat, hat man gelernt. Ich arbeite an einer Fräsmaschine, da hat sich nicht so viel verändert, und ich bin sehr dankbar, dass ich wieder im Metallbereich arbeiten kann", erzählt Pilney zufrieden.

Umdenken nötig

Als Disponent kennt Ludolph die Bedarfe vieler Unternehmen und stellt ein langsam einsetzendes Umdenken fest – er erhält mittlerweile auch Nachfragen nach älteren Arbeitnehmern. „Ich kann es nicht verstehen, dass ein Industrieland wie Deutschland bisher auf dieses Know-how so einfach verzichtet hat. Dass mit Älteren ein enormes Potenzial vorhanden ist, muss wieder mehr in den Mittelpunkt gerückt werden, damit Firmen das auch erkennen und nutzen."

6. Verbessertes Arbeitsklima durch Generationenvermittler

Das Sozialzentrum der Diakonie Nürnberger Süden gGmbH hat mit der Einstellung des Pakt50-Teilnehmers Manfred Mergel einen zuverlässigen, begeisterungsfähigen Mitarbeiter gewonnen. Durch ihn hat sich das Arbeitsklima deutlich verbessert, denn mit seiner positiven, persönlichen Art bildet er eine Generationsbrücke zwischen den jungen Beschäftigten im Team und den älteren Bewohnern.

Für die einen ist er väterlicher Kollege, für die anderen einfühlsamer Betreuer. Zudem hat Astrid Jäger, Leiterin des Seniorenzentrums „An der Radrunde", durch Manfred Mergel eine hohe Bewohnerzufriedenheit erreicht. Auch Irina Mes wurde über den „Pakt50 für Nürnberg" eingestellt und hat sich bestens ins Team integriert.

Praktikum als Chance zum Wiedereinstieg

Manfred Mergel und Irina Mes konnten über ein Teilprojekt der städtischen Noris Arbeit (NOA) gGmbH (vgl. Dahmen-Gregorc in diesem Band) an das Seniorenzentrum „An der Radrunde" vermittelt werden. Ihr erster Schritt zu einem festen Arbeitsverhältnis begann über ein dreimonatiges Praktikum. „Während dieser Praktikumsphase konnte ich mich hier einarbeiten und beweisen, es hat wunderbar geklappt. Im Team sind viele junge Leute, die haben mich ganz toll aufgenommen, und die Bewohner sind sowieso spitze", schwärmt Manfred Mergel. Irina Mes stimmt ihm zu, auch sie ist froh über ihre neue Beschäftigung.

Astrid Jäger schätzt gerade die vorangegangene Praktikumszeit als besonders wichtig für beide Seiten ein: „Das Praktikum gibt den Leuten Zeit, sich wieder in die Arbeit einzufinden, denn es ist manchmal schwierig, von der langen Zeit der Arbeitslosigkeit in einen laufenden Arbeitsalltag voll einzusteigen. Ich denke, die Geduld, die die Mitarbeiter mit den Bewohnern haben müssen, sollten wir als Arbeitgeber auch mit den Bewerbern haben" erklärt Jäger, denn sie ist überzeugt, dass sich diese Geduld lohnt. „Ich setze auf altersgemischte Teams, denn wir brauchen auch Lebenserfahrung, und die bringen die Älteren mit."

Ein echter Glücksfall

Für das Seniorenzentrum war die Einstellung Mergels ein echter Glücksfall. Der 57-Jährige ist verantwortlich für die Essensverteilung und leichte Pflegetätigkeiten. Er widmet sich nach fünf Jahren Arbeitslosigkeit seiner Beschäftigung mit Hingabe und Begeisterung: „Ich komme gerne hierher, denn die Leute brauchen mich und ich brauche die Leute. Ich habe zum Beispiel einen Bewohner, der ist 92 Jahre alt. Wenn dann Zeit ist, sitzt er bei mir in der Küche. Er singt gerne alte Kirchweihlieder, dann singe ich mit ihm mit, das klappt wunderbar", erzählt er freudig. In diesem Bereich hat Mergel seinen jüngeren Kollegen etwas voraus, er fungiert als Generationenbrücke zwischen den zu Betreuenden und dem jungen Personal, und das schafft Vertrauen auf beiden Seiten.

„Er macht zu einem Großteil psychosoziale Betreuung, fängt das Ungeduldige der Leute mit seiner Art sehr gut auf. Wir haben durch Herrn Mergel eine hohe Bewohnerzufriedenheit, und auch die Rückmeldung der Angehörigen ist sehr positiv. Innerhalb des überwiegend jungen Teams ist Herr Mergel ein väterlicher Kollege und hat immer ein offenes Ohr", lobt Jäger.

Mergel liegt besonders am Herzen, dass er kein Einzelbeispiel statuieren will, sondern andere auch eine Chance bekommen sollen. „Es müssten mehrere auf die Idee kommen, Ältere zu beschäftigen. Denn wir haben auch unser Potenzial und können noch vieles bewerkstelligen", betont er.

Auch Irina Mes bereichert das Team im Seniorenzentrum mit ihrer Lebenserfahrung und ruhigen Art. Trotz anfänglicher Sprachschwierigkeiten hat sich Mes bestens integriert, denn sie hat durch Nachfragen viel gelernt und ist überzeugt: „Wer fragt, gewinnt!"

Erfolg braucht auch Geduld

Astrid Jäger arbeitet regelmäßig mit der Noris-Arbeit zusammen und hat bereits drei Pakt50-Teilnehmer übernommen. Im Umgang mit neuen Mitarbeitern legt sie Wert darauf, diesen Zeit zu geben, um sich entwickeln und einbringen zu können. „Es ist wichtig, dass man nicht bei den ersten Bewerbern, bei denen es nicht klappt, alles hinschmeißt. Sicherlich scheitert es auch mal, aber man sollte nicht aufgeben", rät sie anderen Personalverantwortlichen. „Ich kann von Arbeitgeberseite wirklich sagen: Ich gebe etwas und habe das Gefühl, ich kriege es drei- und vierfach zurück".

Die Erfahrungsberichte aus dem Projekt waren für die Öffentlichkeitsarbeit ein wichtiges Instrument. Durch die Kombination beider Sichtweisen, die des Arbeitgebers und die des vermittelten Bewerbers mit dem Hintergrund der Langzeitarbeitslosigkeit konnten für beide Seiten wichtige Austauschmöglichkeiten und Einblicke in die jeweilige Situation erreicht werden. Dieses Vorgehen trug zu einer guten Breitenwirkung in der Öffentlichkeit bei.

Kompetenzen bilanzieren: „KomPakt50" als neues Verfahren einer zielgruppengerechten Kompetenzanalyse

Uwe Elsholz, Veronika Hammer

1. Einleitung

Eine der Schwierigkeiten für ältere Arbeitslose besteht darin, dass sie – nicht zuletzt durch Erfahrungen der Dequalifizierung und des sozialen Abstiegs – ihrer eigenen Stärken nicht mehr sicher sind. Dementsprechend können sie sich am Arbeitsmarkt häufig schlechter positionieren als dies aufgrund ihrer Erfahrungen und Fähigkeiten möglich wäre. Hier setzt die „KomPakt50"-Kompetenzbilanz an, die im Rahmen des Projekts „Pakt50 für Nürnberg" entwickelt und erprobt wurde und besonders auf ältere Arbeitslose zugeschnitten ist. Das Verfahren zielt vor allem darauf ab, gering qualifizierten Arbeitsuchenden vorhandene Kompetenzen bewusst zu machen. Die Kenntnisse über eigene Fähigkeiten sollen den Arbeitsuchenden neues Selbstvertrauen geben und ihnen eine bessere Darstellung ihrer Fähigkeiten bei der Stellensuche ermöglichen. Vor dem Hintergrund eines Empowerment-Ansatzes stellt „KomPakt50" eine Möglichkeit dar, die Klientel in der Verbesserung ihrer Selbstwahrnehmung und damit in ihrer Beschäftigungsfähigkeit zu stärken. Es hebt sich damit von anderen Verfahren für die Zielgruppe ab, die vor allem auf die Einschätzung der Marktnähe von Arbeitslosen durch die Arbeitsagentur oder private Arbeitsvermittler abzielen (vgl. Haasler/Schnittger 2005).

Nachfolgend werden zunächst der Empowerment-Ansatz sowie die konzeptionellen Hintergründe und Zielsetzungen von „KomPakt50" erläutert. Anschließend werden die einzelnen Schritte bei der Entwicklung des Verfahrens dargestellt, welche sich durch ein Zusammenwirken von Theorie, Empirie und praktischer Erfahrung auszeichnet. „KomPakt50" wird in seinem Aufbau und in seiner Durchführung geschildert, es wird eine methodisch kontrollierte Erprobung und deren Auswertung erläutert. Abschließend erfolgen eine Einordnung des Verfahrens und ein Ausweis seiner Spezifika im Vergleich zu anderen Methoden der

Kompetenzanalyse sowie ein Ausblick, in dem weitere Entwicklungsmöglichkeiten des Verfahrens aufgezeigt werden.

2. Hintergründe, Konzepte

2.1 Zur Problemlage von älteren Arbeitslosen

Die Sichtbarmachung und Bilanzierung von Kompetenzen älterer Langzeitarbeitsloser erfordert ein Verfahren und Instrumente, die den Besonderheiten der Zielgruppe gerecht werden. Wie ausführlich im Beitrag von Gottwald/Franke in diesem Band dargestellt, stellen ältere Langzeitarbeitslose eine besondere Problemgruppe dar, deren Situation wie folgt zu skizzieren ist:
- Durch den Disuse-Effekt in der Arbeitslosigkeit werden vorhandene Qualifikationen entwertet und das Wissen veraltet;
- Langzeitarbeitslose leiden durch fehlende soziale Bezüge unter mangelnder Anerkennung und Selbstbestätigung durch ihre Arbeitsmarktferne;
- Die Gruppe älterer Arbeitsloser ist vielfach mit stereotypen Vorurteilen konfrontiert im Bezug auf ihre Leistungsfähigkeit und -bereitschaft;
- Ältere Langzeitarbeitslose besitzen in der Regel multiple Vermittlungshemmnisse, neben dem Alter sind dies häufig gesundheitliche Einschränkungen.

Ein negatives Selbstbild und mangelndes Selbstbewusstsein sind die Folgen der genannten Entwicklungen. Damit einher gehen mangelnde Kenntnisse und wenig Bewusstsein über eigene Stärken und Schwächen, sodass in der Folge unzureichende Fähigkeiten bestehen, sich selbstständig und kreativ am Arbeitsmarkt zu vermarkten. Ein Ansatz, die gleichwohl bestehenden Kompetenzen sichtbar und damit auch am Arbeitsmarkt verwertbar zu machen, besteht in der Bilanzierung eben dieser Kompetenzen.

2.2 Kompetenzanalysen und Empowerment

Kompetenzanalysen werden gegenwärtig vielfach in betrieblichen Zusammenhängen eingesetzt. Wenn Kompetenzanalyse jedoch mehr als nur ein Modewort modernen Unternehmensmanagements sein will, sollte sie von Trainern und Führungskräften neu gedacht werden. Das Ziel ist dabei, dass Kompetenzanalysen selbst kompetenzförderliche Wirkungen erzeugen. Denn weder externe Tests oder Beurteilungen werden es bei älteren Langzeitarbeitslosen sein, die diese erhoffte Wirkung entfalten. Wie von Gillen (2006) diskutiert, kann vor allem die Reflexion über eigene Kompetenzen und Stärken als wesentlicher Gewinn eines Verfahrens gesehen werden, wenn es gut läuft. Die entscheidende Frage ist nun, wie man die mit „KomPakt50" ermittelten Kompetenzen und auch vorhandene Schwächen zwischen Trainern und älteren Arbeitsuchenden so austauschen kann, dass das Matching zwischen Selbst- und Fremdeinschätzung gelingt. Insbesondere das Empowerment-Konzept bietet geeignete Ansatzpunkte, die dazu beitragen, diesem Anspruch gerecht zu werden.

Das Ziel eines empowermentorientierten „Kompetenzdialoges" ist es, kleine Kompetenz- und Lebenserfolge systematisch herzustellen. Diese Systematik beruht auf drei Grundüberzeugungen (Herriger 1997, S. 113 ff.) und auf drei Arbeitsphasen (ebd., S. 116 ff.). Diese werden in folgender Abbildung bezogen auf Langzeitarbeitslose kurz zusammengefasst:

Drei Grundüberzeugungen

- Respekt vor der Lebensautonomie des Langzeitarbeitslosen
- Prozessorientierung der Beratung
- Radikale Zukunftsorientierung des Beratungsprozesses

Drei Arbeitsphasen

- Zielfokussierung - Formulierung „wünschenswerter" Kompetenzen und Lebensziele = Dekonstruktion bisheriger „Vorurteile"
- Reframing - Suche nach lebensgelingenden Zeiten (Wechsel des Bezugsrahmens) und nach wirklichen Kompetenzen, Benennung und Relativierung der Schwächen
- Stellvertretende Stärken- und Schwächendeutung und Ko-Konstruktion von Lösungswegen (gemeinsames Aushandeln)

Abb. 1: Grundüberzeugungen und Arbeitsphasen des Empowerment

Um die genannten Grundüberzeugungen und Arbeitsphasen umsetzen zu können, sollten Empowerment-Coaches überdies einige professionelle Voraussetzungen mit in das Gespräch bringen. Dazu zählt insbesondere Empathie, die durch Zuhören und durch das Zeigen von echtem Interesse geprägt ist.

Als Instrument für die Führung wurden unter anderem wichtige Empowerment-Variablen bereits unter anderem von Geißler (2003) umgesetzt. Beachtenswert ist das Konzept des „Anerkennenden Erfahrungsaustausches", das die Autorengruppe mit dem Hinweis auf ein neues Produktivitätsmanagement beschrieben hat. Ein Paradigmenwechsel im Human-Resource-Management bedeutet z.b., Ressourcen und Kompetenzen auch als „Talente", „Fähigkeiten" und „Erfahrungswissen" zu sehen. Belegschaften sind die wesentlichsten Potenzialträger jedes Unternehmens. Von daher kann Führung oder Coaching nicht länger darin bestehen, Ziele vorzugeben, diese mittels Controlling zu prüfen, wesentliche Entscheidungen aber einsam zu treffen. Vier-Augen-Gespräche unter Berücksichtigung der genannten Empowerment-Regeln werden immer wichtiger (vgl. Hammer 2006), ebenfalls Kompetenzgespräche, die affektive und kognitive Aspekte aufgreifen und deshalb schon auf Anerkennung und Wertschätzung beruhen.

2.3 Ziele von „KomPakt50"

Die Kompetenzbilanzierung „KomPakt50" zielt vor allem darauf ab, gering qualifizierten Arbeitsuchenden vorhandene Kompetenzen bewusst zu machen, damit diese im Sinne verbesserter Selbstvermarktungsstrategien von den Arbeitsuchenden genutzt werden können. Zudem hat das Instrument für eine zielgerichtete Überprüfung und Fortschreibung individueller Qualifizierungspläne und einer darauf ausgerichteten Beratungs- und Coachingarbeit einen hohen Stellenwert und trägt zu einer verbesserten Wirkung von Förderkonzepten bei.

Es geht nicht um eine wertneutrale verobjektivierte Kompetenzmessung mit dem Ziel einer Einsortierung und eines Vergleichs mit anderen (vgl. Lehmkuhl/Proß 1996, S. 63ff.). Vielmehr ist das Ziel ein diskursives Herausarbeiten individueller Stärken der Älteren im Sinne eines auf die Arbeits- und Beschäftigungsfähigkeit ausgerichteten Empowerments. Ein verbessertes Selbstbewusstsein und das Wissen um den eigenen Kompetenzbestand wiederum verschaffen nicht nur eine realistische Einschätzung der persönlichen Eignung für bestimmte Arbeitsfelder, sondern ermöglichen auch eine bessere Kommunikation eigener Fähigkeiten und Stärken. Insbesondere bei der Suche nach und bei der Bewerbung um einen neuen Arbeitsplatz ist das Bewusstsein über die eigene Leistungsfähigkeit unabdingbar und trägt somit merklich zu einer verbesserten Employability bei. Gleichzeitig kann das Wissen über mangelnde Potenziale zu reflektiertem Handeln beitragen und somit die Grundlage für die weitere, stärker selbstgesteuerte Kompetenz- und Persönlichkeitsentwicklung der Arbeitsuchenden bilden im

Sinne einer reflexiven Handlungsfähigkeit (vgl. Elsholz 2002). Aus diesen Gründen wurden auch vermehrt solche Aspekte in das Verfahren aufgenommen, die als Stärken älterer Beschäftigter gelten (vgl. Stößel 2007) und die daher geeignet erschienen, eben dieses zum Vorschein zu bringen.

Das Instrument umfasst im ersten Schritt Fragebögen zur Einschätzung unterschiedlicher Kompetenzbereiche. Diese werden sowohl vom Teilnehmer einer Qualifizierungsmaßnahme als auch von einem Trainer ausgefüllt, der den Teilnehmer bereits im Arbeits- und Qualifizierungshandeln erlebt hat. Insbesondere die gemeinsame Erörterung der Ergebnisse – der Unterschiede und der Übereinstimmungen einer Selbst- und Fremdeinschätzung zwischen Trainer und Teilnehmer – soll dabei helfen, dass die Teilnehmer ihre eigenen Potenziale besser als zuvor erkennen lassen.

3. Die Entwicklung und Erprobung des Verfahrens

Vor den genannten Hintergründen und konzeptionellen Überlegungen wurde das Verfahren „KomPakt50" entwickelt. Dabei haben sich unterschiedliche Entwicklungsschritte herauskristallisiert, die wechselseitig Theorie, Empirie und praktische Erfahrungen in die Entwicklung einbeziehen. Die Entwicklung erfolgte daher in einem zyklischen Prozess (vgl. Freiling/Gottwald 2006).

3.1 Entwicklungsschritte des Verfahrens

Als erster Schritt zur Entwicklung eines Verfahrens der Kompetenzbilanzierung erfolgte eine Literaturauswertung zu beruflicher Handlungskompetenz allgemein und speziell bei Älteren (u.a. Maier 1996, Wenke/Reglin 1996, Gravalas 1999, DGFP 2004, Bröker/Schönig 2005, Lehr 2005, Loebe/Severing 2005). Neben dieser Grundlage wurde ein weiterer Weg zur Ermittlung von Kompetenzen eingeschlagen. Aus über 9000 Datenbankeinträgen – über von Arbeitgebern und Trainern formulierten Stellenanzeigen und entsprechend ausgeschriebenen Profilen – konnten geforderte persönliche Stärken eruiert werden. Drittens wurden in einem Trainerworkshop die im Pakt50 beteiligten Praktiker und Erprober des Verfahrens an der Entwicklung beteiligt, um die alltäglichen Erfahrungen mit den Teilnehmern im Pakt50 zu integrieren. Zur Entwicklung des methodischen Designs fanden Fachgespräche und ein Informationsaustausch mit dem Lehrstuhl für Wirtschafts- und Sozialpsychologie der Friedrich-Alexander-Universität in Erlangen statt. Schließlich wurde das Verfahren mit ausgewählten Teilnehmern erprobt und reflektiert sowie mit Trainern (und damit den Praktikern) mehrfach diskutiert.

Auf dieser Basis ist dann eine Version von „KomPakt50" entwickelt worden, die in einem methodisch kontrollierten Testlauf mit einer Gruppe erprobt wurde. Dieser Erprobungsdurchgang fand im Februar 2007 am bfz Nürnberg im Rahmen der „AktivFirma" statt (vgl. Heinl/Semmelmann/Gottwald in diesem Band). Die Ergebnisse der Erprobung haben dann erneut zu einer Weiterentwicklung des Verfahrens geführt (vgl. Kap. 3.3).

3.2 Aufbau und Durchführung des Verfahrens

Das Verfahren gliedert sich in zwei wesentliche Schritte. Im ersten Teil geht es darum, Fragebögen zur Selbsteinschätzung durch den Teilnehmer und zur Fremdeinschätzung durch den Trainer auszufüllen. Im zweiten Abschnitt steht dann die gemeinsame Reflexion in einem Kompetenzdialog im Mittelpunkt und es wird in einem Reflexionsgespräch ein Ergebnisdokument für Trainer und Teilnehmer erstellt.

Abb. 2: Ablauf des Verfahrens „KomPakt50"

Aufgrund des raschen technischen und organisatorischen Wandels veralten berufsbezogene fachliche Qualifikationen immer schneller. Infolgedessen gewinnen überfachliche und informell erworbene Kenntnisse in der Arbeitswelt an Bedeutung. Weil die Kompetenzbilanzierung im „Pakt50 für Nürnberg" langfristige Geltung erreichen und fachübergreifend einsetzbar sein soll, konzentriert sich das Instrument in Anlehnung an die allgemeingültige Definition der beruflichen Handlungskompetenz auf die Erfassung der überfachlichen Dimensionen Methoden-, Sozial- und Selbstkompetenz. Damit wird bewusst auf Kompetenzbereiche rekurriert, die in gängigen Instrumenten von Bildungsträgern oft zu kurz kommen, die aber bei einer Arbeitsaufnahme oft entscheidend sind – im Positiven wie im Negativen.

Methodenkompetenz wird als Fähigkeit verstanden, Aufgaben und Probleme zielgerichtet, strukturiert und effektiv bearbeiten zu können und dabei gelernte Denkmethoden, Arbeitsverfahren, Lösungs- und Lernstrategien selbstständig anzuwenden und weiterzuentwickeln. „KomPakt50" erfasst Methodenkompetenz mit den Konstrukten Planungsfähigkeit, Zeitmanagement, Zielorientiertheit, Effizienz und Lösungsorientiertheit.

Sozialkompetenz umfasst eine Vielzahl an persönlichen Dispositionen, die es ermöglichen, soziale Beziehungen aufzubauen und sich mit anderen Menschen rational und verantwortungsbewusst auseinanderzusetzen. Sozialkompetenz erschließt sich in den Dimensionen Kommunikationsfähigkeit, Kritik- und Konfliktfähigkeit, Teamorientierung, Zuverlässigkeit und Verantwortungsbereitschaft.

Selbstkompetenz zeigt sich in der Bereitschaft, sein Arbeitsumfeld aktiv mitzugestalten und sich dabei Bedingungen zu schaffen, die eine Weiterentwicklung der eigenen Persönlichkeit im Rahmen der Arbeit ermöglichen. Selbstkompetenz drückt sich im Fragebogen in den Eigenschaften Motivation, Belastbarkeit, Flexibilität, Lernbereitschaft/Lernfähigkeit, Gesundheitsbewusstsein und Selbstdarstellungsfähigkeiten aus (vgl. zu den beiden letzten Aspekten Punkt 4.3).

Zur Beschreibung der Kompetenzbereiche wurden in der Umsetzung möglichst praxisnahe und alltagssprachliche Formulierungen gewählt. Sozialkompetenz wird als „Fähigkeit, mit anderen Menschen umzugehen" beschrieben, die Selbstkompetenz als „Persönliches Wollen und Können" und die Methodenkompetenz als „Fähigkeit zur Erledigung von Arbeitsaufgaben" bezeichnet. Die Kompetenzen werden über möglichst konkrete Beschreibungen von Arbeitssituationen gegliedert abgefragt.

Die einzelnen Items werden in einer Viererskala von „stimmt voll und ganz" bis zu „stimmt überhaupt nicht" eingeschätzt. In der Fremdeinschätzung des Trainers ist zudem eine Kategorie enthalten, nach der keine Einschätzung möglich ist. Auch diese Nichteinschätzung kann im Kompetenzdialog zum Gegenstand des Gesprächs gemacht werden, wenn es dem Trainer nicht möglich scheint, eine Eigenschaft angemessen zu beurteilen.

	stimmt voll und ganz ☺☺	☺	☹	stimmt überhaupt nicht ☹☹
Kommunikationsfähigkeit				
Ich frage nach, wenn mir irgendwas unklar ist.				
Das was ich sagen will, kann ich eindeutig formulieren.				
Während eines Gesprächs achte ich auch auf die Körpersprache meines Gesprächspartners (verschränkte Arme, Blickkontakt).				
Im Umgang mit fremdsprachigen Kollegen bemühe ich mich um eine verständliche Sprache.				
Auf wichtige Gespräche bereite ich mich besonders vor, z. B. indem ich mir vorher überlege, wie ich mich am besten verhalten kann				
Kritik- und Konfliktfähigkeit				
Ich bin in der Lage, andere sachlich zu kritisieren.				
Wenn mich jemand kritisiert, denke ich darüber nach, ob ich an meinem Verhalten etwas ändern sollte.				
Ich lasse andere ausreden, auch wenn ich weiß, dass ich mit ihrer Meinung nicht einverstanden bin.				
Entscheidungen anderer kann ich annehmen.				

Sozialkompetenz – Fähigkeit mit anderen Menschen umzugehen

Sozialkompetenz umfasst eine Vielzahl an persönlichen Verhaltensweisen, welche es ermöglicht in Arbeitsprozessen mit anderen erfolgreich und verantwortungsbewusst zusammenzuarbeiten – von der Kommunikation und Kooperationsfähigkeit bis hin zur Teamfähigkeit.

Abb. 3: Ausschnitt aus dem Fragebogen zur Selbsteinschätzung

Im Anschluss an die Selbst- und Fremdeinschätzung erfolgt der gemeinsame Dialog über die Einschätzungen. Dieser „Kompetenzdialog" stellt den Kristallisationspunkt des Verfahrens dar, der allerdings ohne den vorhergehenden Prozess der Auseinandersetzung mit den einzelnen Kompetenzen und Items der Fragebögen nicht zu haben ist. In dem Gespräch geht es darum, Stärken zu benennen, Gemeinsamkeiten und Unterschiede in der Wahrnehmung zu explizieren und zu besprechen.

Die Fragebögen und Besonderheiten in den Einschätzungen dienen dabei als Gesprächsanlässe und helfen, das Gespräch zu strukturieren. Über die Begründung der einzelnen Einschätzungen – und zwar sowohl der Selbst- als auch der Fremdeinschätzungen – entsteht ein gemeinsamer Dialog. Ist dem Trainer eine Fremdeinschätzung nicht möglich, so ist auch die Begründung der Selbsteinschätzung des Teilnehmers Gesprächsanlass und Anknüpfungspunkt.

Der Trainer bzw. Coach vermittelt konstruktive Hilfestellungen, wenn Langzeitarbeitslose im Gespräch von ihren Einschätzungen und von ihrem Selbstmanagement berichten. Des Weiteren ist es von Bedeutung, Möglichkeiten zu schaffen: Vor allem Demotivierte sollten trotzdem herausfordernde Fragen und Aufgaben gestellt bekommen. Im Evaluations- bzw. Kompetenzgespräch sollten kleine Erfolge anerkannt werden. Dennoch gilt es persönliche Integrität zu wahren, wenn es brenzlig wird. Ein Coach muss seine eigene Meinung vertreten, auch wenn es kurzfristig unangenehm ist. Und ein Coach sollte wissen: Empowerment entwickelt sich idealtypisch über mehrere Etappen:

1. Mobilisierung, 2. Engagement und Förderung, 3. Integration und Routine, 4. Überzeugung und „brennende Geduld" (Stark 2002, S. 58 ff.). Dieses aktive Kompetenzentwicklungsgespräch dient dazu, das Gefühl der Langzeitarbeitslosen von einer „Machtlosigkeit" in ein partizipatorisches Kompetenzkaleidoskop zu transformieren (s.a. Freiling/Hammer 2006). In der Kompetenzbesprechung, Motivationsentwicklung und -förderung kann die kognitive Ebene eingeschlagen werden. Selbstreflexiv kommen im Gespräch die Kompetenzen ins Spiel, es wird ein neuer Blick auf die Zukunft geworfen und dabei neue Handlungskompetenzen reflektiert.

In einem Ergebnisdokument werden die wesentlichen Inhalte des Kompetenzdialogs festgehalten. Darin sind fragengestützt die Stärken und Schwächen des Teilnehmers festzuhalten und es sollen Schlussfolgerungen formuliert werden: zum einen bezogen auf konkrete Bewerbungsaktivitäten und -strategien sowie zum anderen bezüglich der weiteren Qualifizierung und Kompetenzentwicklung. Der Teilnehmer erstellt dabei ein Exemplar des Dokuments, das nur für seinen eigenen Gebrauch bestimmt ist. Damit soll eine möglichst große Offenheit des Teilnehmers befördert werden, indem niemand anders seine eigenen Notizen bewertet oder weiterverwendet.

Der Trainer wiederum fertigt ein Ergebnisdokument an, welches Grundlage und Hilfsmittel für den weiteren Coaching- und Trainingsprozess mit dem Teilnehmer ist. So haben beide Beteiligten einen manifestierten „Gewinn" aus dem Gespräch.

3.3 Praxiserprobung

Eine methodisch kontrollierte Praxiserprobung hat wichtige Hinweise für die Weiterentwicklung des Verfahrens gegeben. Im Rahmen der „AktivFirma" wurde in einer Gruppe von zwölf Teilnehmern diese Erprobung durchgeführt. Dabei wurde zur Evaluation in einem Methodenmix (vgl. Flick 2000) ein Reflexionsworkshop mit den Teilnehmern durchgeführt und eine Expertenbefragung der Trainer sowie eine Nachbefragung mittels eines Fragebogens vorgenommen.

Im Ergebnis überwog die positive Resonanz der Zielgruppe: In der Rückmeldung der Nutzer wurde hervorgehoben, dass mit dem Verfahren „richtige und wichtige Inhalte" angesprochen werden. Die Teilnehmer hoben – wie dies auch im Empowerment-Ansatz beabsichtigt war – die ihnen entgegengebrachte Wertschätzung durch den Kompetenzdialog als besonders wichtig hervor. Fragen des respektvollen Umgangs, der Chance, Feedback zu erhalten sowie eine Form der Selbstvergewisserung über eigene Stärken und Schwächen wurden als besonders positive Aspekte des Verfahrens benannt. Rein quantifizierende und objektivierende Verfahren und Instrumente können diese Unterstützung der Zielgruppe nicht leisten.

Es hat sich gezeigt, dass die Selbst- und Fremdwahrnehmung von Trainern und Teilnehmern meist übereingestimmt haben und wenig grundlegende Diskrepanzen vorhanden waren. Die Teilnehmer zeigen sich nach Aussagen der Trainer oft sehr selbstkritisch, was die Annahmen über ältere Langzeitarbeitslose bestätigt.

Positiv hervorgehoben von Trainern und Teilnehmern wurde zudem, dass das Verfahren Gesprächsanlässe liefert, um gezielt förderliche und hinderliche Bedingungen der Arbeitsaufnahme zu thematisieren, die im Alltag eben nicht besprochen werden. In der persönlichen Bewertung der Nutzer wurde vor allem die Chance betont, neue berufliche Perspektiven über die Selbstreflexion und den Kompetenzdialog zu erschließen.

Einige Hinweise aus der Erprobung wurden zur Verbesserung der Praxistauglichkeit des Verfahrens verwendet. So hat sich gezeigt, dass es für die Beteiligten einfacher ist, zunächst über das Thema Sozialkompetenzen zu sprechen und erst im Gesprächsverlauf die Selbst- und Methodenkompetenzen zu erörtern. Der Grund hierfür liegt darin, dass die Sozialkompetenzen von den Trainern gut eingeschätzt werden können und sich deshalb leichter Gesprächsanlässe herstellen lassen.

Bei der Gruppe der älteren Langzeitarbeitslosen spielen zwei Aspekte eine wichtige Rolle in Bezug auf die Chancen am Arbeitsmarkt, die für diese Gruppe sehr spezifisch sind und die daher explizit in das Verfahren aufgenommen wurden. Zum einen betrifft dies die Frage des Gesundheitszustands und in diesem Zusammenhang auch des Gesundheitsverhaltens, die einer Arbeitsaufnahme häufig entgegenstehen (vgl. Gottwald/Franke in diesem Band).

Zum anderen spielt die Frage des äußeren Erscheinungsbilds eine Rolle. Neben gepflegter Kleidung tragen scheinbar banale Aspekte wie gesunde Zähne wesentlich dazu bei, ob ein Vorstellungsgespräch erfolgreich verläuft.

4. Einordnung und Ausblick

Das Verfahren „KomPakt50" wurde speziell für ältere Langzeitarbeitslose entwickelt. Dies schlägt sich in einigen Besonderheiten nieder, die das Verfahren von anderen Ansätzen zur Kompetenzbilanzierung unterscheiden (vgl. Erpenbeck/v. Rosenstiel 2003).

Die Fachkompetenz wird vor dem Hintergrund der Zielsetzung eines Empowerment und der verbesserten Selbstvermarktungsfähigkeit bewusst nicht abgefragt, sondern es erfolgt eine Fokussierung auf den überfachlichen Bereich. Der Fragebogen zur Selbst- und zur Fremdeinschätzung ist dementsprechend in die Kategorien Sozial-, Personal- und Methodenkompetenz eingeteilt.

Im Verfahren „KomPakt50" sind solche Items bevorzugt in die Fragebögen aufgenommen worden, die besondere Stärken Älterer zum Ausdruck bringen. Es wurde danach ausgewählt, welche Aspekte bei einer Bewerbung besonders von Älteren zu ihrem Vorteil ins Spiel gebracht werden können im Vergleich zu jüngeren Bewerbern (z.B. Verlässlichkeit).

Es wurden auf der anderen Seite besondere Vermittlungshemmnisse aufgenommen, die einer erfolgreichen Platzierung am Arbeitsmarkt entgegenstehen. Dies gilt besonders für die Aspekte zum Gesundheitsverhalten sowie zum äußeren Erscheinungsbild.

Bei der konkreten Ausgestaltung wurde bewusst eine möglichst geringe Komplexität angestrebt, z.B. durch die Erläuterung der Fragen durch Beispiele sowie eine einfache Skalierung. Damit soll das Verfahren sowohl für Bildungsträger als auch für die Zielgruppe der älteren Langzeitarbeitslosen handhabbar sein. Schließlich bleibt erneut zu betonen, dass „KomPakt50" ein Reflexionsverfahren ist und keine Objektivierung oder Zertifizierung von Kompetenzen angestrebt wird.

Mit der Auswertung und Berücksichtigung der methodisch kontrollierten Erprobung hat das Verfahren „KomPakt50" ein Stadium erreicht, mit dem ein Regeleinsatz im Rahmen der „AktivFirma" vorgenommen werden kann. In der konkreten Durchführung wird weiterhin die Verbesserung der Unterstützung der Trainer im Coachingprozess angestrebt, besonders im Hinblick auf die Durchführung der Reflexionsgespräche, damit diese den Anforderungen eines Empowerment-Ansatzes stärker gerecht wird. Zwar beinhaltet das Verfahren mit seinen zwei Schritten und dem Dialog bereits eine Empowerment-Strategie, doch geht es im Weiteren darum, diesen Prozesscharakter weiter auszubauen, um den kompetenzförderlichen Aspekt noch weiter zu stärken.

Das Verfahren bleibt trotz der angestrebten geringen Komplexität auf ein bestimmtes Niveau bezüglich des Leseverständnisses und beim Kompetenzdialog auf sprachliche Ausdrucksfähigkeit angewiesen. Hinsichtlich der Gruppe von MigrantInnen mit geringen deutschen Sprachkenntnissen stößt das Verfahren in seiner derzeitigen Form daher an seine Grenzen. Der Gewinn von „KomPakt50" liegt darin, dass es auf die Spezifika älterer Arbeitsloser ausgerichtet ist. Es kann für diese sehr heterogene Zielgruppe jeweils auf den spezifischen Arbeitskontext differenziert bezogen werden.

Literatur

Bröker, A. H./Schönig, W.:
    Marktzugänge von Langzeitarbeitslosen trotz vermittlungshemmender Merkmale. Frankfurt 2005.
DGFP Deutsche Gesellschaft für Personalführung e.V.:
    Personalentwicklung für ältere Mitarbeiter. Grundlagen, Handlungshilfen, Praxisbeispiele. Bielefeld 2004.
Elsholz, U.:
    Kompetenzentwicklung zur reflexiven Handlungsfähigkeit. In: Dehnbostel, P./ Elsholz, U./Meyer-Menk, J./Meister, J. (Hrsg.): Vernetzte Kompetenzentwicklung. Alternative Positionen zur Weiterbildung. Berlin 2002, S. 31–43.
Erpenbeck, J./v. Rosenstiel, L. (Hrsg.):
    Handbuch Kompetenzmessung. Erkennen, Verstehen und Bewerten von Kompetenzen in der betrieblichen, pädagogischen und psychologischen Praxis. Stuttgart 2003.
Flick, U.:
    Triangulation in der qualitativen Forschung. In: ders. (Hrsg.): Qualitative Forschung. Ein Handbuch. Reinbek bei Hamburg 2000, S. 309-318.

Freiling, Th./Gottwald, M.:
Beschäftigungspakte in den Regionen – Darstellung und Diskussion eines Evaluationskonzeptes zur Bewertung der Wirksamkeit arbeitsmarktpolitischer Innovationsprojekte. In: Zeitschrift für Evaluation, Heft 2/2006, S. 333–345.

Freiling, Th./ Hammer, V.:
Qualifizierung älterer Arbeitsloser – Besonderheiten, Strategien, Umsetzungsbeispiele aus dem Pakt50 für Nürnberg (Praxisbericht). In: Bildungsforschung, Jg. 3, Ausgabe 2. Im Internet abgerufen am 23.5.2007 unter: http://www.bildungsforschung.org/Archiv/2006-02/praxis_pakt50/.

Geißler, H./Bökenheide, T./Geißler-Gruber, B./Schlünkes, H./Rinninsland, G.:
Der Anerkennende Erfahrungsaustausch. Das neue Instrument für die Führung. Frankfurt/ New York 2003.

Gillen, J.:
Kompetenzanalysen als berufliche Entwicklungschance. Eine Konzeption zur Förderung beruflicher Handlungskompetenz. Bielefeld 2006.

Gravalas, B.:
Ältere Arbeitnehmer. Eine Dokumentation. Bielefeld 1999.

Haasler, B.; Schnittger, M.:
Kompetenzerfassung bei Arbeitsuchenden – eine explorative Studie unter besonderer Berücksichtigung des Sektors privater Arbeitsvermittlung in Deutschland. ITB-Arbeitspapiere Nr. 57. Bremen 2005. Im Internet abgerufen am 14.4.2007 unter: http://www.itb.uni-bremen.de/downloads/Publikationen/Arbeitspapiere/AP_57.pdf.

Hammer, V.:
Scouting, Training und strategische Allianzen. Schritte zur erfolgreichen (Re-)Integration älterer Arbeitskräfte. In: Personalführung Nr. 11/2007. S. 24–31.

Herriger, N.:
Biografisches Lernen und Kompetenzdialog. In: (ders.): Empowerment in der Sozialen Arbeit. Eine Einführung. Stuttgart 1997, S. 97–119.

Lehmkuhl, K.; Proß, G.:
Die Beurteilung von Sozialkompetenz in der beruflichen Erstausbildung. Alsbach/Bergstraße 1996.

Lehr, U.:
: Gegenrede: Ältere Arbeitnehmer im sich wandelnden Arbeitsmarkt. Heute gejagt – morgen gefragt? In: Weiterbildung. Zeitschrift für Grundlagen, Praxis und Trends. 3/2005, S. 20–23.

Loebe, Herbert/Severing, Eckart (Hrsg.):
: Wettbewerbsfähig mit alternden Belegschaften. Bielefeld 2005.

Maier, G.:
: Das Erleben der Berufssituation bei älteren Arbeitnehmern. Ein Beitrag zur differentiellen Gerontologie. Frankfurt 1996.

Stark, W.:
: Gemeinsam Kräfte entdecken – Empowerment als kompetenz-orientierter Ansatz einer zukünftigen psychosozialen Arbeit. In: Lenz, Albert/Stark, Wolfgang (Hg.): Empowerment. Neue Perspektiven für psychosoziale Praxis und Organisation. Deutsche Gesellschaft für Verhaltenstherapie. Tübingen 2002, S. 55-76.

Stößel, D.:
: Was halten Unternehmen von älteren Mitarbeitern? Eine Zusammenfassung empirischer Studien. In: Loebe, H./Severing, E. (Hrsg.): Demografischer Wandel und Weiterbildung. Strategien einer alterssensiblen Personalpolitik. Bielefeld 2007, S. 117–129.

Wenke, J./Reglin, T.:
: Berufliche Weiterbildung für ältere Arbeitnehmer: ein Leitfaden für Bildungsträger. Dokumentation zum Modellversuch „Entwicklung und Erprobung von Qualifizierungskonzepten für ältere Arbeitnehmer aus der Industrie". Bielefeld 1996.

IV.

Resümee und Ausblick

Wie wirkt der Pakt? Messung und Bewertung erzielter Wirkungen zur Integration älterer ALG II-Empfänger

Bianka Cimpean, Mario Gottwald, Stefan Keck

1. Ausgangslage: Messung von Projekterfolgen

Der folgende Beitrag unternimmt auf Ebene der Teilnehmer eine Wirkungsanalyse der Projektarbeit im „Pakt50 für Nürnberg". Die Erfahrungen aus der praktischen Arbeit der letzten zwei Jahre zeigen dabei deutlich, dass eine derartige Analyse aus unterschiedlichen Blickrichtungen erfolgen muss, um der Heterogenität der Zielgruppe gerecht werden zu können. Vor dem Hintergrund der unterschiedlichen Erwerbsbiografien und Qualifikationen sowie den physischen und psychischen Folgen der Langzeitarbeitslosigkeit auf die Arbeits- und Beschäftigungsfähigkeit der Betroffenen greifen eine reine Integrationsfokussierung und ihre Messung an „harten" Vermittlungszahlen zu kurz.

Für eine Vielzahl der älteren ALG II-Empfänger kann die Integration in den Ersten Arbeitsmarkt nicht das realistische Primärziel darstellen bzw. ist nur als langfristig angelegter Prozess erreichbar. Daher können Integrationselemente, die aufgrund multipler Vermittlungshemmnisse primär auf die Aktivierung und das Empowerment der Betroffenen ausgerichtet sind, innerhalb der Projektlaufzeiten nur bedingt eindeutig messbare Vermittlungserfolge erzielen.

Für die Evaluation einer nachhaltigen Aktivierung bzw. Stabilisierung und somit einer Steigerung der Beschäftigungsfähigkeit der älteren Langzeitarbeitslosen müssen also zusätzlich weiche Indikatoren wie Leistungsminderung, Beschäftigung im Zweiten Arbeitsmarkt oder auf geringfügiger Basis in die Perspektive der Erfolgsbewertung einbezogen werden. Je nach individuellen Möglichkeiten und Motivationen stellen diese Indikatoren für die Zielgruppe der besonders benachteiligten Personengruppen oft einen notwendigen „Umweg" in den Ersten Arbeitsmarkt dar bzw. sind sie die einzig erreichbaren Erfolge überhaupt.

2. Konzept der Evaluation im „Pakt50 für Nürnberg"

Der Beschäftigungspakt selbst und die darunter zu subsumierenden einzelnen Konzepte betreten arbeitsmarktpolitisches Neuland. Die regionalen Modellprojekte zur Entwicklung innovativer Ideen und Strukturen zur nachhaltigen Bekämpfung der Langzeitarbeitslosigkeit älterer Menschen unterliegen dabei den formulierten Programmintentionen des Bundesministeriums für Arbeit und Soziales (BMAS) sowie den angestrebten Projektinnovationen auf regionaler Ebene. Um jedoch den Entwicklungs- und Innovationsprozess in Richtung auf das formulierte Gesamtziel einer verbesserten Integration älterer Langzeitarbeitsloser in der Region steuern zu können, war im Sinne einer übergreifenden Qualitätssicherung eine prozessbegleitende und wirkungsfeststellende Evaluation durch das Forschungsinstitut Betriebliche Bildung (f-bb) gGmbH im „Pakt50 für Nürnberg" fester Bestandteil der Projektarbeit.

Im Rahmen der *summativen und wirkungsfeststellenden Evaluation* galt es, die Projektergebnisse (Output), die Wirkungen bei den Zielgruppen (Outcome) sowie die Auswirkungen der Projektarbeit auf regionaler Ebene (Impact) und deren Transfermöglichkeiten zu erfassen und zu bewerten. Der gewählte Evaluationsansatz im „Pakt50 für Nürnberg" zielte neben einer bilanzierenden und wirkungsanalytischen Bewertung auch auf die Verbesserung der Prozessabläufe und bediente sich zur stärkeren Objektivierung systematisch empirisch-wissenschaftlicher Methoden.

Erst der Einsatz von empirischen Erhebungs- und Analyseinstrumenten erlaubt eine Bewertung der Qualität und des Nutzens der Innovationsentwicklungen sowohl der Mikro- als auch der Makroebene der Projektarbeit zur Identifizierung der Mehrwerte für die Weiterentwicklung der regionalen Arbeitsmarktstrategien (vgl. Freiling/Gottwald 2006).

Im Folgenden werden die Evaluationsergebnisse auf der mikroanalytischen Betrachtungsebene zusammenfassend dargestellt. Dabei gilt es, die erzielten Wirkungen der Projektarbeit für die teilnehmenden ALG II-Empfänger hinsichtlich der unterschiedlichen Integrationsmöglichkeiten differenziert nach Personengruppen aufzuzeigen. Ergänzt wird die Bewertung der Projekterfolge durch die individuelle Selbsteinschätzung der Betroffenen zu den erzielten Integrationsfortschritten. Abschließend werden diese Ergebnisse aus Sicht der ARGE Nürnberg zusammenfassend im Vergleich zu „Standardinstrumenten" wie z.B. Trainingsmaßnahmen oder AGH (Arbeitsgelegenheiten) bewertet.

3. Projekterfolge im „Pakt50 für Nürnberg"

Die hier vorgestellten Ergebnisse beziehen sich primär auf die *Auswertung prozess- und teilnehmerbezogener Stammdaten* (Stichtag 01.08.2007/804 Fälle) auf der Mikroebene.[1] Diese bilden hinsichtlich der erzielten Erfolge und Wirkungen der Projektarbeit den Arbeitsschwerpunkt der Evaluation. Die Erfassung und Analyse der Daten soll Aufschluss über Art und Umfang eingesetzter Instrumente sowie über Aktivierung und arbeitsmarktpolitischen Verbleib der Zielgruppe geben. Zudem wird der Einfluss von Maßnahmenstrukturen auf den Vermittlungserfolg eruiert und eine nach Kundensegmenten spezifizierte Analyse der erzielten Wirkungen durchgeführt.

Ergänzt wird die Bewertung der Erfolge und Wirkungen des Projektes durch die individuelle Einschätzung der teilnehmenden ALG II-Empfänger, welche im Rahmen einer standardisierten schriftlichen Befragung bei Austritt aus den Maßnahmeangeboten des Beschäftigungspaktes erhoben wurde. So können Erkenntnisse zur Teilnehmerzufriedenheit und zu Einschätzungen des individuellen Erfolges bei der Steigerung der Beschäftigungsfähigkeit abgeleitet werden.

3.1. Arbeitsmarktpolitischer Verbleib

Bezogen auf die Arbeitsaufnahme im Ersten Arbeitsmarkt konnte im „Pakt50 für Nürnberg" mit 21 Prozent eine gute Vermittlungsquote[2] erzielt werden (vgl. Abbildung 1). Diese Quote ist noch viel positiver einzuschätzen, wenn man in Betracht zieht, dass die zu vermittelnde Klientel zu fast 50 Prozent über keinen (anerkannten) Berufsabschluss verfügt, zu über 70 Prozent bereits aus prekären Beschäftigungsverhältnissen stammt und auf eine Unterstützung der Arbeitsaufnahme durch die Zahlung von Eingliederungszuschüssen (EGZ nach SGB III) weitgehend verzichtet wurde. Bezieht man die Vermittlung in Mini- und Midijobs sowie die vorübergehende Beschäftigung im Zweiten Arbeitsmarkt in die Erfolgsbetrachtung mit ein, so ergibt sich eine Vermittlungsquote von 33 Prozent.

---

[1] Für die flächendeckende Evaluierung der „Perspektive 50plus – Beschäftigungspakte in den Regionen" wurden in allen regionalen Beschäftigungspakten standardisierte personen- und prozessbezogene Daten für alle Teilnehmer erhoben. Diese Stammdatenerhebung dient sowohl der regionalen Evaluation als auch der jährlichen Auswertung der Bundesevaluation durch das Institut Arbeit und Technik.

[2] Aufnahme einer sozialversicherungspflichtigen Beschäftigung

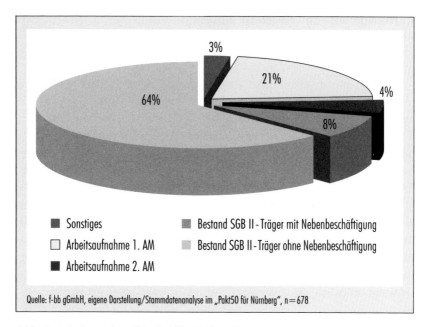

Abb. 1: Arbeitsmarktpolitischer Verbleib in Prozent

Die These, dass mit zunehmenden Vermittlungshemmnissen, wie z.B. mangelnden Sprachkenntnissen, fehlenden Qualifikationen und zunehmender Dauer der Arbeitslosigkeit die Integrationsmöglichkeiten abnehmen, lässt sich durch die Analyse der Stammdaten belegen (vgl. Abbildung 2). Als besonders relevantes und in der arbeitsmarktpolitischen Diskussion bisher noch zu wenig behandeltes Vermittlungshemmnis haben sich dabei die gesundheitlichen Beeinträchtigungen der Teilnehmer erwiesen (vgl. Büttner/Knuth/Schweer/Stegmann/Wojtkowski 2007, S. 54 f.).

Blickt man auf die geschlechtsspezifischen Integrationserfolge, so sind diese im Verhältnis zueinander gleich. Bei Frauen zeigt sich jedoch eine doppelt so hohe Quote hinsichtlich einer Beschäftigungsaufnahme im geringfügigen Bereich.

Dies lässt sich vor allem darauf zurückführen, dass diese Stellen für Frauen im Helferbereich (z.B. im Reinigungsdienst und in der Gästebetreuung) vielfach die einzigen Beschäftigungsmöglichkeiten in der Region darstellen.

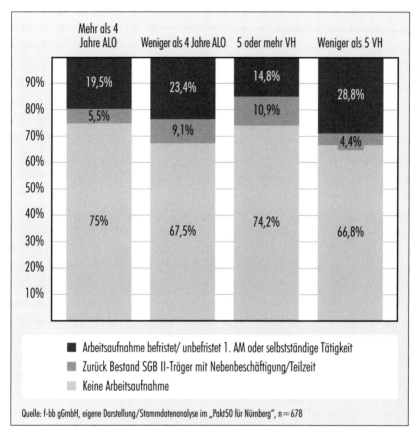

Abb. 2: Arbeitsmarktpolitischer Verbleib nach Dauer der Arbeitslosigkeit (ALO) und Auftreten multipler Vermittlungshemmnisse (VH) in Prozent

3.2 Vermittlungserfolge bei unterschiedlichen Personengruppen

Nicht für jede Personengruppe unter den älteren ALG II-Empfängern können gleiche Vermittlungserfolge erzielt werden. So lohnt der Blick auf die unterschiedlichen Teilnehmergruppen des „Pakt50 für Nürnberg", um differenzierte Aussagen über die erzielte Wirkung der Projektarbeit treffen zu können (vgl. Abbildung 3).

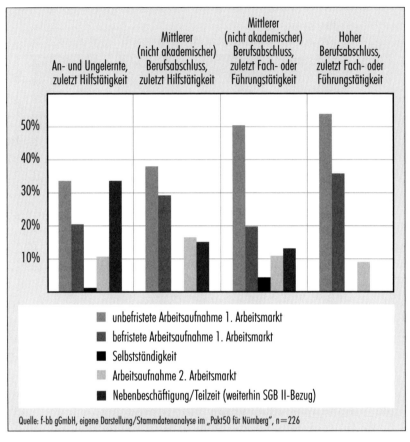

Abb. 3: Arbeitsaufnahmen im Pakt50 nach Teilnehmergruppe in Prozent

Ingesamt kann als ein Projekterfolg verbucht werden, dass unabhängig vom Personenkreis die Anstellung in unbefristeten Beschäftigungsverhältnissen die der befristeten deutlich überwiegt. Mit zunehmendem Qualifikationsniveau steigt zudem die Anzahl der Vermittlungen in sozialversicherungspflichtige Beschäftigung.

Bei den Personen mit Berufsabschluss liegt der Anteil der Vermittlungen (bezogen auf alle Vermittlungen innerhalb dieser Personengruppe) in den Ersten Arbeitsmarkt bei über 80 Prozent. Bezogen auf die Personengruppe mit einem Hochschulabschluss liegt der Anteil der Vermittlung in den Ersten Arbeitsmarkt sogar bei 90 Prozent.

Bezogen auf die Projekterfolge für den Personenkreis der An- und Ungelernten kann konstatiert werden, dass Vermittlungserfolge in den Ersten Arbeitsmarkt deutlich überwiegen (62 Prozent der Vermittlungen erfolgen in eine sozialversicherungspflichtige Beschäftigung).

Der Anteil der Aufnahmen einer Nebenbeschäftigung, meist im geringfügigen Bereich, fällt mit 38 Prozent im Vergleich zu den Personengruppen mit höherem Qualifikationsniveau jedoch deutlich stärker aus. Dies ist vor allem darauf zurückzuführen, dass bei einem Großteil der Zielgruppe der An- und Ungelernten die individuellen Arbeitsmöglichkeiten aufgrund der physischen als auch psychischen Verfassung deutlich eingeschränkt sind (vgl. Gottwald/Franke in diesem Band).

Bei einer Analyse der Beschäftigung im Zweiten Arbeitsmarkt wird deutlich, dass dort unabhängig vom Qualifikationsniveau und vorherigem Berufsstatus besonders benachteiligte ältere ALG II-Empfänger anzutreffen sind, die (vorerst) nicht in den Ersten Arbeitsmarkt vermittelt werden können. Aufgrund multipler Vermittlungshemmnisse und einer länger andauernden Arbeitslosigkeit gilt es, diesen Personenkreis in einem ersten Schritt zunächst an den Arbeitsmarkt heranzuführen und hierfür Erprobungsräume zu schaffen.

Die besondere Problemlage dieser Personengruppe wird gegenwärtig auch unter dem Begriff des sogenannten Dritten Arbeitsmarktes diskutiert. Dabei stellt sich die grundsätzliche Frage, welche Integrationsmöglichkeiten aus sozial- und arbeitsmarktpolitischer Sicht für besonders Benachteiligte ohne Chancen auf eine Vermittlung in den Ersten Arbeitsmarkt überhaupt noch realistisch sind und ob für diese Personen nicht eine unbefristete Tätigkeit in staatlich subventionierten Maßnahmen in Zukunft die einzige Chance auf Beschäftigung darstellt.

3.3 Art und Qualität der erzielten Vermittlungen

Bei einer näheren Analyse von Art und Qualität der erzielten Vermittlungen zeigt sich bei der Schaffung von Arbeitsplätzen ein klarer Schwerpunkt in den Dienstleistungsbranchen (vgl. Abbildung 4). Dort alleine werden mehr als zwei Drittel aller vermittelten Teilnehmer des „Pakt50 für Nürnberg" aufgenommen.

Zu den unternehmensnahen Dienstleistungen gehören hauptsächlich Berufe aus den Bereichen Metall, Verkehr und Lager, Verwaltung sowie Reinigung und Gästebetreuung.

Die haushalts- und personenbezogenen Dienstleistungen umfassen ebenfalls Teile der Reinigungsdienste und Gästebetreuung, aber auch Gesundheitsdienst- und Ernährungsberufe.

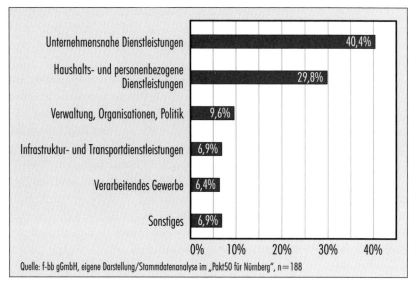

Abb. 4: Branchen einstellender Unternehmen von Pakt50-Teilnehmern in Prozent

Anhand der hier vorgestellten Vermittlungszahlen lässt sich somit der Trend aus der regionalen Unternehmensbefragung, die ebenfalls im Rahmen der Evaluation des „Pakt50 für Nürnberg" durchgeführt wurde (vgl. Gottwald/ Keck in diesem Band), bestätigen, nach dem künftig noch größere Beschäftigungspotenziale weniger im verarbeitenden Gewerbe, dafür aber vermehrt in den Dienstleistungsbranchen zu erwarten sind.

Die Teilnehmer des „Pakt50 für Nürnberg" wurden zu 74 Prozent überwiegend in Hilfs- bzw. gering qualifizierte Tätigkeiten und seltener in Fach- oder qualifizierte Tätigkeiten vermittelt. Dies ist aber aufgrund der individuellen Qualifikationen und beruflichen Hintergründe einer Vielzahl der Pakt50-Teilnehmer, auf die weiter oben bereits mehrfach eingegangen wurde, nicht ungewöhnlich.

Betrachtet man den Umfang der Tätigkeiten bei den erzielten Vermittlungen, so zeigen sich erfreulicherweise mit einem Anteil von 62 Prozent überwiegend Aufnahmen von Vollzeitbeschäftigungen. Teilzeitbeschäftigungen (21 Prozent) und Minijobs (17 Prozent) treten dagegen deutlich seltener auf. Dies lässt darauf schließen, dass die Betriebe gezielt auch auf ältere Arbeitslose zurückgreifen, um ihren gegenwärtigen Arbeitskräftebedarf decken zu können.

3.4 Maßnahmenstruktur und Vermittlungserfolg

Die Einteilung der Pakt50-Teilnehmer in verschiedene Personengruppen ermöglicht eine gezielte Steuerung Erfolg versprechender Vermittlungsmaßnahmen. In Anlehnung an die in der Stammdatenanalyse vorgenommene Segmentierung zeigt sich, dass aufgrund der zuvor beschriebenen Heterogenität der Zielgruppe eine differenzierte Betrachtung ganz spezifische Erkenntnisse hinsichtlich der anzuwendenden Maßnahmen und des Vermittlungserfolgs hervorbringt. So werden beispielsweise Qualifizierungsmaßnahmen nicht bei allen Personentypen eingesetzt und sind auch nicht immer ausschlaggebend für einen Vermittlungserfolg.

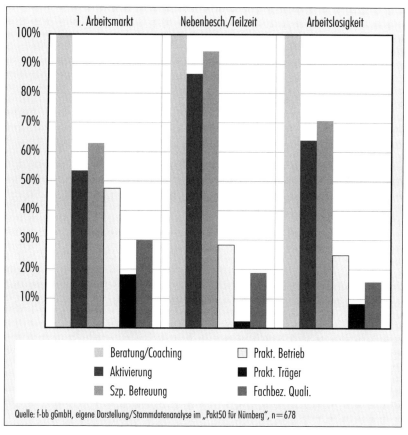

Abb. 5: Maßnahmenstruktur und arbeitsmarktpolitischer Verbleib in Prozent

Bei der Gruppe der An- und Ungelernten überwiegen hinsichtlich der Maßnahmestruktur deutlich Elemente mit einer hohen individuellen Betreuungsintensität (Aktivierungsangebote und Sozialcoaching). Mit zunehmender Arbeitsmarktnähe stehen verstärkt direkt vermittlungsorientierte Aktivitäten wie eine fachbezogene Qualifizierung und betriebliche Praktika im Vordergrund.

Mit Blick auf den Zusammenhang zwischen der Maßnahmenstruktur und den erzielten Vermittlungserfolgen zeigt sich deutlich, dass betriebliche Praktika, gepaart mit fachbezogenen und am betrieblichen Bedarf orientierten Qualifizierungen, eine erfolgreiche Integrationsstrategie darstellen (vgl. Abbildung 5). Aufgrund der vermittlungshemmenden Merkmale ist eine intensive Betreuung und Begleitung der Zielgruppe dabei unerlässlich.

3.5 Bewertung des Projekterfolges und erzielter Wirkungen hinsichtlich der Integrationsfortschritte bei An- und Ungelernten aus Sicht der Teilnehmenden

Die bisherigen Ausführungen machen deutlich, dass vor allem für die Gruppe der An- und Ungelernten, bei denen im Vorfeld multiple Vermittlungsbarrieren abgebaut werden müssen, für eine Erfolgsmessung auch Wirkungen außerhalb konkreter Vermittlungszahlen in die Bewertung einbezogen werden sollten. Ein möglicher Ansatz zur Bewertung von Integrationsfortschritten ist das Urteil der Betroffenen selbst, das sie am Ende der Maßnahme über ihre individuellen Erfolge abgegeben haben.

Die Ergebnisse der im Rahmen der Evaluation des Teilprojektes der NOA durchgeführten Teilnehmerbefragung belegen, dass die Aktivierung und Motivierung in der positiven Wahrnehmung der Betroffenen überwiegen. Durch die Projektteilnahme konnte zudem die Basis für die berufliche Orientierung und Selbsteinschätzung zu den individuellen Möglichkeiten ausgebaut werden (vgl. Abbildung 6).

Als besonders förderlich bewerten die Teilnehmer in diesem Zusammenhang die hohe Betreuungsintensität, durch die das Eingehen auf die persönliche Situation und die persönlichen Bedürfnisse der Betroffenen möglich war, den selbst erfahrenen respektvollen Umgang mit der eigenen Person, ein intensives Bewerbungstraining sowie ein Lernsetting, das in seinen Inhalten, seiner Transparenz der Lernziele, den Lernformen und dem Lerntempo speziell auf die Zielgruppe der Älteren abgestimmt war.

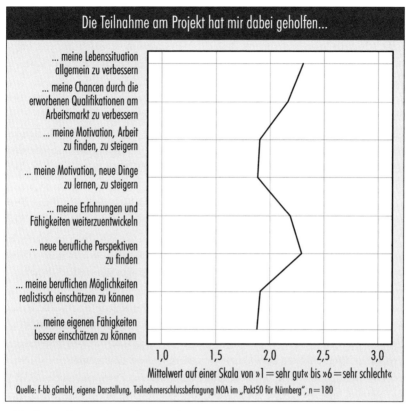

Abb. 6: Ergebnisse der Teilnehmerbefragung im Teilprojekt der NOA/Zielgruppe An- und Ungelernte

3.6 Vergleich des Projekterfolges mit anderen arbeitsmarktpolitischen Instrumenten

Die besondere Berücksichtigung der ALG II-Empfänger ab 50 Jahren wurde durch die Teilnahme an dem bundesweiten Programm „Perspektive 50plus – Beschäftigungspakte für Ältere in den Regionen" dokumentiert. Neben der Integration älterer ALG II-Empfänger (ab 50 Jahre) ist das vorrangige Ziel die Optimierung der wesentlichen Beratungs-, Qualifizierungs- und Integrationsprozessschritte und der Aufbau sowie die Förderung der Kooperation mit den regionalen Netzwerkpartnern – speziell den einstellenden Unternehmen.

Typische Merkmale der Personengruppe der älteren ALG II-Empfänger sind im Vergleich zu jüngeren Erwerbslosen nach wie vor eine hohe und verfestigte Arbeitslosigkeit sowie geringere Reintegrationschancen aufgrund der genannten multiplen Vermittlungshemmnisse (vgl. Friedrich/Hein-Kremer/Rückel in diesem Band).

Die Nutzung der arbeitsmarktpolitischen Instrumente für Ältere fällt je nach Maßnahmentyp unterschiedlich aus. Größere Bestände dieser Zielgruppe sind vor allem im Bereich der Trainingsmaßnahmen sowie beschäftigungsschaffenden Maßnahmen wie AGH zu verzeichnen. Bezogen auf die Trainingsmaßnahmen werden für alle Teilnehmenden zwischen 50 und 54 Jahren Eingliederungsquoten (Verbleib nach sechs Monaten in Beschäftigung) um 11,5 Prozent erreicht, bezogen auf AGH 17,8 Prozent.[3] Von diesen Maßnahmen kann jedoch nur bedingt auf eine Integration in den Ersten Arbeitsmarkt geschlossen werden. Maßnahmen der Eignungsfeststellung und Trainingsmaßnahmen nach § 16 (1) SGB II i.V.m. §§ 48–52 SGB III haben in der Regel nur eine Dauer von zwölf Wochen, woran sich vielfach weitere Maßnahmen anschließen. Die Nutzung neuer und innovativer Projekte – wie beispielsweise Pakt50 – für die Integration älterer Erwerbsloser ist daher für die ARGE von großer Bedeutung. Durch die zielgruppenspezifische Förderung kann älteren Langzeitarbeitslosen eine neue Perspektive am Arbeitsmarkt eröffnet werden. Die verfügbaren Standardinstrumente im Rechtskreis SGB II bieten dagegen kaum Möglichkeiten der expliziten Förderung dieser Zielgruppe.

Das Sozialgesetzbuch fordert zudem speziell für den Personenkreis im SGB II die Entwicklung geeigneter Indikatoren, mit deren Hilfe Integrationsfortschritte abgebildet werden können. Die Implementierung der sogenannten „Betreuungsstufen" innerhalb des Fallmanagements der ARGE beinhaltet die Chance, die Aktivitäten innerhalb der Integrationsarbeit umfassender abzubilden. Der Erfolg wird somit nicht mehr nur ausschließlich an der kurzfristigen Integration in Arbeit bemessen, sondern an der Arbeit mit dem Kunden und an dessen individueller Entwicklung.

Eine Pilotierung dieses innovativen Konzeptes erfolgt auch im „Pakt50 für Nürnberg", im Rahmen dessen die Teilnehmer eine Standortbestimmung im Hinblick auf ihre Kenntnisse und Fertigkeiten erfahren. Bei Austritt aus der Maßnahme wird eine erneute Kundenanalyse durchgeführt, mit deren Hilfe sowohl

---

[3] ARGE Nürnberg: Vergleich Eingliederungsquoten sechs Monate nach Maßnahmenende – Cluster Typ 1 (50- bis 54-Jährige) erzielte Eingliederungsquote der Förderinstrumente Jan. 06–März 07.

Integrationsfort- als auch -rückschritte abgebildet werden sollen, um eine Abkehr von einer reinen Integrationsfokussierung zu ermöglichen.

Literatur

Freiling, T./Gottwald, M.:
> Beschäftigungspakte in den Regionen. Darstellung und Diskussion eines Evaluationskonzeptes. In: Zeitschrift für Evaluation, Nr. 2 (2006), S. 333–346.

Büttner, R./Knuth, M./Schweer, O./Stegmann, T./Wojtkowski, S.:
> Auszug aus dem zweiten Zwischenbericht zur Evaluation des Bundesprogramms „Perspektive 50plus". Gelsenkirchen/Duisburg 2007.

Herausforderungen und Lösungsstrategien zur Verbesserung der Arbeitsmarktchancen älterer Arbeitsloser

Uwe Elsholz, Thomas Freiling, Mario Gottwald

1. Einleitung

Im Rahmen des Bundesprogramms „Perspektive 50plus" hat das Bundesministerium für Arbeit und Soziales mit den älteren ALG II-Empfängern eine Zielgruppe in den Fokus gerückt, die oftmals bereits als abgehängt wahrgenommen wird. Unter dem Begriff der Exklusion (vgl. Kronauer 2002, Bude/Willisch 2006) wird eine neue Form gesellschaftlicher Ausgrenzungsprozesse beschrieben, von denen ältere Arbeitslose im Besonderen betroffen sind. Die besondere Förderung dieser Gruppe stellt sozialpolitisch weiter eine große Herausforderung dar, wird sich doch die potenziell betroffene Alterskohorte in den kommenden Jahren weiter ausweiten. Verbunden ist dies mit der auf europäischer Ebene vereinbarten politischen Zielsetzung, die Beschäftigungsquote Älterer weiter zu erhöhen (Lissabon-Strategie 2000), wie dies etwa in den skandinavischen Ländern bereits erfolgt ist.

Vor dem Hintergrund der intensiven Begleitung mehrerer regionaler Beschäftigungspakte, der Ergebnisse der Evaluationen auf regionaler und auf Bundesebene sowie unter Berücksichtigung nationaler und internationaler Diskussionen entfalten wir im Folgenden aus unserer Sicht wesentliche Herausforderungen zur Verbesserung der Arbeitsmarktchancen der Zielgruppe „ältere Langzeitarbeitslose".

Dabei stellen sich als sinnvolles Differenzierungskriterium von Handlungssträngen die drei für den Beschäftigungspakt Nürnberg handlungsleitenden Ebenen Person – Institution – Region dar (vgl. Freiling in diesem Band). Verschiedene der genannten Herausforderungen überlagern mehrere der genannten drei Ebenen, doch zur Verortung und Schwerpunktsetzung unterschiedlicher integrationsförderlicher Ansatzpunkte erscheint eine Clusterung der folgenden Handlungsempfehlungen in diese drei Wirkungsfelder als sinnvoll.

Die Erzielung von Nachhaltigkeit ist darüber hinausgehend ein bereichsübergreifendes und durchgängiges Moment, welchem im abschließenden Ausblick besondere Aufmerksamkeit zuteil werden soll.

2. Ebene der älteren Arbeitslosen

Mit der Zusammenlegung von Sozial- und Arbeitslosenhilfe sind neue Herausforderungen nicht nur an die Arbeitsverwaltung, sondern auch an die Träger erwachsen, die sich um die Integration der ALG II-Empfänger bemühen. Schnell ist in der Paktarbeit deutlich geworden, dass ältere Langzeitarbeitslose eine sehr heterogene Gruppe darstellen, die in der Mehrzahl multiple Vermittlungshemmnisse aufweisen und daher die Nähe zum Arbeitsmarkt unterschiedlich differenziert ausfällt. Folgende Ansatzpunkte zur Integrationsförderung erscheinen aus unserer Sicht erforderlich:

Herausforderungen auf Ebene der Person
- Motivationsförderung/Empowerment
- flankierende Beratungsleistungen
- Aktivierung vor Qualifizierung
- Identifizierung von Kompetenzen
- Qualifizierung für Boombranchen

Erkennbar ist, dass als Kernstück eines Vermittlungserfolgs bei der Gruppe der älteren Langzeitarbeitslosen die Berücksichtigung und Stärkung bzw. Wiederherstellung der Motivation, sich um Beschäftigung zu bemühen und nicht auf die Verrentung zu warten, an erster Stelle der Integrationsaktivitäten stehen muss. Es gilt, gemeinsam mit den Betroffenen eine individuell abgestimmte Berufsplanung zu entwickeln, die die Gesamtphase der noch ausstehenden Erwerbszeit bis zum Ruhestand mit einbeziehet und dafür entsprechende Ressourcen bereitstellt und nicht auf eine kurzfristige, temporär befristete Tätigkeit abzielt. Konzepte, die ausschließlich auf Vermittlung ausgerichtet sind, werden keine Nachhaltigkeit erzielen. Je intensiver die Aktivierungsphase auf motivationsförderliche Aktivitäten (Empowerment) einschließlich flankierender Beratungsleistungen ausgerichtet ist, desto nachhaltiger ist der Integrationserfolg in Abhängigkeit vom erreichten Qualifikationsniveau der Betreffenden (vgl. Cimpean/Gottwald/Keck in diesem Band).

Die volkswirtschaftlich orientierte Kosten-Nutzen-Betrachtung einer mittelfristig ausgelegten Perspektive würde ein weitaus günstigeres Verhältnis ergeben, als wenn der quantitativ orientierte Vermittlungserfolg als alleiniges Erfolgskriterium zugrunde gelegt wird.

Angebote zur Nachbetreuung erhöhen zudem die Nachhaltigkeit der Paktaktivitäten. Sie ermöglichen, dass die während der Aktivierungsphase erzielten Effekte auch nach Beendigung der Maßnahmen weiter wirken können. Der Verbleib der Älteren in den geschaffenen Strukturen und Netzwerken (informeller/ formeller wie auch sozialer Art) wirkt stabilisierend. Konzepte wie der „Job-Club" in der Stadt Offenbach sehen unterschiedliche Angebote wie regelmäßige Beratung einschließlich Bewerbungstraining, Information, Jobbörse und offenes Café mit dem Ziel vor, in Form einer Nachbetreuung zur Aufrechterhaltung der geschaffenen Strukturen wie z.B. personale Netzwerke beizutragen.

Die Heterogenität der Zielgruppe und die Anzahl der Vermittlungshemmnisse erfordern eine starke Individualisierung der Konzepte und deren flexible Handhabung. Je größer die Arbeitsmarktferne ausgeprägt ist, desto stärker muss ein prozessbezogener Empowerment-Ansatz in den Vordergrund gerückt werden. Bevor an Integration gedacht werden kann, müssen Maßnahmen mit aktivierender Funktion vorgeschaltet werden.

Beispiele für solche Aktivierungsmaßnahmen sind:
- Mobilitätsförderung,
- soziale Projekte,
- Zusatzjob (Arbeitsgelegenheiten mit Mehraufwandsentschädigung).

Verfestigte Langzeitarbeitslosigkeit, so wie sie bei einem Großteil der älteren ALG II-Empfänger vorzufinden ist, gilt als ein zentraler Indikator für soziale Ausgrenzung. Anhaltende Arbeitslosigkeit und voranschreitende Exklusion führen auf der Ebene der psychischen Verfasstheit der Betroffenen zu Resignation, Realitätsverlust und Perspektivlosigkeit und wirken nachhaltig negativ auf die physische Gesundheitslage der Betroffenen. Bei der Mobilitätsförderung sind Qualifizierungsmaßnahmen an wechselnden Orten und Gesundheitsberatung die wesentlichen Elemente, um die räumliche, geistige und gesundheitliche Beweglichkeit der Teilnehmer zu stärken (vgl. Büttner et al. 2007, S. 54 ff.).

Soziale Projekte finden vorrangig in Brennpunktgebieten statt. Teilnehmer fungieren z.B. als Berater in Stadtteilzentren und qualifizieren sich durch ihre

Tätigkeit (beispielsweise über ehrenamtliches Engagement). Ziele sind das Erkennen der eigenen Fähigkeiten, die Stärkung des Selbstwertgefühls und ein langfristiges Engagement verbunden mit der Anerkennung der erbrachten Leistung. Die Weiterbetreuung läuft über ein Netzwerk, wie zum Beispiel ein Vermittlungsprojekt.

Durch die so genannten Zusatzjobs kann zum einen die Arbeitsfähigkeit insgesamt auf den Prüfstand gestellt werden, zum anderen erfolgt eine schrittweise Gewöhnung und Rückführung an Arbeitsprozesse. Dieses Konzept verfolgt im Wesentlichen die Philosophie der „Work-First-Ansätze", wie sie z.B. in den Niederlanden nach dem Vorbild des britischen Ansatzes erfolgreich im Rahmen der Förderung von Arbeitslosen umgesetzt werden (vgl. Perspektive 50plus 2007). Im Kontext der Weiterentwicklung von Integrationskonzepten sollte diese Idee außerhalb der Diskussion um „Zusätzlichkeit" konstruktiv weitergedacht werden.

Eine Herausforderung im Sinne des Empowerment-Ansatzes ist es, vorhandene Kompetenzen bei den älteren Arbeitslosen zu identifizieren und zu fördern: „Jeder kann was" (Stärkenbezogener Förderansatz). Die in dieser Zielgruppe durchaus vorhandenen Kompetenzen sind den Älteren oftmals nicht ausreichend bewusst. Das Selbstbewusstsein ist nach langen Jahren der Arbeitslosigkeit und gesellschaftlichen Stigmatisierung oft geschmälert. Es gilt, über das behutsame Freilegen und Bewusstmachen von Kompetenzen und Potenzialen das Selbstbewusstsein zu stärken und damit auch die Chancen auf dem Arbeitsmarkt zu verbessern. Ein solcher Prozess der Bilanzierung von Kompetenzen benötigt Zeit, eine intensive Betreuung und handhabbare Instrumente, die die Situation älterer Langzeitarbeitsloser berücksichtigen. Arbeitgeber verlangen ein erkennbares Profil der Bewerber: Ohne überzeugende Aussagen über die Kompetenzen eines jeden erschwert sich der gesamte Vermittlungs- und Integrationsprozess. Das im Pakt50 entwickelte Verfahren „KomPakt50" ist eine Möglichkeit, Stärken und Verbesserungspotenzial zu identifizieren (vgl. Elsholz/Hammer in diesem Band) und stützt den Motivationsprozess während der Aktivierungsphase.

Bisherige Fördermaßnahmen und Konzepte richten sich noch zu stark an fest definierte Zielgruppen (An- und Ungelernte, höher Qualifizierte, kaufmännisch Qualifizierte usw.). Einzellösungen ohne Einbettung in eine ganzheitliche Integrationsstrategie werden der Vielfältigkeit der Beschäftigungsmöglichkeiten im regionalen Arbeitsmarkt auf Dauer nicht gerecht.

Wichtig ist es, für die Teilnehmer bedarfsbezogen Maßnahmenelemente anzubieten, die sich aufeinander beziehen. Erfolg versprechend erscheinen Integrationsstrategien in Form eines systematisierten, aufeinander aufbauenden modularen Phasenmodells. Entsprechende Konzepte für vorgeschaltete Screeningprozesse ermöglichen verlässliche Aussagen über die Auswahl erforderlicher Maßnahmenelemente für eine passgenaue Integrationsstrategie. Zukünftig sollte nicht ausschließlich das formale Qualifikationsniveau im Vordergrund der Konzeptionsfragen für Integrationsmaßnahmen stehen und die Zuweisungen steuern.

Es ist unbestritten, dass Arbeitslosigkeit krank macht, je länger sie andauert und je stärker soziale Ausgrenzungsprozesse zur Geltung kommen (vgl. Hollederer 2003; Naegele 2005). Aufgrund der vielfach bei der Zielgruppe festgestellten gesundheitlichen Vermittlungsbarrieren sind deshalb von Beginn an flankierende Maßnahmen zur Gesundheitsförderung eine wichtige Stütze im Reintegrationsprozess der Zielgruppe, auch wenn es darum geht, für eine etwaige Beschäftigung Grundlagen für die erforderliche Belastbarkeit und physisches Durchhaltevermögen aufzubauen. Auf regionaler Ebene sind hierfür entsprechende Netzwerke zwischen den Trägern der Grundsicherung und Präventionsträgern aufzubauen. Gesundheit gilt als zentrale Säule der Arbeitsfähigkeit (vgl. Illmarinen/Tempel 2002) und wurde bisher in der Diskussion um integrationsförderliche Maßnahmengestaltung noch zu wenig in den Vordergrund gestellt. Hierbei lohnt auch der Blick ins europäische Ausland: Im finnischen Ansatz der Arbeit mit Schwerstvermittelbaren wird z.B. Gesundheit als eine zentrale Säule der Arbeitsfähigkeit bewertet und in den Prozess der Aktivierung und Vermittlung einbezogen. Durch die Arbeit in sogenannten „multiprofessional Teams" wird sowohl eine sozialpädagogische, berufsberatende als auch gesundheitsorientierte Perspektive in der Begleitung ermöglicht. Zu Beginn steht eine umfassende Anamnese aus dieser fachübergreifenden Sichtweise, an deren Ende ein gemeinsamer Plan steht und sich erst dann die Betreuung durch ein am Kunden sehr nahes Fallmanagement anschließt. Umfassende Gesundheitschecks durch medizinisches und paramedizinisches Personal nehmen in diesem Prozess eine entscheidende Rolle ein (vgl. Perspektive 50plus 2007).

Neben der Aktivierung, Stabilisierung und Wiederherstellung der Arbeits- und Beschäftigungsfähigkeit bei der Zielgruppe älterer Langzeitarbeitsloser gewinnt auch die Wiederentdeckung der Qualifizierung als Integrationselement an Bedeutung – aber nur dann, wenn diese arbeitsplatzbezogen und in enger Verzahnung zu einstellenden Betrieben geschieht. Gegenüber vergleichsweise hohen Qualifizierungskosten stehen nachhaltige Vermittlungen in Boombranchen des regionalen Arbeitsmarktes (vgl. Heinl/Schuhmann/Freiling in diesem Band). Hier gilt es, den Blick bezüglich eines nachhaltigen Kosten-Nutzen-Verhältnisses auch gegenüber kleineren, branchenbezogenen Qualifizierungs- und Integrationskonzepten im jeweiligen Arbeitsmarktkontext zu schärfen und diese als Teilstrategien regionaler Gesamtlösungskonzepte beizubehalten – die Mischung macht´s!

3. Ebene der Organisationen

Nicht nur bezogen auf die Langzeitarbeitslosen selbst, sondern auch bezüglich der Ansprache, Einbeziehung und Motivation der Unternehmen lassen sich Optimierungen und Herausforderungen benennen.

Herausforderungen auf Ebene der Organisationen

- strategisch orientierte Arbeitgeberansprache über Kundensegmentierungen
- zielgruppenspezifizierte Vermittlungsdienstleistung
- Verzahnung der Vermittlungsarbeit
- Identifizierung von Beschäftigungspotenzialen über Regionalanalysen

---

Eine prozessintegrierte Arbeitsmarkterschließung beinhaltet Angebote für Unternehmen z.B. über Workshops oder Beratungen mit dem Ziel der direkten Unternehmensansprache. Je nach Größe und Erfahrung eines Unternehmens sind unterschiedliche Ansprachen zielführend. Die Herausforderung ist es, über Segmentierungen und Unternehmenscluster effektive Strategien zu identifizieren und diese zu professionalisieren. In der Unternehmensbefragung im Rahmen der Evaluation des „Pakt50 für Nürnberg" sind unterschiedliche Strategien deutlich geworden: Zum Beispiel sind kleine und mittlere Unternehmen in der Regel über eine direkte und personalisierte Ansprache erreichbar und nicht über Informationsbriefe oder -materialien, die wiederum bei größeren Betrieben infrage kommen (vgl. den Beitrag von Gottwald/Keck in diesem Band). Der Schlüssel des Erfolges liegt in der direkten Kommunikation mit den Personalverantwortlichen, um so einerseits Vorurteile abbauen und andererseits direkt auf betriebsspezifische Bedarfe eingehen und entsprechend personalpolitisch beraten zu können. Arbeitsmarkterschließung für Ältere, vor allem im Segment der klein- und mittelständischen Betriebe, funktioniert weder mit der Diskussion um das demografische Schreckgespenst und der abzusehenden Folgen in Bezug auf den Fachkräftemangel noch mit der moralischen Keule um die Verantwortung der Wirtschaft gegenüber benachteiligten Gruppen wie älteren Langzeitarbeitslosen. Eine effektive und nachhaltige Vermittlungsarbeit erfordert vielmehr sogenannte „Unternehmensversteher", die im Netzwerk den Kontakt zu Unternehmen gestalten und einer differenzierten Kenntnis der Personalbedarfe und Dienstleistungswünsche bedürfen.

Die Verbesserung zielgruppengerechter Vermittlungsdienstleistungen für Unternehmen ist eine stetige Herausforderung bei der Integrationsarbeit. Vermittlungsdienstleistungen stehen mit an erster Stelle der von Nürnberger Unternehmen bevorzugten Angebote des Pakt50. Schließlich haben sie für Betriebe einen direkten Nutzen. Die Vorauswahl der Bewerber, die die Mindestanforderungen an fachliche und überfachliche Kompetenzen erfüllen, würde sonst vollständig den Betrieben zufallen. Die Herausforderung dabei ist es, die Bedarfe der anfragenden Betriebe zu identifizieren und mit dem vorhandenen Bewerberangebot abzugleichen. Schließlich gilt es sehr zeitnah zu prüfen, ob Bewerber aus dem Pakt infrage kommen. Je kleiner der Betrieb, desto weniger Ressourcen kann er selbst für den zeit- und damit kostenaufwendigen Prozess der Personalrekrutierung aufbringen. Da aber gerade im Segment kleinerer und mittelständischer Betriebe für die Zielgruppe älterer Arbeitsuchender noch ein vergleichbar hohes Einstellungspotenzial in Bezug auf latent offene Stellen (nicht realisierte Arbeitsnachfrage) ausgeschöpft werden kann, kommt sowohl dem Ausbau von Unternehmenskontakten zu diesen Betrieben als auch der offensiven Vermarktung von Beratungs- und Vermittlungsdienstleistungen ein hoher Stellenwert zu.

In diesem Zusammenhang ist die Zusammenarbeit mit Personaldienstleistern in der Region unumgänglich, da diese den direkten Kontakt zu den Unternehmen in speziellen Branchen und für spezifische Tätigkeitsbereiche aufgebaut haben (z.B. bei Helferstellen in der Produktion). Die Verschränkung des Vermittlungsprozesses von der Anfrage bis zur bedarfsgerechten Auswahl passender Bewerber ist ein Innovationsfeld, das einer regelmäßigen Verbesserung bedarf.

Die Einbindung der Arbeitsverwaltung in diesen Prozess sowie die engere Verzahnung mit paktbezogenen Vermittlungsdienstleistungen verspricht sinnvolle Synergieeffekte. Eine abgestimmte regionale Unternehmensansprache in definierten Branchen (z.B. Produktion) oder für spezifische Qualifikationsprofile (z.B. An- und Ungelernte) innerhalb der Paktarbeit schont Ressourcen und vermeidet Abwehrreaktionen der Arbeitgeber. Der persönliche Kontakt und die Direktansprache von Unternehmen kann als ein wesentlicher Erfolgsfaktor für die bedarfsgerechte Vermittlung in Arbeit angesehen werden. Dieser persönliche und direkte Unternehmenszugang muss dabei direkt und sehr nah an die Teilnehmerarbeit angebunden sein. Eine intensive Kommunikation mit potenziellen Arbeitgebern im Vorfeld der Vermittlung in Kombination mit Probearbeit und einer Begleitung des Integrationsprozesses inklusive Nachbetreuung führen in der Mehrzahl der Fälle zum Erfolg.

4. Ebene der Region

Neben den Langzeitarbeitslosen und den Unternehmen ist als dritte Handlungsebene die Region zu benennen.

Herausforderungen auf Ebene der Region
- kontinuierliche Sensibilisierungsarbeit
- öffentlichkeitswirksame Werbekampagnen
- Erschließung regionaler Beschäftigungspotenziale

Sowohl in der öffentlichen Diskussion, als auch in der Arbeitsverwaltung selbst ist das Bild des vorzeitigen Ausstiegs aus dem Berufsleben dominant. Die Beschäftigung Älterer wird noch zu wenig in Erwägung gezogen. Die erforderliche Sensibilisierungsarbeit ist längst nicht abgeschlossen. Sowohl bei den Sozialpartnern als auch bei der Arbeitsverwaltung und den älteren Arbeitslosen ist es eine Herausforderung, über sachliche Informationen Fehlbilder über das Alter (Altersstereotype) zu korrigieren. Ohne eine langfristig verankerte regionale Netzwerkarbeit unter Einbindung der Betreffenden ist keine nachhaltige Sensibilisierung möglich. Das Thema gehört dauerhaft in die öffentliche Diskussion. Dabei unterstützen das Image und die Markenbildung des „Pakt50 für Nürnberg". Der Projektcharakter muss zugunsten eines Verstetigungscharakters auch der Sensibilisierungsarbeit aufgelöst werden. Öffentlichkeitswirksame Werbekampagnen für Ältere bleiben unerlässlich für die Sensibilisierung der Unternehmen. Wie die Ergebnisse der regionalen Unternehmensbefragung in Nürnberg gezeigt haben, liegen das faktische Problembewusstsein und die praktische Relevanz in Bezug auf die Beschäftigung Älterer noch weit auseinander (vgl. Gottwald/ Keck in diesem Band). Hier bietet die Diskussion um den Fachkräftebedarf einen Anker, der für die Zielgruppe nutzbar gemacht werden kann. Das Thema des demografisch bedingten Fachkräftemangels bestimmt deutlich die öffentliche und politische

Wahrnehmung und wird in der Region durch das öffentlichkeitswirksame Auftreten des „Pakt50 für Nürnberg" flankierend unterstützt.

Die Evaluationsergebnisse bestätigen, dass eine dauerhafte öffentliche Präsenz des Paktes wichtig ist. Mit den bisherigen Aktivitäten wurden erste Anstöße für einen regionalen Bewusstseinswandel initiiert, die durch eine regelmäßige Medienpräsenz auszubauen sind.

Zu den Herausforderungen auf Ebene der Region gehört auch die Vernetzung unterschiedlicher Akteure des regionalen Arbeitsmarktes: Integrationsarbeit ist Netzwerkarbeit. Traditionelle Beschäftigungsmöglichkeiten für An- und Ungelernte in der Produktion reduzieren sich zum einen deutlich und sind zum anderen kaum noch direkt zu erschließen. Neue Kooperationsformen mit der regional verankerten Personaldienstleistungsbranche beschleunigen Integrationen gerade in Helferberufen.

Regionalanalysen unterstützen die Erschließung vorhandener Beschäftigungspotenziale nicht nur für die Gruppe der An- und Ungelernten. Dadurch wird erkennbar, welche Bedarfslagen im regionalen Arbeitsmarkt bezogen auf die einzelnen Branchen vorhanden und in Entwicklung sind. Die systematische Nutzung von Regionalanalysen gehört zu den Herausforderungen der Erschließung regionaler Beschäftigungspotenziale. Sie sind Basis für die Identifizierung von Beschäftigungsnischen und gehören zur Basis bei der Entwicklung regionaler Konzepte der Arbeitsmarkterschließung.

5. Zusammenfassung und Fazit

Die Nachhaltigkeit von Maßnahmen und Aktivitäten bleibt als Querschnittsaufgabe auf allen drei Ebenen hervorzuheben. Eine kurzfristige Orientierung auf die Integrationen in den Ersten Arbeitsmarkt droht diesen Aspekt zu vernachlässigen, der für eine langfristige und sozialpolitisch wirksame Förder- und Beschäftigungspolitik unverzichtbar ist. Gerade bei der Zielgruppe älterer Langzeitarbeitsloser bedarf es hinsichtlich der Förderlogik eines Paradigmenwechsels, weg von einer reinen Integrationsfokussierung hin zu Konzepten der Förderung von Integrationsfortschritten.

Eine der zukünftigen Herausforderungen besteht in der Identifizierung und Dokumentation des Kompetenzerwerbs bereits während der Aktivierungsphase, denn selbst wenn im Anschluss an die Aktivierung keine sofortige Integration erfolgt, sind Wirkungen bei den Arbeitslosen erzielt worden, an die weiter angeknüpft werden muss. Die Arbeitsverwaltung kann im Rahmen der Nachbetreuung zielgerichteter vorgehen, wenn auf dokumentierte Teilerfolge aufgebaut wird. Vor allem gilt dies dann, wenn dieses Vorgehen auch den Arbeitslosen transparent ist.

Für einen reibungslosen Ablauf der Aktivierungs- und Vermittlungsarbeit über modulare Maßnahmengestaltung erscheint es zukünftig notwendig, getrennt laufende Prozesse unter einem Dach zusammenzuführen (Stichwort: „Dienstleistungszentren für Ältere"). Der „One-Stop-Shop"- Gedanke hat sich bereits an vielen Stellen als Erfolg versprechender Ansatz herauskristallisiert. Andere Länder, z.B. Finnland, machen es vor, wie in regionalen Einrichtungen die Zielgruppe der schwer vermittelbaren Langzeitarbeitslosen von Akteuren unterschiedlichster Professionen unter einem Dach unterstützt werden kann. Zunehmend wichtiger wird es zudem sein, die Akteure der kommunalen Arbeitsverwaltung und der Projektträger ebenfalls über einen derartigen Ansatz zu verzahnen.

Die Beschäftigungspakte der „Perspektive 50plus" bieten erstmals profundes empirisches Material zur Beschreibung der Zielgruppe älterer ALG II-Kunden. Im Rahmen der Evaluation des „Pakt50 für Nürnberg" ist die Erkenntnis gewonnen worden, dass nur durch die dezidierte Kenntnis persönlicher Kompetenzen, Fähigkeiten und Persönlichkeitsmerkmale der Zielgruppe wirksame Integrationskonzepte von Bildungsträgern und der Arbeitsverwaltung entwickelt werden können. Analysen auf mikroanalytischer Ebene weisen darauf hin, dass aufgrund der Heterogenität der Zielgruppe unterschiedliche Cluster gebildet werden können, die sich voneinander hinsichtlich der anzuwendenden Maßnahmen zur Erreichung eines Vermittlungserfolgs unterscheiden. Nicht immer werden Qualifizierungsmaßnahmen bei allen Personentypen eingesetzt und sind auch ausschlaggebend für einen Vermittlungserfolg. Die durch die Arbeit mit der Zielgruppe vor allem im Rahmen der Evaluation gewonnenen Daten liefern erste Hinweise für Erkenntnisse zur Entwicklung zielgruppenspezifischer Qualitätskriterien für die Praxis. Die Erkenntnisse beziehen sich auf die folgenden Aspekte der Erwerbsbiografie (vgl. Gottwald/Franke in diesem Band):

- Ursachen für Erwerbsbrüche bei den Älteren;
- Zugangswege in die Arbeitslosigkeit und Faktoren zur Verfestigung von Arbeitslosigkeit;
- Hinweise auf individuelle Bewältigungsstrategien.

Vor diesem Hintergrund ist es neben der Verstetigung von Konzepten wichtig, im Rahmen einer Fortführung von Projektideen auch durch Evaluation die Wirkung der Maßnahmen und Konzepte nachzuweisen, was aufgrund der umfassenden Aufbau- und Entwicklungsarbeit in der ersten Förderphase nur ansatzweise hinsichtlich der Gewinnung verlässlicher Erkenntnisse möglich war. Zur Ausgestaltung und Verstetigung von Konzepten im Rahmen der Regelförderung bedarf es zur Erzielung einer nachhaltigen Wirksamkeit eines Konsenses über die Berücksichtigung auch „weicher" Erfolgskriterien bei der Erfolgsmessung. Als arbeitsmarktpolitische Herausforderung und zugleich förderpolitische Innovation zeichnet sich die Abkehr von standardisierten Instrumenten für die Zielgruppe im SGB II hin zu einer stärkeren Budgetierung ab, um die Integrationsflexibilität zu fördern und damit die regionale Verantwortung zu stärken. Die Nutzung regionaler Netzwerke zur Integration älterer Arbeitnehmer ist ein erfolgreich verlaufener Ansatz. Dies beweist nicht nur die Arbeit im Pakt50, sondern auch in anderen Regionen Deutschlands. Die Verlängerung der „Perspektive 50plus" durch das Bundesministerium für Arbeit und Soziales mit dem Ziel, den Übergang der erfolgreichen Ansätze in die Regelförderung vorzubereiten, ist daher ein notwendiger und konsequenter Schritt.

Literatur

Büttner, R./Knuth, M./Schweer, O./Stegmann, T./Wojtkowski, S.:
Auszug aus dem zweiten Zwischenbericht zur Evaluation des Bundesprogramms „Perspektive 50plus". Gelsenkirchen/Duisburg 2007.

Bude, H./Willisch, A. (Hrsg.):
Das Problem der Exklusion. Ausgegrenzte, Entbehrliche, Überflüssige. Hamburg 2006.

Bundesagentur für Arbeit (Hrsg.):
Kompendium Aktive Arbeitsmarktpolitik nach dem SGB II. 1. Aufl. Nürnberg 2004.

Hollederer, A.:
Arbeitslosenuntersuchungen. Arbeitslos – Gesundheit los – chancenlos? IAB-Kurzbericht Nr. 4. Nürnberg 2003. Abgerufen im Internet am 30.8.2007 unter: http://doku.iab.de/kurzber/2003/kb0403.pdf.

Illmarinnen, J./Tempel, J.:
Arbeitsfähigkeit 2010. Was können wir tun, damit Sie gesund bleiben? Hamburg 2002.

Kronauer, M.:
Exklusion. Die Gefährdung des Sozialen im hoch entwickelten Kapitalismus. Frankfurt a. M. 2002.

Naegele, G.:
: Nachhaltige Arbeits- und Erwerbsfähigkeit für ältere Arbeitnehmer. In: WSI Mitteilungen. Monatszeitschrift des Wirtschafts- und Sozialwissenschaftlichen Instituts in der Hans-Böckler-Stiftung. Ausgabe 04/2005. Schwerpunktheft: Gute Arbeit – schlechte Arbeit: Für eine neue Diskussion zur Qualität der Arbeit. 2005, S. 214–219.

Perspektive 50plus. Newsletter Nr. 9 vom 06.07.2007.

Pietzka, K.-D. et al.:
: Kasseler Memorandum: Ergebnisse und Erkenntnisse der Arbeitsgruppe Strategie Board Perspektive 50plus. Kassel 2007.

Autorenverzeichnis

Bianka Cimpean
SGB II-Controller in der ARGE Nürnberg. Arbeitsschwerpunkte: Entwicklung von Arbeitmarktprojekten und Vermittlungscontrolling

Cäcilia Dahmen-Gregorc
Mitarbeiterin der Noris-Arbeit gGmbH (NOA). Arbeitsschwerpunkte: Qualifizierung, Beratung und Vermittlung von Jugendlichen und Erwachsenen. Projektkoordination „50Plus – Erfahrung zählt"

Dr. Uwe Elsholz
Themensprecher „Demografie im Betrieb" am Forschungsinstitut Betriebliche Bildung (f-bb) gGmbH, Nürnberg. Arbeitsschwerpunkte: Demografischer Wandel, Alternde Belegschaften, Lernen im Prozess der Arbeit, Kompetenzbilanzierung

Jana Franke
Diplomandin im „Pakt50 für Nürnberg" und freie Mitarbeiterin am Forschungsinstitut Betriebliche Bildung (f-bb) gGmbH, Nürnberg

Dr. Thomas Freiling
Projektleiter am Forschungsinstitut Betriebliche Bildung (f-bb) gGmbH, Nürnberg. Arbeitsschwerpunkte: Arbeitsmarktpolitik, Weiterbildungsmarkt, wissenschaftliche Weiterbildung, wissenschaftliche Begleitung von Innovationsprojekten

Thomas Friedrich
Teamleiter des Bereichs Beratung der Geschäftsführung der ARGEn in der Zentrale der Bundesagentur für Arbeit

Brigitte Geldermann
Wissenschaftliche Mitarbeiterin am Forschungsinstitut Betriebliche Bildung (f-bb) gGmbH, Nürnberg. Arbeitsschwerpunkte: Neue Lernformen in der betrieblichen Bildung, Lernen im Prozess der Arbeit, Organisation und Institutionen der Weiterbildung, zielgruppenspezifische Trainingsgestaltung, Wissensmanagement, Personalentwicklung

Mario Gottwald
Wissenschaftlicher Mitarbeiter am Forschungsinstitut Betriebliche Bildung (f-bb) gGmbH, Nürnberg. Arbeitsschwerpunkte: Arbeitsmarktpolitik und -innovationen,

Demografische Entwicklung, Bildungs- und Integrationskonzepte für Arbeitslose, insbesondere Ältere, Übergangsmanagement für Ältere, Empirische Erhebungen und Analyse, Evaluationen

Dr. Veronika Hammer
Professorin an der Hochschule Coburg, University of Applied Sciences, Fakultät Soziale Arbeit und Gesundheit. Arbeitsschwerpunkte: Sozialarbeitswissenschaft, Gesellschaftswissenschaftliche Grundlagen (Soziologie) und Methoden der empirischen Sozialforschung

Peter Hansel
Projektleiter bei der Gesellschaft für Arbeitsmarktintegration und Qualifizierung (aqua) mbH, Nürnberg. Arbeitsschwerpunkte: Konzeptentwicklung für arbeitsmarktpolitische Maßnahmen, Beratungs- und Schulungstätigkeiten im gewerkschaftlichen Umfeld, Begleitung betrieblicher Umstrukturierungsprozesse

Dr. Maritta Hein-Kremer
Teamleiterin Arbeitgeberservice und Arbeitsvermittlung der ARGE Nürnberg. Mitarbeiterin im Arbeitskreis Markt und Integration, Projektkoordinatorin des Pakts50 für Nürnberg

Reinhard Heinl
Koordinator am bfz (Berufliche Fortbildungszentren der Bayerischen Wirtschaft gGmbH), Standort Nürnberg. Arbeitsschwerpunkte: Entwicklung, Organisation der Umsetzung und Koordination von Maßnahmen für Langzeitarbeitslose, unter anderem für spezielle Zielgruppen wie Ältere, Suchtkranke u.a.

Anja Heumann
Wissenschaftliche Mitarbeiterin am Forschungsinstitut Betriebliche Bildung (f-bb) gGmbH, Nürnberg. Arbeitsschwerpunkt: Öffentlichkeitsarbeit

Bernd Hobauer
Fallmanager in der ARGE Nürnberg. Arbeitsschwerpunkte: Beschäftigungsorientiertes Fallmanagement, Betreuung von Eingliederungsmaßnahmen für Personen mit multiplen Vermittlungshemmnissen

Achim Hoffmann
Ständiger Vertreter der Kanzlerin der Georg-Simon-Ohm-Hochschule Nürnberg und Lehrbeauftragter

Dr. Andreas W. Huber
Projektleiter beim Internationalen Institut für Empirische Sozialökonomie (INIFES). Arbeitsschwerpunkte: Wissens- und Technologietransfer, Change Manage-

ment, Personalentwicklung, Innovationsforschung, Arbeitsmarktforschung, regionales Arbeitsmarktmanagement

Dr. Stefan Keck
Wissenschaftlicher Mitarbeiter am Forschungsinstitut Betriebliche Bildung (f-bb) gGmbH, Nürnberg. Arbeitsschwerpunkte: Arbeitsmarktforschung, Demografische Entwicklung, Evaluation und wissenschaftliche Begleitforschung

Prof. Dr. Ernst Kistler
Gesellschafter am Internationalen Institut für Empirische Sozialökonomie (INIFES). Arbeitsschwerpunkte: Sozial- und Arbeitsmarktpolitik, Demografischer Wandel, Methoden der Empirischen Sozialforschung

Britta Mennicke
Arbeitsvermittlerin und Projektkoordinatorin „Pakt50 für Nürnberg" in der ARGE Nürnberg, Tätigkeitsschwerpunkte: Arbeitsvermittlung/-beratung, Steuerung der Teilnehmerzuweisungen, Evaluation

Claus-Dieter Rückel
Geschäftsführer der ARGE Nürnberg und Projektleiter des „Pakt50 für Nürnberg"

Claudia Sack
Wissenschaftliche Mitarbeiterin am Forschungsinstitut Betriebliche Bildung (f-bb) gGmbH, Nürnberg. Arbeitsschwerpunkte: Entwicklung und Erprobung arbeitsplatznaher Lernformen und -konzepte für Beschäftigte in kleinen und mittleren Unternehmen: eLearning, Blended-Learning-Konzepte, betriebliche Projektarbeit, Lernprozessbegleitung, Organisation eines betrieblichen Wissenstransfers sowie Öffentlichkeitsarbeit

Dr. Michaela Schuhmann
Bereichsleitung Arbeitsmarktpolitik/Qualifizierung im Amt für Wirtschaft der Stadt Nürnberg. Arbeitsschwerpunkte: Call Center, Aufbau von Netzwerken; Geschäftsstellenleiterin der Initiative ZEIT für ETHIK des Wirtschaftsreferates der Stadt Nürnberg; Lehrbeauftragte der Rechts- und Wirtschaftswissenschaftlichen Fakultät der FAU für das Fach Empirische Sozialforschung

Wolfgang Semmelmann
Projektmitarbeiter am bfz (Berufliche Fortbildungszentren der Bayerischen Wirtschaft gGmbH), Standort Nürnberg. Arbeitsschwerpunkte: Umsetzung neuer Ideen und Konzepte für diverse Zielgruppen, mehrjährige Arbeit im Bereich „Ältere und Langzeitarbeitslose", Betriebsleiter der „AktivFirma" im bfz Nürnberg

Prof. Dr. Eckart Severing
Geschäftsführer des Forschungsinstituts Betriebliche Bildung (f-bb) gGmbH, Nürnberg. Arbeitsschwerpunkte: Organisationsentwicklung von Bildungseinrichtungen, Bildungsmanagement, neue Medien in der beruflichen Bildung, Didaktik des arbeitsplatznahen Lernens, Integration von Lern- und Arbeitsorganisation, Bildungsmarketing, Bildungsevaluation, Qualitätssicherung, Europäische Berufsbildungspolitik, Internationalisierung der Berufsbildung, Entwicklung der Berufsbildung im Dualen System

Thomas Staudinger
Wissenschaftlicher Mitarbeiter am Internationalen Institut für Empirische Sozialökonomie (INIFES). Arbeitsschwerpunkte: Arbeitsmarkt- und Sozialforschung, Demografischer Wandel, Evaluation von Praxisprojekten

Dieter Stößel
Projektmitarbeiter am Forschungsinstitut Betriebliche Bildung (f-bb) gGmbH, Nürnberg. Arbeitsschwerpunkte: Arbeitsmarktpolitik und -innovationen, Bildungs- und Integrationskonzepte, Evaluation, Personal- und Organisationsentwicklung

Ulrike Wirth
Projektleiterin an der Georg-Simon-Ohm-Hochschule Nürnberg und Beraterin für Organisationsentwicklung und Qualitätsmanagement

ProfilPASS
Gelernt ist gelernt

Stärken kennen – Stärken nutzen

**ProfilPASS –
Gelernt ist gelernt**
Dokumentation eigener
Kompetenzen und des
persönlichen Bildungswegs
**2006, Ordner mit
19 Registerblättern, 120 S.,
27,90 € (D)/43,90 SFr
ISBN 978-3-7639-3515-4
Best.-Nr. 6001800**

Der ProfilPASS ist ein System zur Dokumentation auf unterschiedlichsten Wegen erworbenen Fähigkeiten. Sie unterstützen als geschulte Beraterin bzw. als geschulter Berater Menschen beim Aufzeichnen ihrer Kompetenzen.

Es geht beim ProfilPASS um Fähigkeiten, die während der Ausbildung, im Ehrenamt, während der Erwerbstätigkeit, in der Freizeit und der Familientätigkeit erworben wurden.

Sie können den ProfilPASS für Ihre Seminare/Kurse zu Mengenpreisen bestellen. Weitere Informationen: www.profilpass.de

www.wbv.de

W. Bertelsmann Verlag
Bestellung per Telefon **0521 91101-11**   per E-Mail **service@wbv.de**